Die strafrechtliche Produzentenhaftung

für intelligente Medizinprodukte

Europäische Hochschulschriften Recht

European University Studies in Law

Publications Universitaires Européennes de Droit

Band/Volume **6810**

Isabelle Sander

Die strafrechtliche Produzentenhaftung für intelligente Medizinprodukte

PETER LANG
Berlin - Bruxelles - Chennai - Lausanne - New York - Oxford

Bibliografische Information der Deutschen Nationalbibliothek
Die Deutsche Nationalbibliothek verzeichnet diese Publikation in der Deutschen Nationalbibliografie; detaillierte bibliografische Daten sind im Internet über http://dnb.d-nb.de abrufbar.

Zugl.: Hannover, Univ., Diss., 2024

D 89
ISSN 0531-7312
ISBN 978-3-631-92986-5
E-BOOK 978-3-631-92989-6
E-PUB 978-3-631-92990-2
DOI 10.3726/b22538

Verlegt durch: Peter Lang GmbH, Berlin, Deutschland
info@peterlang.com www.peterlang.com

Diese Publikation wurde begutachtet.

Meiner Mutter

Inhaltsverzeichnis

Vorwort

Die vorliegende Dissertation wurde im Wintersemester 2024/2025 von der Rechtswissenschaftlichen Fakultät der Gottfried Wilhelm Leibniz Universität angenommen. Sie basiert auf der zum Zeitpunkt der Fertigstellung im November 2023 geltenden Rechtslage.

Mein besonderer Dank gilt meiner Doktormutter, Prof. Dr. Susanne Beck, nicht nur für die Betreuung während des gesamten Prozesses, sondern auch für die inspirierenden Gespräche, wertvollen Denkanstöße und den fachlichen Austausch. Ebenso möchte ich Prof. Dr. Jan Eichelberger für die Erstellung meines Zweitgutachtens danken.

Ein herzlicher Dank geht an meine ehemaligen Kolleginnen und Kollegen der Kanzlei Vogeler Rechtsanwälte in Hannover, insbesondere den Partnern Dr. Andreas Vogeler und Dr. Marcus Vogeler, die mich zu diesem Schritt ermutigt haben und meiner Freundin Caroline Karwot für ihre wertvolle fachliche und emotionale Unterstützung.

Viele Freundinnen und Freunde haben mich auf diesem Weg begleitet und auf verschiedene Weise zum Gelingen dieser Arbeit beigetragen. Stellvertretend danke ich Herrn Maximilian Nussbaum, Frau Nele Wißmer, Frau Pia Pielhau und Frau Karolina Mieszaniec für ihren Zuspruch und Rückhalt während meines Studiums und bei der Anfertigung dieser Dissertation.

Ebenso möchte ich auch meinem Vater Dr. Gerhard Erdmann danken, der mich nicht nur zur juristischen Ausbildung ermutigt, sondern mir darüber hinaus das Studium ermöglicht hat.

Mein tiefster Dank gilt meiner Familie, insbesondere meiner Mutter Gesine Burmester-Erdmann, meinen Schwestern Patricia und Alexandra Erdmann sowie meinem geliebten Ehemann Felix Sander. Ich bin ihnen für ihre bedingungslose Liebe, ihren unerschütterlichen Rückhalt und ihren Glauben an mich zutiefst dankbar. Ihnen ist diese Arbeit gewidmet.

Hannover, im Herbst 2024 *Isabelle Sander*

Abkürzungsverzeichnis

a.A.	andere Ansicht
AcP	Archiv der civilistischen Praxis
AGG	Allgemeines Gleichbehandlungsgesetz
AI	Artificial Intelligence
AIA-E	Artificial Intelligence Act der EU-Kommission
AMG	Arzneimittelgesetz
Anh.	Anhang
AtG	Atomgesetz
BB	Betriebs-Berater (Zeitschrift)
BGB	Bürgerliches Gesetzbuch
BGHSt	Entscheidungen des Bundesgerichtshofs in Strafsachen
BImschG	Bundesimmissionsschutzgesetz
bspw.	beispielsweise
BtMG	Betäubungsmittelgesetz
BverfGE	Entscheidungen des Bundesverfassungsgerichts
bzw.	beziehungsweise
CCZ	Corporate Compliance Zeitschrift
COMPAS	Correctional Offender Management Profiling for Alternative Sanctions
CR	Computer und Recht (Zeitschrift)
CT	Computertomographie
DAR	Deutsches Autorecht
ders.	derselbe
dies.	dieselbe
DIN	Deutsches Institut für Normung
DriZ	Deutsche Richterzeitung
DuD	Datenschutz und Datensicherheit (Zeitschrift)
EKG	Elektrokardiogramm
EuZW	Europäische Zeitschrift für Wirtschaftsrecht
EWG	Europäische Wirtschaftsgemeinschaft
FDA	U.S. Food and Drug Administration
FRS	Framingham Risk Score
FS	Festschrift
GefStoffV	Gefahrenstoffverordnung
GG	Grundgesetz

ggf.	gegebenenfalls
GuP	Gesundheit und Pflege (Zeitschrift)
HEG-KI	Hochrangig Expertengruppe für Künstliche Intelligenz
HRRS	Online Zeitschrift für Höchstrichterliche Rechtsprechung zum Strafrecht
IBM	International Business Machines Corporation
i.E.	im Ergebnis
IEC	International Electrotechnical Commission
InTer	Zeitschrift für Innovations- und Technikrecht
ISO	International Organization for Standardization
IVD	in vitro Diagnostika
i.V.m.	in Verbindung mit
IVD-VO	VO (EU) 2017/746
Jg.	Jahrgang
JURA	Juristische Ausbildung (Zeitschrift)
JuS	Juristische Schulung (Zeitschrift)
JZ	JuristenZeitung
Kap.	Kapitel
KI	Künstliche Intelligenz
LIME	Local Interpretal Model-agnostic Explanations
m.Anm.	mit Anmerkung
MDCG	Medical Device Coordination Group
MedR	Medizinrecht (Zeitschrift)
medstra	Zeitschrift für Medizinstrafrecht
ML	Machine Learning
MMR	Multimedia und Recht (Zeitschrift)
MPBetreibV	Medizinprodukte-Betreiber-Verordnung
MPDG	Medizinprodukte-Durchführungsgesetz
MPG	Medizinproduktegesetz
MP-VO	VO (EU) 2017/745
MRT	Magnetresonanztomographie
m.w.N.	mit weiteren Nachweisen
NJOZ	Neue Juristische Online Zeitung
NJW	Neue Juristische Wochenschrift
NJW-RR	NJW Rechtsprechungsreport Zivilrecht
NStZ	Neue Zeitschrift für Strafrecht
NStZ-RR	NStZ Rechtsprechungsreport Strafrecht
NVersZ	Neue Zeitschrift für Versicherung und Recht

NZV	Neue Zeitschrift für Verkehrsrecht
OCT	Optische Kohärenztomographie
OK	Online Kommentar
OWiG	Gesetz über Ordnungswidrigkeiten
PCP	Phencyclidin
PharmR	Pharmarecht (Zeitschrift)
ProdHaftG	Produkthaftungsgesetz
RDi	Recht Digital (Zeitschrift)
RW	Rechtswissenschaft (Zeitschrift)
s.	siehe
sog.	sogenannt
StGB	Strafgesetzbuch
StPO	Strafprozessordnung
StV	Strafverteidiger (Zeitschrift)
v.	vom
VersR	Versicherungsrecht (Zeitschrift)
vgl.	vergleiche
VO	Verordnung
wistra	Zeitschrift für Wirtschafts- und Steuerstrafrecht
XAI	Explainable Artificial Intelligence
z.B.	zum Beispiel
ZfPW	Zeitschrift für die gesamte Privatrechtswissenschaft
ZGE	Zeitschrift für Geistiges Eigentum
ZIS	Zeitschrift für internationale Strafrechtsdogmatik
ZRP	Zeitschrift für Rechtspolitik
ZStW	Zeitschrift für die gesamte Strafwissenschaft
ZVertrR	Zeitschrift für Vertriebsrecht

Einführung

A. Die strafrechtliche Produktverantwortung für intelligente Medizinprodukte

Schon seit Jahrhunderten nutzt der Mensch bei der Behandlung von Krankheiten und Verletzungen Werkzeuge sowie Hilfsmittel, welche die Chancen auf Lebensrettung, bessere Heilung und schnellere Versorgung verbessern sollen.[1] Zu denken ist hier beispielsweise an Holz zum Schienen von verletzten Gliedmaßen oder auch glühende Äste für das Ausbrennen von Wunden.[2] Mit dem Fortschritt der medizinischen Wissenschaft entwickelten sich mit der Zeit immer komplexere Hilfsmittel und Apparate. So kam es bereits im 19. Jahrhundert zu einem starken Anstieg medizinischer Innovationstechniken wie dem Stethoskop, der Endoskopie oder der Blutdruckmessung.[3] Dieser Trend setzt sich bis heute fort, sodass Medizintechnik für die Behandlung und Diagnose von Erkrankungen von großer Bedeutung ist.

Auch die Fortschritte auf dem Gebiet der Informatik wirken sich auf die Entwicklung von Medizinprodukten aus. So werden bereits seit den 1970er Jahren sog. Expertensysteme entwickelt und eingesetzt, die durch vorher abgespeichertes Fachwissen für Schlussfolgerungen, Vorhersagen und Entscheidungen herangezogen werden können.[4] Seit einigen Jahren wird aber auch zu dem Einsatz von Künstlicher Intelligenz (KI) in der Gesundheitsversorgung geforscht. Durch sie lassen sich Datenmengen in bisher unbekannten Maßen bearbeiten und auf Korrelationen absuchen.[5] Hierdurch erhofft man sich eine bessere, effizientere und individuelle Gesundheitsversorgung.[6] Dabei sind unzählige

---

1 *Ach/Düber/Quante* in: Grundwald/Simonidis-Puschmann, Handbuch Technikethik, 319.

2 Chibanguza/Kuß/Steege, KI-Hdb/*Kraft* § 4 A Rn. 1.

3 *Martin*, Technikgeschichte 74 (2007) 203, 204.

4 *Mainzer/Kahle*, Grenzen der KI – theoretisch, praktisch, ethisch, S. 9; Ebers/Heinze/Krügel/Steinrötter/*Niederée/Nejdel*, Künstliche Intelligenz und Robotik, § 2 Rn. 15; *Glauner* in: Grinblat/Etterer/Plugmann, Innovationen im Gesundheitswesen, 143, 144.

5 *Sahm*, MedR 2019, 927, 929; *Krebs/Hagenweiler*, Datenanonymisierung im Kontext von KI und Big Data, S. 10; Leupold/Wiebe/Glossner/*Baum*, IT-Recht, Teil 9.1. Rn. 13; *Baumgartner* in: Bauer/Kechaja/Engelmann/Haug, Diskriminierung und Antidiskriminierung, 148, 151; *Fontaine*, medstra 2021, 203.

6 *Steege*, GuP 2021, 125, 129.

Anwendungsmöglichkeiten denkbar, z. B. der Aufbau sowie die Vernetzung von medizinischen Datenbanken, der Telemedizin oder die Überwachung und Kontrolle von Erkrankungen durch medizinische Apps, aber auch der Einsatz bei Diagnose, Therapie und Forschung.[7]

Ein vorläufiger Höhepunkt dieser Forschung schien erreicht, als der von IBM entwickelte Supercomputer „Watson" bereits innerhalb weniger Minuten eine seltene Form von Leukämie diagnostizieren konnte, indem er tausende Patientendaten, Behandlungsrichtlinien, Forschungsergebnisse sowie klinische Studien miteinander abglich und der Patientin so das Leben rettete.[8] Entsprechend groß war die Begeisterung. Den Praxistest konnte das System jedoch noch nicht bestehen. Nachdem es bereits in 230 Krankenhäusern zum Einsatz kam, warnte der Leiter der Krebsabteilung des Reichskrankenhauses in Kopenhagen im Herbst 2017 davor, dass das Leben der Patienten bedroht sei, wenn man den Anweisungen und Empfehlungen des Systems Folge leisten würde.[9]

Die erlittenen Rückschläge haben jedoch nicht zu einem Einbruch der Forschung geführt, sodass bereits jetzt intelligente Systeme im klinischen Alltag eingesetzt werden. In den USA wurden beispielsweise in der Zeit zwischen 2015 und 2022 insgesamt 222 Medizinprodukte, die auf Künstlicher Intelligenz basieren, zugelassen.[10] Hauptsächlich handelt es sich dabei um Systeme, die im Bereich der bildgebenden Diagnostik eingesetzt werden, wie der Radiologie.[11] Andere Systeme werden für die Erkennung von Hautkrebs oder diabetischer Retinopathie verwendet.[12] Auch wenn sich ihr Einsatzgebiet aktuell noch auf spezifische Rahmenbedingungen beschränkt ist, wird ihr enormes Potenzial deutlich.[13]

Die Erfahrungen mit „Watson" zeigen aber auch, dass unter Umständen eine erhebliche Gefahr von dem Einsatz Künstlicher Intelligenz in der Medizin

---

7 *Katzenmeier*, MedR 2019, 259.

8 *Lohmann/Schömig* in: Beck/Kusche/Valerius, Digitalisierung, Automatisierung, KI und Recht, 345, 350; Chibanguza/Kuß/Steege, KI-Hdb/*Jorzig* § 4C Rn. 4.

9 *Meier*, https://www.nzz.ch/wissenschaft/ibms-virtueller-arzt-watson-for-oncology-macht-fehler-ld.1410111 (zuletzt abgerufen am: 07.10.2024).

10 *Stief/Pisani* in: Grinblat/Scholtz/Stock, Medizinprodukterecht im Wandel, 467, 469.

11 *Baumgartner* in: Bauer/Kechaja/Engelmann/Haug, Diskriminierung und Antidiskriminierung, 148, 151; *Krumm/Dwertmann* in: Wittpahl, Künstliche Intelligenz, 161, 169.

12 *Dettling*, PharmR 2019, 633, 636; *Cordes*, MedR 2019, 797; *Fontaine*, medstra 2021, 203; *Frost*, MPR 2019, 117, 118.

13 *Heinrichs/Karger/Heyl et al.*, MedR 2023, 259, 262.

ausgehen kann. Dies liegt vorwiegend an ihrer bestimmungsgemäßen Nähe zu hochrangigen Rechtsgütern. Hinzu kommt, dass bei hochkomplexen Softwaresystemen Programmierfehler unvermeidbar sind.[14] Diese können jedoch unter Umständen tödliche Folgen für die Nutzer des Systems oder unbeteiligte Dritte haben.[15] Im medizinischen Bereich ist insbesondere denkbar, dass eine intelligente Diagnosesoftware eine falsche Diagnose stellt und der Patient[16] deswegen falsch, unter- oder überbehandelt wird.[17] Die Folgen können nicht nur schwere Gesundheits- oder Körperschäden sein, vielmehr besteht auch die Gefahr, dass ein tödlicher Verlauf einer Erkrankung nicht mehr rechtzeitig aufgehalten werden kann. Dies gilt umso mehr, wenn das intelligente Medizinprodukt die Entscheidungsfindung des Arztes nicht mehr nur unterstützen, sondern ganz ersetzen soll.[18]

In einem solchen Fall wird sich die Frage stellen, wer für eine Schädigung des Patienten strafrechtlich zur Verantwortung gezogen werden kann. Neben dem behandelnden Arzt kommt auch der Hersteller als Täter in Betracht. Zu denken ist hier beispielsweise an die vorsätzliche oder fahrlässige Deliktsverwirklichung bzw. die Begehung durch Unterlassen. Die strafrechtliche Produktverantwortung ist dabei kein neues Phänomen. Bereits in der Vergangenheit mussten sich Produkthersteller auch strafrechtlich für Gesundheitsschädigungen verantworten, die in einem Zusammenhang mit der Verwendung ihrer Produkte standen.[19] Dies kann und muss auch für den Produzenten eines intelligenten Medizinproduktes gelten. Durch die Funktionsweise und Eigenschaften der Künstlichen Intelligenz, die sich primär durch ihre Autonomie und Komplexität auszeichnet, sodass ihre Entscheidungsvorgänge oftmals kaum

14 *Gortan*, CR 2018, 546, 548, Rn. 9; *Gomille*, JZ 2016, 76, 81; *Spindler*, NJW 2004, 3145, 3147; *Grünvogel/Dörrenbächer*, ZVertriebsR 2019, 87, 88; *Hilgendorf* in: FS Fischer, 99, 106.

15 So kam es aufgrund eines Softwarefehlers bereits zu einem tödlichen Unfall mit einem autonomen Fahrzeug, s. *Kunkel, https://www.sueddeutsche.de/auto/uber-unfall-robotaxi-amerika-ursache-1.4670087* (zuletzt abgerufen am: 07.10.2024).

16 Zur besseren Lesbarkeit wird in dieser Arbeit das generische Maskulinum verwendet. Die in dieser Arbeit verwendeten Personenbezeichnungen beziehen sich – sofern nicht anders kenntlich gemacht – auf alle Geschlechter.

17 *Schneider*, Zeitschrift für medizinische Ethik 2021, 327, 331.

18 So hat z. B. die FDA am 11.04.2018 ein Diagnosesystem zugelassen, welches ohne die Hinzuziehung eines Facharztes diabetische Retinopathie zuverlässig erkennen soll, s. *Lenzen-Schulte*, Deutsches Ärzteblatt Jg.116, Heft 4 S. 146–149.

19 S. etwa BGH NJW 1990, 2560 ff. („*Lederspray*") oder BGH NJW 1995, 2930 ff. ("*Holzschutzmittel*").

nachvollzogen werden können, entstehen neue Herausforderung für eine strafrechtliche Beurteilung.

Es stellt sich zunächst die Frage nach dem Sorgfaltsmaßstab, den der Produzent bei der Herstellung und bei dem Vertrieb seines Produktes beachten muss und ob die bisherigen Grundsätze noch ohne Weiteres auf KI-bezogene Sachverhalte angewendet werden können. Da in der Regel eine fahrlässige Erfolgsherbeiführung im Rahmen der strafrechtlichen Produzentenhaftung und insbesondere die Frage nach dem Sorgfaltsmaßstab von Bedeutung sein wird, soll dieser losgelöst von dem Tatbestand diskutiert und sich erst im Anschluss den Problemen auf der Tatbestandsebene gewidmet werden. Gerade die kritischen Eigenschaften entsprechender Systeme wie ihre Fehleranfälligkeit, Undurchsichtigkeit, Lernfähigkeit und Autonomie müssen dabei im Mittelpunkt der Betrachtung stehen. Zwar hat der europäische Gesetzgeber mit der VO (EU) 2017/745 (MP-VO) bereits umfassende Regelungen zu den Anforderungen an die Hersteller von Medizinprodukten erlassen, um hohe Standards für Qualität und Sicherheit von Medizinprodukten festzulegen und allgemeine Sicherheitsbedenken auszuräumen.[20] Jedoch gibt es noch keine Regelungen, die sich speziell an intelligente Medizinprodukte richten. Ob die bestehenden Vorschriften dazu geeignet sind, den neuen Besonderheiten intelligenter Medizinprodukten zu begegnen, ist noch fraglich.

Eine weitere kritische Eigenschaft von intelligenten Produkten scheint die Übertragung und die Verstärkung vorhandener diskriminierender Tendenzen zu sein.[21] Zwar erwecken Algorithmen und computergenerierte Entscheidungen den Anschein, dass sie objektiv und neutral sind. Doch haben bisherige Untersuchungen gezeigt, dass das nicht der Fall ist. So führte der Einsatz von Künstlicher Intelligenz bereits zu einer Diskriminierung von schwarzen Personen, als es um die Auswahl von Bewerbern um einen Arbeitsplatz oder um die Einstufung der Kreditwürdigkeit ging.[22] Auch bei dem Einsatz von intelligenten Systemen im Bereich der Gesundheitsversorgung sind ähnliche Vorkommnisse möglich und wahrscheinlich. Hierdurch entstehen neue und ganz eigene Fragen der strafrechtlichen Sorgfaltspflicht eines Produktherstellers. So

---

20 Vgl. Erwägungsgrund 2 MP-VO.

21 *Hänel* in: Loh/Grote, Medizin-Technik-Ethik, 87, 102; *Funer* in: Loh/Grote, Medizin-Technik-Ethik, 59, 61; *Lobe* in: Hilgendorf/Tiz, Vom richtigen Umgang mit den „Anderen", 147,150; *Schneider*, Zeitschrift für medizinische Ethik 2021, 327, 329; *Beck*, ZRP 2019, 185.

22 *Funer* in: Loh/Grote, Medizin-Technik-Ethik, 59, 61; *Rebstadt et al.*, HMD 59 (2022), 495.

muss überprüft werden, wann und ob eine diskriminierende KI auch eine strafrechtliche Verantwortlichkeit begründen kann. Besonders der Zusammenhang zwischen der Sorgfaltspflicht einerseits und struktureller Benachteiligung marginalisierter Personengruppen andererseits wurde bislang im Strafrecht kaum diskutiert und soll an dieser Stelle nachgeholt werden.

Auch wenn der Einsatz von Künstlicher Intelligenz in der Gesundheitsversorgung viele Vorteile und wünschenswerte Verbesserungen mit sich bringen kann, dürfen das Gefahrenpotenzial und die Möglichkeit von erheblichen Rechtsgutsverletzungen nicht aus den Augen verloren werden. Ebenso wird sich die Strafwissenschaft neuen Herausforderungen gegenübersehen und sie muss sich mit den aufgeworfenen Fragen auseinandersetzen. Bei der Diskussion um die strafrechtliche Verantwortung besteht dabei stets ein schmaler Grat zwischen Ermöglichung von Innovationen und der Eingrenzung von Innovationsrisiken.[23] Auch müssen vor dem Hintergrund, dass der Staat die Strafandrohung und Sanktion nur als ultima ratio anwenden darf, bei der Beurteilung einer Produzentenhaftung stets das Rechtsstaatsprinzip und der Verhältnismäßigkeitsgrundsatz beachtet werden.

Aus dem Vorstehenden ergibt sich, dass für den Hersteller eines intelligenten Medizinproduktes daher nicht nur die Frage einer zivilrechtlichen Haftung von Belang ist[24], sondern auch die Möglichkeit einer strafrechtlichen Verfolgung im Raum steht, mit der sich frühzeitig auseinandergesetzt werden muss.

B. Ziel und Gang der Untersuchung

Aus dem Vorstehenden ergibt sich, dass neben der zivilrechtlichen Haftung für Schäden durch intelligente Medizinprodukte auch eine strafrechtliche Verantwortung zunehmend an Bedeutung gewinnen wird. Daher wird sich mit der Frage befasst, welche Anforderungen an den Hersteller eines solchen Produktes zu stellen sind, um Rechtsgutsverletzungen des Nutzers oder eines Dritten zu verhindern und damit einer strafrechtlichen Haftung zu entgehen. Im Zentrum steht dabei besonders die Ermittlung eines strafrechtlichen Sorgfaltsmaßstabes, sowie die Untersuchung der neu aufkommenden Problemfelder auf tatbestandlicher Ebene. Ziel ist auch die Analyse der bisherigen Grundsätze der Rechtsprechung und Rechtswissenschaft und ihre Übertragbarkeit auf KI-bezogene Sachverhalte.

---

23 *Yuan*, RW 2018, 477, 493.

24 S. hierzu ausführlich *Schreitmüller*, Regulierung intelligenter Medizinprodukte; *Haftenberger*, Die Produkthaftung für künstlich intelligente Medizinprodukte.

Neben dem Hersteller kommen noch weitere Akteure, wie der Datenlieferant, ein externer Programmierer oder anderweitige Beteiligte in Betracht. Auch werden oftmals mehrere Unternehmen an der Entwicklung und Herstellung entsprechender Systeme beteiligt sein. Aufgrund der Globalisierung ist zudem davon auszugehen, dass vermehrt ein internationaler Bezug gegeben sein wird, wenn das Herstellerunternehmen seinen Sitz nicht in Deutschland oder der EU hat. Um die neuartigen Herausforderungen und Probleme übersichtlicher diskutieren zu können, wird daher in dieser Arbeit die Fiktion eines Einzelunternehmens betrachtet werden, welches den gesamten Prozess der Programmierung, der Wartung und des Inverkehrbringens verantwortet und auf nationaler Ebene tätig ist. Dies dient dem konzentrierten Blick auf die neuartigen und relevanten Fragen im Kontext der strafrechtlichen Produzentenhaftung.[25]

Hierfür müssen zunächst die notwendigen technischen Grundlagen, die spezifischen Risiken und die möglichen Anwendungsbereiche von Künstlicher Intelligenz in der Medizin in der gebotenen Kürze erläutert werden (Erstes Kapitel). Dabei soll auf den Begriff der Künstlichen Intelligenz sowie ihre Herstellung im weitesten Sinne eingegangen werden. Erforderlich ist außerdem eine Auseinandersetzung mit ihren kritischen Eigenschaften wie die fehlende Erklärbarkeit, die Autonomie und die Möglichkeit der Weiterentwicklung. Zuletzt wird dargestellt, wann ein Produkt als Medizinprodukt einzuordnen ist, wie es sich von den bisherigen Expertensystemen abgrenzen lässt, in welchen Bereichen sie bereits eingesetzt werden und welche Anwendungsbereiche in der Zukunft potenziell in Betracht kommen.

In dem nächsten Teil soll sich dann der Ermittlung eines Sorgfaltsmaßstabes gewidmet werden (Zweites Kapitel). Schließlich können durch die Besonderheiten von intelligenten Medizinprodukten ganz neue Anforderungen entstehen, die über das bestehende Haftungskonstrukt hinaus gehen. Hierfür ist zunächst zu ermitteln, an wen sich der strafrechtliche Vorwurf bei der Deliktsbegehung aus einem Unternehmen heraus richten kann und welche Delikte möglicherweise verwirklicht werde könnten. Anschließend wird auf die Entstehung strafrechtlicher Sorgfaltspflichten eingegangen. Im Mittelpunkt stehen hierbei die Anforderungen der MP-VO, da der europäische Gesetzgeber die Sorgfaltspflichten des Herstellers von Medizinprodukten umfassend regeln wollte.

---

25 Dies betrifft besonders die strafrechtlichen Sorgfaltspflichten, es entstehen jedoch auch neue Probleme im Rahmen der Kausalität, objektiven Zurechnung und des Unterlassens.

Dem schließt sich die Untersuchung der Produzentenhaftung, mithin der Konstruktions-, Fabrikations-, Instruktions- und Produktbeobachtungspflicht an. Dabei wird auch die Ergreifung bestimmter Maßnahmen zur Erfolgsabwendung diskutiert. Durch die Besonderheiten intelligenter Systeme bestehen schließlich neben der Warnung der Nutzer und dem Rückruf des Produktes auch neue Möglichkeiten zur Gefahrenabwendung, wie etwa die Entwicklung und Durchführung eines Updates oder die ferngesteuerte Produktstilllegung. Daher sollen die bisherigen Grundsätze nicht nur überprüft, sondern ggf. auch erweitert werden.

Im Anschluss wird sich mit der Frage auseinandergesetzt, wie sich mögliche Diskriminierungsrisiken auf die strafrechtliche Sorgfaltspflicht auswirken können und ob diese durch den Hersteller verhindert werden müssen. Auch wenn eine abschließende Betrachtung aufgrund der Abhängigkeit vom Einzelfall nicht möglich ist, sollen dennoch Grundsätze sowie ein Überblick über die möglichen Sorgfaltspflichten erbracht werden.

Daran schließt sich die Überprüfung der tatbestandlichen Problemfelder mit Blick auf die kritischen Eigenschaften von intelligenten Medizinprodukten an (Drittes Kapitel). Da die autonomen Entscheidungen in der Regel nicht vorhersehbar sind, muss sich mit den Anforderungen an die Kausalkette auseinandergesetzt werden. Dies kann sich ebenfalls auf die objektive Zurechnung und besonders auf die Vorhersehbarkeit des Taterfolges auswirken. Zudem wird sich der Frage angenähert, ob die Herstellung und der Vertrieb von intelligenten Medizinprodukten Teil des erlaubten Risikos sein können. Auch auf die Anforderungen an den Vorsatz des Herstellers soll in der gebotenen Kürze eingegangen werden. Am Ende des Kapitels wird sich noch mit der Begehung durch Unterlassen beschäftigt, beispielsweise wenn der Hersteller trotz Kenntnis von der Fehlerhaftigkeit seines Produktes keine Gefahrabwendungsmaßnahmen ergreift. Hierzu muss zunächst eine Pflicht zum Handeln geprüft und sich anschließend mit der Kausalität auseinandergesetzt werden.

Zuletzt wird sich noch mit einer möglichen Strafbarkeit nach dem MPDG sowie den daraus resultierenden Herstellerpflichten beschäftigt (Viertes Kapitel) und die Ergebnisse der Arbeit zusammengestellt (Fünftes Kapitel).

Erstes Kapitel – Künstliche Intelligenz und ihre Anwendung in der Medizin

Für die Frage der strafrechtlichen Verantwortung des Herstellers eines intelligenten Medizinproduktes ist zunächst erforderlich, dass sich mit dem Begriff und der Funktionsweise von Künstlicher Intelligenz in der gebotenen Kürze auseinandergesetzt wird.[26] Dies stellt den Ausgangspunkt der juristischen Würdigung und der Einordnung der neuartigen Herausforderungen durch den technischen Fortschritt dar. Daher soll sich zunächst mit dem Begriff der Künstlichen Intelligenz beschäftigt (A.) und anschließend auf ihre Funktionsweise (B.), die neu entstandenen Risiken (C.) sowie ihre Anwendungsfelder im Bereich der Gesundheitsversorgung (D.) eingegangen werden.

A. Begriff der Künstlichen Intelligenz

I. Bisherige Definitionsversuche

Auch wenn der Begriff der Künstlichen Intelligenz bereits in den 1950er Jahren entwickelt wurde, hat sich noch keine allgemeingültige Definition durchgesetzt.[27] *McCarthy et al.*[28] definierten ihre These wie folgt:

---

26 Umfangreiche Darstellungen zur Funktionsweise und Geschichte der Künstlichen Intelligenz s. etwa Ebers/Heinze/Krügel/Steinrötter/*Niederée/Nejdel*, KI und Robotik, § 2 Rn. 1 ff.; Kaulartz/Braegelmann/*Stiemerling*, Rechtshandbuch AI und ML, Kap. 2.1. Rn. 1 ff.; *Lohmann*, Strafrecht im Zeitalter von Künstlicher Intelligenz, S. 22 ff.; *Schreitmüller*, Regulierung intelligenter Medizinprodukte, S. 25 ff.; *Haagen*, Verantwortung für Künstliche Intelligenz, S. 56 ff.; *Biermann*, Wissenszurechnung und Künstliche Intelligenz, S. 26 ff.

27 Leupold/Wiebe/Glossner/*Baum*, IT-Recht, Teil 9.1. Rn. 7; Ebers/Heinze/Krügel/Steinrötter/*Niederée/Nejdel*, KI und Robotik, § 2 Rn. 1; *Dettling*, PharmR 2019, 633, 634; *Geminn*, ZD 2021, 354; s. auch *Herberger*, NJW 2018, 2825 ff., der den Begriff der „Künstlichen Intelligenz" grundsätzlich kritisiert.

28 Der Begriff geht auf *John McCarthy, Marvin Minsky, Nathanial Rochester* und *Claude Shannon* zurück, vgl. *dies.*, A Proposal for the Dartmouth Summer Research Project on Artificial Intelligence, 1955, AI Magazine Vol. 27 No. 4, 2006, S. 12–14.

> „*The study is to proceed on the basis of the conjecture that every aspect of learning or any other feature of intelligence can in principle be so precisely described that a machine can be made to simulate it.*“[29]

Demnach ging es vor allem um die Übertragung der Grundsätze menschlicher Intelligenz und Lernfähigkeit auf eine Maschine. Seitdem wird der Begriff der Künstlichen Intelligenz in verschiedenen Kontexten und in Bezug auf diverse Technologien verwendet.[30] Die Hochrangige Expertengruppe für Künstliche Intelligenz (HEG-KI) versteht darunter:

> „[…] *vom Menschen entwickelte Softwaresysteme (und gegebenenfalls auch Hardwaresysteme), die in Bezug auf ein komplexes Ziel auf physischer oder digitaler Ebene handeln, indem sie ihre Umgebung durch Datenerfassung wahrnehmen, die gesammelten strukturierten oder unstrukturierten Daten interpretieren, Schlussfolgerungen daraus ziehen oder die aus diesen Daten abgeleiteten Informationen verarbeiten, und über das bestmögliche Handeln zur Erreichung des vorgegebenen Ziels entscheiden. KI-Systeme können entweder symbolische Regeln verwenden oder ein numerisches Modell erlernen, und sind auch in der Lage, die Auswirkungen ihrer früheren Handlungen auf die Umgebung zu analysieren und ihr Verhalten entsprechend anzupassen.*“[31]

Auch die Europäische Kommission spricht sich in ihrem Vorschlag für eine Verordnung des Europäischen Parlamentes und des Rates zur Festlegung harmonisierter Vorschriften für Künstliche Intelligenz und zur Änderung bestimmter Rechtsakte der Union („Artificial Intelligence Act“, AIA-E) für eine klare Definition aus, um Rechtssicherheit zu gewährleisten, wobei zeitgleich auch ausreichend Flexibilität für künftige technologische Entwicklungen gewährleistet werden soll.[32] Hierfür wird auf die wesentlichen Merkmale Künstlicher Intelligenz abgestellt, mithin auf das Hervorbringen von Ergebnissen, wie Inhalten, Vorhersagen, Empfehlungen oder Entscheidungen, die das Umfeld beeinflussen und mit dem sie interagieren, sei es physisch oder digital.[33] Aber auch auf eine möglicherweise unterschiedlich ausgeprägte autonome Arbeitsweise der Künstlichen Intelligenz, sowie ihrer Einbindung als

---

29 *McCarthy/Minsky/Rochester/Shannon,* A Proposal for the Dartmouth Summer Research Project on Artificial Intelligence, 1955 in: AI Magazine Vol. 27 No. 4, 2006, 12, 13; zur geschichtlichen Entwicklung der Künstlichen Intelligenz s. *Kohn,* Künstliche Intelligenz und Strafzumessung, S. 32 ff.

30 *Geminn,* ZD 2021, 354; zur Darstellung weiterer Definitionsversuche s. *Schreitmüller,* Regulierung intelligenter Medizinprodukte, S. 27 ff.;

31 *HEG-KI,* Eine Definition der KI (2019), S. 6.

32 Vgl. Erwägungsgrund 6 AIA-E.

33 Vgl. Erwägungsgrund 6 AIA-E.

Bestandteil eines Produktes wird hingewiesen.[34] Vor diesem Hintergrund definiert die Europäische Kommission in Art. 3 Nr. 1 AIA-E die Künstliche Intelligenz als:

> *„eine Software, die mit einer oder mehreren der in Anhang I aufgeführten Techniken und Konzepte entwickelt worden ist und im Hinblick auf eine Reihe von Zielen, die vom Menschen festgelegt werden, Ergebnisse wie Inhalte, Vorhersagen, Empfehlungen oder Entscheidungen hervorbringen kann, die das Umfeld beeinflussen, mit dem sie interagieren.“*

Der Vorteil dieser Definition ist, dass sie sehr weit formuliert ist und daher auch auf künftige Innovationen angewendet werden kann.[35] Jedoch fällt gegebenenfalls auch herkömmliche Software, die beispielsweise durch statistische Ansätze bereits Patientendaten bewertet, aber noch kein intelligentes System ist, unter den Begriff.[36] Daher kann sie je nach Einzelfall zur Abgrenzung von Künstlicher Intelligenz und herkömmlicher Software ungeeignet sein.

II. Abgrenzung nach Kriterien

Die Suche nach einer einheitlichen Definition gestaltet sich schwierig. Das liegt hauptsächlich an den vielfältigen Möglichkeiten der intelligenten Systeme, da sie in unzähligen Variationen und Anwendungsfeldern eingesetzt werden können und die Wissenschaft und Forschung auf dem Gebiet noch lange nicht abgeschlossen ist. Eine zu enge Definition würde künftige technische Entwicklungen nicht einschließen, eine zu weite Definition erschwert hingegen die Abgrenzung zu herkömmlicher Technik und kann zu Rechtsunsicherheiten führen. Anstelle einer einheitlichen Definition kann man aber aus den bisherigen Ansätzen bestimmte Eigenschaften oder Kriterien herausbilden, die bei der Einordnung eines Produktes als intelligentes System helfen können. So haben die bisherigen Definitionsversuche gemein, dass es sich jedenfalls im Kern stets um Software handelt.[37] Zudem sind es Systeme, die unabhängig von ihrer Überwachung und Unterstützung handeln, auf logik- und wissensbasierten sowie statistischen Ansätzen beruhen und häufig die Fähigkeit besitzen, selbstständig dazuzulernen.[38] Sie weisen außerdem eine hohe Anpassungsfähigkeit

---

34 Vgl. Erwägungsgrund 6 AIA-E.

35 *Heil*, MPR 2022, 1, 4; *Handorn/Juknat*, MPR 2022, 77, 79.

36 *Heil*, MPR 2022, 1, 4; *Handorn/Juknat*, MPR 2022, 77, 79.

37 *Dettling*, PharmR 2019, 633, 634.

38 *Diedrich*, CR 2021, 289; Ebers/Heinze/Krügel/Steinrötter/*Niederée/Nejdel*, KI und Robotik, § 2 Rn. 1.

auf.[39] Zuletzt kommt es in Übereinstimmung mit der Definition der HEG-KI und der Europäischen Kommission noch auf die Interaktion mit dem Umfeld an, wobei hiervon auch eingegebene oder bereitgestellte Daten umfasst sind und sie sich demnach auch auf virtuelle Umgebungen erstrecken.[40] Ihre Kerntätigkeit liegt darin, den durch Sensoren erfassten Input für Schlussfolgerungen oder zur Informationsverarbeitung zu nutzen, um dann zur Erreichung des vorgegebenen Ziels ein Ergebnis zu errechnen oder ein bestimmtes Handeln vorzuschlagen.[41] Also soll KI vorwiegend Wissen und/oder Entscheidungsregeln anhand von Datensätzen maschinell erzeugen und Entscheidungsprozesse automatisieren.[42]

III. Erscheinungsformen der Künstlichen Intelligenz

Im Allgemeinen wird zwischen schwacher und starker KI unterschieden.[43] Als starke KI bezeichnet man Systeme, die dieselben intellektuellen Fähigkeiten wie ein Mensch besitzen oder diese sogar übertreffen, wohingegen schwache KI intelligentes Verhalten nachahmen und vor allem für bestimmte Anwendungsprobleme konstruiert werden, also nur einen Teilaspekt der menschlichen Intelligenz abbilden.[44] Auch wenn die Forschung weiter Fortschritte in dem Bereich der starken Künstlichen Intelligenz verzeichnet, lassen sich alle bisherigen Systeme noch unter den Begriff der schwachen KI subsumieren.[45] Medizinische Assistenzsysteme wie Diagnosesoftware oder ähnliche Produkte werden in der Regel daher unter den Begriff der schwachen KI fallen, da sie hauptsächlich nur für ein bestimmtes Anwendungsproblem – zum Beispiel die Erkennung von

39 *Geminn,* ZD 2021, 354, 355.
40 *Geminn,* ZD 2021, 354 f.
41 *HEG-KI,* Eine Definition der KI (2019), S. 2.
42 Kaulartz/Braegelmann/*Stiemerling,* Rechtshandbuch AI und ML, Kap. 2.1. Rn. 3.
43 Chibanguza/Kuß/Steege KI-Hdb/*Nida-Rümelin,* § 1 Rn. 1, Ebers/Heinze/Krügel/Steinrötter/*Niederée/Nejdel,* KI und Robotik, § 2 Rn. 2; *Geminn,* ZD 2021, 354, 355; *Lohmann,* Strafrecht im Zeitalter von Künstlicher Intelligenz, S. 53.
44 Chibanguza/Kuß/Steege KI-Hdb/*Nida-Rümelin,* § 1 Rn. 15; Ebers/Heinze/Krügel/Steinrötter/*Niederée/Nejdel,* KI und Robotik, § 2 Rn. 2 f.; *Krebs/Hagenweiler,* Datenanonymisierung im Kontext von KI und Big Data, S. 6; *Frost,* MPR 2019, 117, 118.
45 Ebers/Heinze/Krügel/Steinrötter/*Niederée/Nejdel,* KI und Robotik, § 2 Rn. 3; *Krebs/Hagenweiler,* Datenanonymisierung im Kontext von KI und Big Data, S. 6; *Geminn,* ZD 2021, 354, 355; *Lohmann,* Strafrecht im Zeitalter von Künstlicher Intelligenz, S. 54.

Hautkrebs – eingesetzt werden sollen und gerade nicht dazu ausgerichtet sind, dieselben intellektuellen Fähigkeiten wie ein Mensch zu besitzen.

IV. Unterschied zur klassisch determinierten Software

Die auf Künstlicher Intelligenz basierenden Systeme unterscheiden sich insbesondere durch ihre Arbeitsweise von der klassisch determinierten Software. So folgen sie nicht dem üblichen „Wenn-Dann-Schema" und geben daher oftmals keinen Aufschluss darüber, wie das jeweilige Ergebnis entstanden ist.[46] Sie sind dafür gemacht, verstärkt autonom zu handeln und in dem vorgegebenen Rahmen allein Entscheidungen zu treffen und aus Fehlern zu lernen.[47] Besonders die Systeme, die über ein künstliches neuronales Netz verfügen, treffen ihre Entscheidungen in der Regel nicht aufgrund einer deterministischen Vorgehenswese, sondern vielmehr aufgrund von Wahrscheinlichkeiten und Korrelationen, was eine gewisse Intransparenz zur Folge hat.[48] An den intelligenten Systemen ist besonders neu, dass sie eine hohe Komplexität und Konnektivität aufweisen. Ein weiteres Problem ist die globale Vernetzung, da die Entwicklung und der Betrieb von KI-Software in der Hand mehrerer Personen und Organisationen liegen.[49] Zuletzt sollen intelligente Systeme in einem bestimmten Rahmen auch eigenständige Entscheidungen treffen und weiter dazu lernen.[50]

B. Konstruktion einer Künstlichen Intelligenz

Für die Konstruktion einer Künstlichen Intelligenz gibt es verschiedene Ansätze. So kann beispielsweise auf ein regelbasiertes Lernen zurückgegriffen werden, bei dem nach dem Top-Down-Ansatz die Entscheidungs- oder Klassifizierungsregeln abschließend programmiert werden, sodass das System diese nur noch auf die eingegebenen Daten anwenden muss.[51] Beim statistischen oder auch sub-symbolischen Lernen dagegen werden dem System die Ebers/Heinze/Krügel/Steinrötter/*Niederée/Nejdel*, KI und Robotik, § 2 Rn. 10 ff.

46 *Steege*, MMR, 2019, 715, 716; *Dettling*, PharmR 2019, 633, 634.; *Beck* in: Mainzer, Philosophisches Handbuch Künstliche Intelligenz, S. 4.

47 *Beck* in: Mainzer, Philosophisches Handbuch Künstliche Intelligenz, S. 4.

48 *Zech*, ZfPW 2019, 198, 202.

49 Ebers/Heinze/Krügel/Steinrötter/*Ebers*, Künstliche Intelligenz und Robotik, § 3 Rn. 11 f.

50 *Beck* in: Mainzer, Philosophisches Handbuch Künstliche Intelligenz, S. 4.

51 *Unger*, ZRP 2020, 234, 235; *Schreitmüller*, Regulierung intelligenter Medizinprodukte, S. 37.

Entscheidungsregeln gerade nicht vorgegeben, vielmehr soll es diese nach dem Bottom-Up-Ansatz anhand der eingegebenen Daten selbst entwickeln.[52] Das maschinelle Lernen zählt zu den sub-symbolischen Ansätzen und gilt als wichtigste Lernmethode bei der Entwicklung intelligenter Systeme.[53] Der Vorteil dieses Vorgehens besteht primär in seiner Flexibilität und Leistungsfähigkeit, da er anders als bei den symbolischen Ansätzen bei geringeren Abweichungen nicht neu angepasst oder entwickelt werden muss.[54]

I. Maschinelles Lernen

Für den aktuellen technischen Fortschritt der Künstlichen Intelligenz ist das maschinelle Lernen daher besonders wichtig und kann als „*Motor der KI*“[55] oder als „*Schlüsseltechnologie*“[56] angesehen werden. Dabei dient es vorrangig der Erkennung von Zusammenhängen in Datensätzen, also statistisch relevanter Korrelationen.[57] Kurz gesagt, soll das maschinelle Lernen Wissen aus Erfahrung generieren.[58] Daraus folgt, dass es stets nur ein Teilaspekt einer Künstlichen Intelligenz, nämlich dessen Lernfähigkeit abbildet, sodass beide Begriffe nicht miteinander gleichgesetzt werden dürfen.[59]

Inhaltlich besteht die Aufgabe des maschinellen Lernens darin, algorithmische Modelle zu entwickeln, welche durch neue Eingaben oder Beobachtungen das angestrebte Ziel mit der Zeit besser erreichen können.[60] Also geht es hauptsächlich darum, aus Daten automatisch Wissen zu generieren, um das zu lösende Problem durch ein geeignetes Modell zu erfassen.[61] So können die

---

52 *Unger,* ZRP 2020, 234, 235; *Schreitmüller,* Regulierung intelligenter Medizinprodukte, S. 38.

53 Ebers/Heinze/Krügel/Steinrötter/*Niederée/Nejdel,* KI und Robotik, § 2 Rn. 17; *Schreitmüller,* Regulierung intelligenter Medizinprodukte, S. 38; *Biermann,* Wissenszurechnung und Künstliche Intelligenz, S. 32.

54 Leupold/Wiebe/Glossner/*Baum,* IT-Recht, Teil 9.1. Rn. 14; *Schreitmüller,* Regulierung intelligenter Medizinprodukte, S. 39.

55 Ebers/Heinze/Krügel/Steinrötter/*Niederée/Nejdel,* KI und Robotik, § 2 Rn. 20.

56 *Fraunhofer-Gesellschaft,* Maschinelles Lernen – Eine Analyse zu Kompetenzen, Forschung und Anwendung, S. 6.

57 *Krebs/Hagenweiler,* Datenanonymisierung im Kontext von KI und Big Data, S. 10; Leupold/Wiebe/Glossner/*Baum,* IT-Recht, Teil 9.1. Rn. 13.

58 *Fraunhofer-Gesellschaft,* Maschinelles Lernen – Eine Analyse zu Kompetenzen, Forschung und Anwendung, S. 8.

59 *Lohmann,* Strafrecht im Zeitalter von Künstlicher Intelligenz, S. 57.

60 *Yuan,* RW 2018, 477, 484.

61 Ebers/Heinze/Krügel/Steinrötter/*Niederée/Nejdel,* KI und Robotik, § 2 Rn. 21.

Daten besser verstanden, Vorhersagen und Entscheidungen getroffen sowie Empfehlungen ausgesprochen werden.[62] Das langfristige Ziel beim maschinellen Lernen ist stets, dass das beigebrachte Wissen automatisch auf noch unbekannte Datensätze derselben Art angewendet werden kann.[63] So müssen nicht alle infrage kommenden Szenarien programmiert werden, da das System bereits selbst die Strategien zur Lösung unbekannter Probleme entwickelt hat.[64] Hierfür werden Daten in das System gegeben, welche bestimmte Eigenschaften aufweisen und die es dann einer bestimmten Klasse zuordnen soll.[65] Gerade hier liegt der wesentliche Unterschied zu einem herkömmlichen Algorithmus, bei dem jeder Zwischenschritt programmiert werden muss.[66]

II. Training eines Systems

Für das Training der Künstlichen Intelligenz ist zunächst erforderlich, dass die zu lösende Problemstellung klar definiert, die passende Lernmethode sowie das Trainingsmodell ausgewählt und die erforderlichen Daten gesammelt und in das System übertragen werden.[67] Für gewöhnlich werden Beispieldaten in das System eingegeben, die bestimmte Eigenschaften aufweisen und anhand derer der Algorithmus nun eine Vorhersage treffen soll.[68] So kann die Künstliche Intelligenz lernen, gezeigte Objekte auch auf anderen, unbekannten Bildern wiederzuerkennen.[69] Dabei hängt die Art und Struktur des Trainings sehr von dem gewählten Ansatz ab.[70] Am Ende des Entwicklungsvorgangs müssen die

62 Ebers/Heinze/Krügel/Steinrötter/*Niederée/Nejdel*, KI und Robotik, § 2 Rn. 21; *Fraunhofer-Gesellschaft*, Maschinelles Lernen – Eine Analyse zu Kompetenzen, Forschung und Anwendung, S. 8.

63 *Fraunhofer-Gesellschaft*, Maschinelles Lernen – Eine Analyse zu Kompetenzen, Forschung und Anwendung, S. 8; Ebers/Heinze/Krügel/Steinrötter/*Niederée/Nejdel*, KI und Robotik, § 2 Rn. 21.

64 *Hoppe* in: Hartmann, KI & Recht Kompakt, 1, 5.

65 *Yuan*, RW 2018, 477, 484; Ebers/Heinze/Krügel/Steinrötter/*Niederée/Nejdel*, KI und Robotik, § 2 Rn. 24; *Biermann*, Wissenszurechnung und Künstliche Intelligenz, S. 33.

66 *Hoppe* in: Hartmann, KI & Recht Kompakt, 1, 9; Ebers/Heinze/Krügel/Steinrötter/*Niederée/Nejdel*, KI und Robotik, § 2 Rn. 24; *Unger*, ZRP 2020, 234, 235.

67 *Yuan*, RW 2018, 477, 492; *Haftenberger*, Die Produkthaftung für künstlich intelligente Medizinprodukte, S. 166; *Hoppe* in: Hartmann, KI & Recht Kompakt, 1, 18 ff.

68 *Yuan*, RW 2018, 477, 484.

69 *Hoppe* in: Hartmann, KI & Recht Kompakt, 1, 5.

70 Ebers/Heinze/Krügel/Steinrötter/*Niederée/Nejdel*, KI und Robotik, § 2 Rn. 28.

Funktionsweise und die Richtigkeit der Ergebnisse in einer Art Probebetrieb mehrfach überprüft und evaluiert werden.[71]

Generell unterscheidet man beim maschinellen Lernen zwischen drei Lernarten: dem überwachten Lernen („*supervised learning*"), dem unüberwachten Lernen („*unsupervised learning*") und dem verstärkenden Lernen („*reinforcement learning*").[72]

1. Überwachtes Lernen

Bei dem überwachten Lernen werden Daten in den Trainingsvorgang eingegeben, bei denen das gesuchte Ergebnis bereits bekannt ist.[73] Demnach lernt das System von einem „perfekten Lehrer", der die richtigen Antworten für das zu lösende Problem vorgibt.[74] Durch diese Methode lernt der Algorithmus, welche Eigenschaften der Daten am besten dazu geeignet sind, um sie einer bestimmten Klasse zuordnen zu können.[75] Hierfür versucht das System eine Verknüpfung zwischen Input und Output herzustellen, indem es sämtliche Zusammenhänge mathematisch abbildet.[76] Die gängigen Methoden des überwachten Lernens sind Entscheidungsbäume oder Support Vector Machines.[77]

Das überwachte Lernen wird bei der Entwicklung von intelligenten Medizinprodukten am häufigsten verwendet.[78] Soll eine KI darauf trainiert werden, anhand von Abbildungen Hautkrebs zu erkennen, werden ihr Bilder von betroffener und gesunder Haut zusammen mit der Information vorgelegt, auf

---

71 *Hoppe* in: Hartmann, KI & Recht Kompakt, 1, 20.

72 Ebers/Heinze/Krügel/Steinrötter/*Niederée/Nejdel*, KI und Robotik, § 2 Rn. 28; *Fraunhofer-Gesellschaft,* Maschinelles Lernen – Eine Analyse zu Kompetenzen, Forschung und Anwendung, S. 10; Leupold/Wiebe/Glossner/*Baum,* IT-Recht, Teil 9.1. Rn. 15 ff.; Kaulartz/Braegelmann/*Stiemerling,* Rechtshandbuch AI und ML, Kap. 2.1. Rn. 14; *Yuan*, RW 2018, 477, 485; *Hoppe* in: Hartmann, KI & Recht Kompakt, 1, 9 ff.

73 *Yuan*, RW 2018, 477, 485; *Krebs/Hagenweiler,* Datenanonymisierung im Kontext von Künstlicher Intelligenz und Big Data, S. 12; *Fraunhofer-Gesellschaft,* Maschinelles Lernen – Eine Analyse zu Kompetenzen, Forschung und Anwendung, S. 10.

74 Kaulartz/Braegelmann/*Stiemerling*, Rechtshandbuch ML und AI, Kap. 2.1. Rn. 14; *Hoppe* in: Hartmann, KI & Recht Kompakt, 1, 10.

75 Ebers/Heinze/Krügel/Steinrötter/*Niederée/Nejdel*, Künstliche Intelligenz und Robotik, § 2 Rn. 40.

76 *Bilski/Schmid*, NJOZ 2019, 657.

77 Ebers/Heinze/Krügel/Steinrötter/*Niederée/Nejdel*, Künstliche Intelligenz und Robotik, § 2 Rn. 47 ff.

78 *Schreitmüller,* Regulierung intelligenter Medizinprodukte, S. 44.

welchen Bildern Hautkrebs zu erkennen ist. So kann das System lernen, welche Kriterien es für die Klassifizierung heranziehen muss und diese später auf noch unbekannte Datensätze übertragen.

2. *Unüberwachtes Lernen*

Im Gegensatz zum überwachten Lernen werden beim unüberwachten Lernen Daten in das System eingegeben, bei welchen das gewünschte Ergebnis noch nicht bekannt ist.[79] Ziel ist, dass der Algorithmus selbstständig einen Zusammenhang zwischen den einzelnen Daten findet.[80] Hierfür setzt er die Daten in bestimmte Gruppierungen (sog. Cluster) zusammen, bei denen er eine gewisse Ähnlichkeit oder einen Zusammenhang erkannt hat.[81] Eine Software zum Erkennen von Hautkrebs würde also aus einem unsortierten Datensatz bestimmte Erkennungsmarker herausfiltern, anhand derer er die gesunden Hautstellen von den befallenen Stellen unterscheiden kann.

3. *Verstärkendes Lernen*

Bei dem verstärkenden Lernen wird mit Feedback trainiert, welches sowohl positiv als auch negativ sein kann.[82] Dem System wird lediglich das Ziel vorgegeben, den Lösungsweg muss es durch einen Trial-and-Error-Prozess selbst suchen, indem es durch eine Art Belohnung oder Bestrafung geleitet wird.[83] Je näher das Ergebnis dem erklärten Ziel kommt, umso mehr Punkte erhält das System als Belohnung.[84] Diese Lernmethode bietet sich vor allem dann an,

---

79 Kaulartz/Braegelmann/*Stiemerling*, Rechtshandbuch ML und AI, Kap. 2.1. Rn. 14; *Fraunhofer-Gesellschaft*, Maschinelles Lernen – Eine Analyse zu Kompetenzen, Forschung und Anwendung, S. 10; *Hofmann*, Entscheidungssouveränität im digitalen Raum, S. 73; *Yuan*, RW 2018, 477, 486; *Haagen/Lohmann* in: Hartmann, KI & Recht Kompakt, 257, 260.

80 *Hofmann*, Entscheidungssouveränität im digitalen Raum, S. 73; *Yuan*, RW 2018, 477, 486; *Haagen/Lohmann* in: Hartmann, KI & Recht Kompakt, 257, 260.

81 *Krebs/Hagenweiler*, Datenanonymisierung im Kontext von Künstlicher Intelligenz und Big Data, S. 11; *Yuan*, RW 2018, 477, 486 f.

82 Kaulartz/Braegelmann/*Stiemerling*, Rechtshandbuch ML und AI, Kap. 2.1. Rn. 14; *Yuan*, RW 2018, 477, 487.

83 Ebers/Heinze/Krügel/Steinrötter/*Niederée/Nejdel*, Künstliche Intelligenz und Robotik, § 2 Rn. 44; *Krebs/Hagenweiler*, Datenanonymisierung im Kontext von Künstlicher Intelligenz und Big Data, S. 13.

84 *Krebs/Hagenweiler*, Datenanonymisierung im Kontext von Künstlicher Intelligenz und Big Data, S. 11.

wenn Datensätze verwendet werden, bei denen das Ergebnis nicht mit Sicherheit feststeht und daher unbrauchbar für das überwachte Lernen sind.[85] Sie kommt häufig bei der Entwicklung von Robotik zum Einsatz, etwa um bestimmte Greifbewegungen zu trainieren.[86]

4. *Deep Learning*

Mittlerweile kommt auch dem „Deep Learning" eine immer größere Bedeutung zu. Dies gilt insbesondere auf dem Gebiet der Bild-, Video-, Sprach- und Textanalyse.[87] Da es beispielsweise bei der Erkennung von Hautkrebs oder dem Einsatz von KI in der bildgebenden Diagnostik oftmals um die Bildanalyse geht, ist dieser Lernansatz auch für intelligente Medizinprodukte relevant. Dieser Ansatz baut auf dem Konzept der neuronalen Netze auf und erzielt auch in schwierigeren Gebieten des maschinellen Lernens bemerkenswerte Leistungssteigerungen.[88] Der Vorteil von Deep Learning ist, dass größere Datensätze und Zusammenhänge besser verarbeitet werden können, gleichzeitig aber weniger Vorarbeit eines Menschen benötigt wird und man trotzdem oftmals zu präziseren Ergebnissen kommt, als mit anderen maschinellen Lernansätzen.[89] Also finden viele Vorgänge automatisiert statt, die ansonsten manuell erfolgen müssten.[90] Besonders durch die Vernetzung vieler künstlicher Neuronen soll das System besonders zuverlässig Muster erkennen können.[91] Außerdem kann das bereits Erlernte immer wieder mit neuen Inhalten verknüpft werden, sodass das System selbständig Entscheidungen und/oder Prognosen treffen sowie hinterfragen kann, ohne dass menschliches Eingreifen in den eigentlichen

---

85 *Yuan*, RW 2018, 477, 487; *Krebs/Hagenweiler*, Datenanonymisierung im Kontext von Künstlicher Intelligenz und Big Data, S. 11.

86 *Fraunhofer-Gesellschaft*, Maschinelles Lernen – Eine Analyse zu Kompetenzen, Forschung und Anwendung, S. 10.

87 *Fraunhofer-Gesellschaft*, Maschinelles Lernen – Eine Analyse zu Kompetenzen, Forschung und Anwendung, S. 11.

88 Ebers/Heinze/Krügel/Steinrötter/*Niederée/Nejdel*, Künstliche Intelligenz und Robotik, § 2 Rn. 56.

89 *Krebs/Hagenweiler*, Datenanonymisierung im Kontext von Künstlicher Intelligenz und Big Data, S. 13.

90 *Bilski/Schmid*, NJOZ 2019, 657, 658.

91 *Puppe* in: Beck/Kusche/Valerius, Digitalisierung, Automatisierung, KI und Recht, 121, 124.

Lernvorgang erforderlich ist.[92] Zudem können die neuronalen Netze bei allen Lerntypen verwendet werden.[93]

Für die strafrechtliche Beurteilung sind besonders mittels Deep Learning trainierte Systeme von großer Bedeutung, weil bei ihnen die Autonomie und Erklärbarkeit des Entscheidungsvorganges immer schwieriger werden.[94]

a.) Künstliche Neuronen und neuronale Netze

Bei der Entwicklung und dem Aufbau neuronaler Netze wurde sich an der Funktionsweise von biologischen Neuronen des menschlichen Gehirns orientiert und sie sollen diese Funktionsweise mathematisch nachbilden.[95] Das menschliche Gehirn besteht aus ca. 100 Milliarden Nervenzellen, die zu einem einheitlichen Netzwerk verbunden sind, wobei die einzelnen Neuronen ankommende Reize über die Dendriten aufnehmen, verarbeiten und über Axone an das nächste Neuron weitergeben.[96] Eben dieses Vorgehen soll auch ein künstliches neuronales Netz nachbilden. Dabei werden mehrere Neuronen miteinander zu Schichten verbunden, wobei man die Verbindungen zwischen den einzelnen Neuronen als „Kanten" oder „Synapsen" bezeichnet.[97] Vereinfacht dargestellt funktioniert jedes einzelne Neuron, indem es Informationen oder Signale empfängt, diese verarbeitet und an das nächste Neuron weiterleitet.[98] Wie stark der Impuls weitergegeben wird und ob es bei dem nächsten Neuron ankommt, hängt davon ab, ob ein bestimmter Schwellenwert überschritten

---

92 *Krebs/Hagenweiler*, Datenanonymisierung im Kontext von Künstlicher Intelligenz und Big Data, S. 13.

93 *Yuan*, RW 2018, 477, 489; *Kirste/Schürholz* in: Wittpahl, Künstliche Intelligenz, 21, 32.

94 *Yuan*, RW 2018, 477, 489.

95 Ebers/Heinze/Krügel/Steinrötter/*Niederée/Nejdel*, Künstliche Intelligenz und Robotik, § 2 Rn. 58; *Bilski/Schmid*, NJOZ 2019, 657, 658; *Krebs/Hagenweiler*, Datenanonymisierung im Kontext von Künstlicher Intelligenz und Big Data, S. 14; *Yuan*, RW 2018, 477, 489.

96 *Barthelmeß/Furbach*, IRobot – uMan, S. 110; *Lohmann*, Strafrecht im Zeitalter von Künstlicher Intelligenz, S. 62; *Haagen*, Verantwortung für Künstliche Intelligenz, S. 76; *Traeger/Eberhart/Geldner et al.*, Der Anaesthesist 2003, 1055.

97 Kaulartz/Braegelmann/*Stiemerling*, Rechtshandbuch KI und ML, Kap. 2.1., Rn. 22; Ebers/Heinze/Krügel/Steinrötter/*Niederée/Nejdel*, Künstliche Intelligenz und Robotik, § 2 Rn. 62; *Puppe* in: Beck/Kusche/Valerius, Digitalisierung, Automatisierung, KI und Recht, 121, 124; *Bilski/Schmid*, NJOZ 2019, 657, 658.

98 *Krebs/Hagenweiler*, Datenanonymisierung im Kontext von Künstlicher Intelligenz und Big Data, S. 14;

wurde.[99] Dies bestimmt sich nach der vorgegebenen Gewichtung der einzelnen Synapsen.[100] Anhand der Stärke des weitergeleiteten Signals und der Gewichtung der Synapsen werden dann unterschiedliche Neuronen in den nächsten Zwischenschichten aktiviert, welche ihrerseits die Informationen an Neuronen in den dahinterliegenden Schichten weiterleiten, bis die Ausgabeschicht erreicht ist.[101]

Ein neuronales Netz besteht in der Regel aus einer Eingabeschicht (Input Layer), einer Ausgabeschicht (Output Layer) und den verborgenen Schichten (Hidden Layer).[102] Gerade tiefe neuronale Netze zeichnen sich durch eine besonders hohe Anzahl verborgener Schichten aus.[103] Um ein Ergebnis von einem System zu erhalten, werden zunächst die Daten oder Variablen, die verarbeitet werden sollen, in die Eingabeschicht gegeben.[104] Die Anzahl der Neuronen in der Eingabeschicht muss dabei der Anzahl der Variablen entsprechen.[105] Soll eine KI zum Beispiel das Herzinfarktrisiko von Patienten berechnen und dabei auf eine bestimmte Anzahl an Variablen wie Alter, Geschlecht, Gewicht etc. zurückgreifen, müssen auch entsprechend viele Eingabeneuronen vorliegen. Nach der Eingabe der Daten werden die Informationen von den

---

99 *Traeger/Eberhart/Geldner et al.*, Der Anaesthesist 2003, 1055, 1056; Ebers/Heinze/Krügel/Steinrötter/*Niederée/Nejdel*, Künstliche Intelligenz und Robotik, § 2 Rn. 59.

100 Kaulartz/Braegelmann/*Stiemerling*, Rechtshandbuch KI und ML, Kap. 2.1., Rn. 23; *Krebs/Hagenweiler*, Datenanonymisierung im Kontext von Künstlicher Intelligenz und Big Data, S. 14; *Yuan*, RW 2018, 477, 289.

101 Kaulartz/Braegelmann/*Stiemerling*, Rechtshandbuch KI und ML, Kap. 2.1., Rn. 23; Ebers/Heinze/Krügel/Steinrötter/*Niederée/Nejdel*, Künstliche Intelligenz und Robotik, § 2 Rn. 61; *Kirste/Schürholz* in: Wittpahl, Künstliche Intelligenz, 21, 31.

102 Kaulartz/Braegelmann/*Stiemerling*, Rechtshandbuch KI und ML, Kap. 2.1., Rn. 22; *Biermann*, Wissenszurechnung und Künstliche Intelligenz, S. 48; *Traeger/Eberhart/Geldner et al.*, Der Anaesthesist 2003, 1055, 1056; *Bilski/Schmid*, NJOZ 2019, 657, 658.

103 Kaulartz/Braegelmann/*Stiemerling*, Rechtshandbuch KI und ML, Kap. 2.1., Rn. 22; Ebers/Heinze/Krügel/Steinrötter/*Niederée/Nejdel*, Künstliche Intelligenz und Robotik, § 2 Rn. 62; *Kirste/Schürholz* in: Wittpahl, Künstliche Intelligenz, 21, 29.

104 *Traeger/Eberhart/Geldner et al.*, Der Anaesthesist 2003, 1055, 1056; *Biermann*, Wissenszurechnung und Künstliche Intelligenz, S. 49.

105 *Barthelmeß/Furbach*, IRobot – uMan, S. 111; *Traeger/Eberhart/Geldner et al.*, Der Anaesthesist 2003, 1055, 1056; *Biermann*, Wissenszurechnung und Künstliche Intelligenz, S. 49; Kaulartz/Braegelmann/*Stiemerling*, Rechtshandbuch KI und ML, Kap. 2.1., Rn. 27.

Eingabeneuronen an die verborgenen Schichten weitergegeben, bis die Ausgabeschicht erreicht ist.[106]

b.) Training eines neuronalen Netzes

Entscheidend dafür, dass das neuronale Netz auch funktioniert, ist das Training des Systems. Nur so können die die Gewichtungen an allen Synapsen derart justiert werden, dass auch das gewünschte Ergebnis erzielt wird.[107] Hierfür ist zunächst das zu lösende Problem zu formulieren.[108] Sodann sind das Modell, die Methode sowie die erforderliche Datengrundlage zu ermitteln.[109] Je nach gewählter Lernmethode müssen die Trainingsdaten zudem noch klassifiziert werden.[110] Dann beginnt man mit einer zufälligen Gewichtung der einzelnen Synapsen.[111] Erst durch das Ausprobieren und Vergleichen der Ergebnisse lernt das System, wie stark die Verbindungen zwischen den einzelnen Neuronen sein müssen und passt diese an, damit sie sich dem gewünschten Ergebnis weiter annähern.[112] Als Feedback wird ein Korrektursignal rückwärts durch die Schichten gesendet, um sukzessive die Ausgabefehler zu minimieren, indem das Netz die Gewichtungen der Synapsen entsprechend verändert.[113] Je öfter es trainiert wird, umso präziser werden die Ergebnisse und jeder Erfolg stärkt die richtigen Synapsen.[114] Für das Training kann dabei auf die bereits beschriebenen Lernmethoden des überwachten, unüberwachten oder verstärkenden Lernens zurückgegriffen werden.[115] Am Ende der Trainingsphase muss das System noch getestet und evaluiert werden.[116]

---

106 *Traeger/Eberhart/Geldner et al.*, Der Anaesthesist 2003, 1055, 1057.

107 *Kirste/Schürholz* in: Wittpahl, Künstliche Intelligenz, 21, 32.

108 *Yuan*, RW 2018, 477, 492.

109 *Yuan*, RW 2018, 477, 492.

110 Ebers/Heinze/Krügel/Steinrötter/*Niederée/Nejdel*, Künstliche Intelligenz und Robotik, § 2 Rn. 67.

111 *Bilski/Schmid*, NJOZ 2019, 657, 658; *Traeger/Eberhart/Geldner et al.*, Der Anaesthesist 2003, 1055, 1058.

112 Ebers/Heinze/Krügel/Steinrötter/*Niederée/Nejdel*, Künstliche Intelligenz und Robotik, § 2 Rn. 69; Kaulartz/Braegelmann/*Stiemerling*, Rechtshandbuch KI und ML, Kap. 2.1., Rn. 29.

113 *Traeger/Eberhart/Geldner et al.*, Der Anaesthesist 2003, 1055, 1058.

114 Dem liegt die „Hebb-Lernregel" zugrunde, welche besagt, dass zwei Zellen ihre Verbindung dann verstärken, wenn sie gleichzeitig aktiviert sind, s. *Traeger/Eberhart/Geldner et al.*, Der Anaesthesist 2003, 1055, 1057.

115 *Kirste/Schürholz* in: Wittpahl, Künstliche Intelligenz, 21, 32.

116 Kaulartz/Braegelmann/*Stiemerling*, Rechtshandbuch KI und ML, Kap. 2.1., Rn. 30.

III. Datengrundlage

Welche und wie viele Daten für die Konstruktion der Künstlichen Intelligenz verwendet werden müssen, hängt vor allem von der gewählten Lernmethode ab. So kommen Systeme, die mit einem Entscheidungsbaum trainiert werden, grundsätzlich mit weniger Daten aus, als beispielsweise ein Modell, welches mit künstlichen neuronalen Netzen aufgebaut wurde.[117] Symbolische Trainingsansätze, bei denen jeder Entscheidungsweg einzeln programmiert wird, benötigen dagegen oftmals keine Daten.[118] Für das Training können unterschiedliche Daten verwendet werden, beispielsweise in Form von Texten, Bildern, Videos oder Sensordaten.[119] Für ihre Sammlung und Erhebung gibt es viele verschiedene Möglichkeiten. Eine wichtige Rolle spielen Sensordaten, die der Zustandsmessung und Überwachung dienen und Datenströme sammeln, die für eine Analyse des Systems sowie dessen Weiterentwicklung von zentraler Bedeutung sein können.[120] Für intelligente Medizinprodukte liefern außerdem die bildgebenden Verfahren wie MRT und CT oder das „Social Sensing", also die Sammlung von Daten mithilfe von Sensoren, die am Körper getragen werden, große Datenmengen.[121] Zusätzlich stehen zunehmend aufgrund von Fitnessarmbändern und anderen Gadgets unzählige Gesundheitsdaten zur Verfügung, die unter Beachtung der geltenden Vorschriften verwendet werden können.[122] Zuletzt besteht außerdem die Möglichkeit des Datenkaufs.[123]

Wie aufwändig die gesammelten Daten aufbereitet werden müssen, hängt von der jeweiligen Trainingsmethode ab. So müssen im Vorfeld des überwachten Lernens alle Trainingsdaten mit dem richtigen Label versehen und auf ihre

---

117 *Glauner* in: Grinblat/Etterer/Plugmann, Innovationen im Gesundheitswesen, 143, 152; *Schreitmüller*, Regulierung intelligenter Medizinprodukte, S. 48.

118 *Schreitmüller*, Regulierung intelligenter Medizinprodukte, S. 47.

119 *Krebs/Hagenweiler*, Datenanonymisierung im Kontext von Künstlicher Intelligenz und Big Data, S. 20.

120 Ebers/Heinze/Krügel/Steinrötter/*Niederée/Nejdel*, Künstliche Intelligenz und Robotik, § 2 Rn. 88 f.; *Krebs/Hagenweiler*, Datenanonymisierung im Kontext von Künstlicher Intelligenz und Big Data, S. 20.

121 Ebers/Heinze/Krügel/Steinrötter/*Niederée/Nejdel*, Künstliche Intelligenz und Robotik, § 2 Rn. 90 ff.; *Aggarwal/Abdelzaher* in: Aggarwal, Managing and Mining Sensor Data, S. 237 ff.

122 Ebers/Heinze/Krügel/Steinrötter/*Niederée/Nejdel*, Künstliche Intelligenz und Robotik, § 2 Rn. 93.

123 Zur Haftung eines Datenlieferanten S. *Zech*, NJW 2022, 502 ff.

inhaltliche Richtigkeit überprüft werden.[124] Beim verstärkenden Lernen dagegen sind die Vorbereitungen weniger aufwändig, da diese Methode auch angewendet werden kann, wenn nicht eindeutig ist, dass die Daten zutreffen oder wenn nicht viele Daten zur Verfügung stehen.[125]

Für das Training selbst werden die Daten in der Regel in zwei Teilmengen aufgeteilt, sodass der eine Teil für das Training und der andere Teil zur Überprüfung des Lernfortschrittes verwendet werden kann.[126] Die Datengrundlage ist entscheidend für den Erfolg des maschinellen Lernens, sodass eine unzureichende Datenqualität in der Regel auch zu einem ungenügenden Modell führt.[127] Sie bestimmt über die Präzision und Zuverlässigkeit des intelligenten Medizinproduktes und bildet gewissermaßen dessen Herzstück.[128] Umso wichtiger ist es, dass sie sich für die vorgesehene Zweckbestimmung eignet.[129]

C. Spezifische Risiken von Künstlicher Intelligenz

Die rasanten Entwicklungen im Bereich der Künstlichen Intelligenz werden zunehmend auch eine Herausforderung für das Recht als solches und im Besonderen auch für das Strafrecht. Die Besonderheiten, die sich aus der Beschaffenheit und dem Training einer KI ergeben, sollen daher im Folgenden näher betrachtet werden. Dabei wird sich vorrangig auf die Eigenschaften konzentriert, die für die Frage der strafrechtlichen Verantwortung des Herstellers eines intelligenten Medizinproduktes von spezifischer Bedeutung sind.

---

124 *Yuan*, RW 2018, 477, 485; *Krebs/Hagenweiler*, Datenanonymisierung im Kontext von Künstlicher Intelligenz und Big Data, S. 12; *Fraunhofer Gesellschaft*, Maschinelles Lernen – Eine Analyse zu Kompetenzen, Forschung und Anwendung, S. 10.

125 *Yuan*, RW 2018, 477, 487; *Krebs/Hagenweiler*, Datenanonymisierung im Kontext von Künstlicher Intelligenz und Big Data, S. 11.

126 Ebers/Heinze/Krügel/Steinrötter/*Niederée/Nejdel*, Künstliche Intelligenz und Robotik, § 2 Rn. 31.

127 Ebers/Heinze/Krügel/Steinrötter/*Niederée/Nejdel*, Künstliche Intelligenz und Robotik, § 2 Rn. 95.

128 *Schreitmüller*, Regulierung intelligenter Medizinprodukte, S. 47; Ebers/Heinze/Krügel/Steinrötter/*Niederée/Nejdel*, Künstliche Intelligenz und Robotik, § 2 Rn. 112; Kaulartz/Braegelmann/*Huth*, Rechtshandbuch AI und ML, Kap. 2.3. Rn. 1.; *Fraunhofer Gesellschaft*, Maschinelles Lernen – Eine Analyse zu Kompetenzen, Forschung und Anwendung, S. 12; *Hacker*, ZGE 2020, 239, 241; *Bilski/Schmid*, NJOZ 2019, 657.

129 Zu den Anforderungen an die Qualität der Daten S. Kap. 2 C III 1 a.

I. Fehlende Erklärbarkeit der Entscheidungsvorgänge

Anders als bei einfachen Modellen wie Entscheidungsbäumen oder linearen Regressionen, die Schritt für Schritt nachvollzogen werden können, kann die Erklärbarkeit eines Systems, welches mit sub-symbolischen Ansätzen trainiert wurde, unter Umständen Schwierigkeiten bereiten.[130] Gleichzeitig wächst jedoch das Bedürfnis nach einer besseren Nachvollziehbarkeit. Mit ihr können das Vertrauen der Nutzer und die Akzeptanz der Bevölkerung verstärkt und Fehlfunktionen überarbeitet werden, sodass es möglich ist, mit der Zeit bessere Produkte zu entwickeln.[131]

1. „Black Box" und „White Box"

Das Problem der Nachvollziehbarkeit und Erklärbarkeit automatisierter Entscheidungen nimmt durch die Anwendung künstlich neuronaler Netze weiter zu, da diese gerade dafür gemacht sind, um komplexe Probleme selbständig zu lösen.[132] Hierzu können sie bis zu 100 Millionen Parameter besitzen, sodass es schwierig ist zu prüfen, ob eine Veränderung dieser Parameter eine andere Entscheidung bewirkt hätte.[133] Daher spricht man häufig von sog. „Black Box Modellen".[134] Das Gegenteil hierzu sind die „White Box Ansätze" wie regelbasierte Systeme oder Entscheidungsbäume, denen eine innere Wissensstruktur innewohnt und deren Funktionsweise in der Regel nachvollzogen werden

---

130 Kaulartz/Braegelmann/*Körner*, Rechtshandbuch AI und ML, Kap. 2.4. Rn. 4; Ebers/Heinze/Krügel/Steinrötter/*Niederée/Nejdel*, Künstliche Intelligenz und Robotik, § 2 Rn. 123; *Barenkamp*, Wirtschaftsinformatik & Management 2022, 326, 327.

131 *Waltl*, in: Mainzer, Philosophisches Handbuch Künstliche Intelligenz, S. 6; *HEG-KI*, Leitlinien für eine vertrauenswürdige KI, S. 16; *Höhne*, DuD 2021, 453.

132 Ebers/Heinze/Krügel/Steinrötter/*Niederée/Nejdel*, Künstliche Intelligenz und Robotik, § 2 Rn. 124; *Käde/von Maltzan*, CR 2020, 66, 67, Rn. 6.

133 Kaulartz/Braegelmann/*Körner*, Rechtshandbuch AI und ML, Kap. 2.4. Rn. 7.

134 *Hänold/Schlee/Antweiler/Beckh.*, MedR 2021, 516, 518; *Waltl*, in: Mainzer, Philosophisches Handbuch Künstliche Intelligenz, S. 4; *Orwat*, Diskriminierungsrisiken durch Verwendung von Algorithmen, S. 99; wobei der Begriff der Black Box zum Teil kritisiert wird, da er zwar einen Teilaspekt der KI benennt, aber dadurch von ihren weiteren kritischen Eigenschaften wie ihre Unkontrollierbarkeit oder mangelnde Neutralität ablenkt und den Eindruck erweckt, ihre Funktionsweise gehe nicht auf eine Vielzahl von menschlichen Entscheidungen zurück, s. hierzu *Sommerer*, From Black Box to Algorithmic Veil: Why the image of the black box is harmful to the regulation of AI.

kann.[135] Demnach hängt die Erklärbarkeit eines intelligenten Systems und dessen Entscheidungen maßgeblich von dem gewählten Trainingsmodell ab. In der Praxis wird das Modell häufig vor allem nach der Präzision seiner Ergebnisse und Vorhersagen ausgewählt und weniger danach, ob sich die Entscheidungen zurückverfolgen lassen.[136] Daher wird sich in der Regel für Black-Box-Modelle entschieden, die im Vergleich bessere Ergebnisse erzielen.[137]

2. Forschungsfeld der erklärbaren Künstlichen Intelligenz

Mittlerweile gibt es einen eigenen Forschungsbereich für die erklärbare KI (engl. Explainable Artificial Intelligence, XAI) mit dem Ziel, die Mechanismen des Systems besser zu verstehen und Lösungen zu finden, mithin die Black Box Modelle transparenter zu gestalten.[138] Auch die HEG-KI hat bereits die Möglichkeit der Nachvollziehbarkeit maschineller Entscheidungen in ihre Leitlinien für eine vertrauenswürdige KI mit aufgenommen.[139] Für sie ist diese besonders für das Vertrauen der Nutzer in KI-Systeme von entscheidender Bedeutung, zudem sollen betroffene Personen soweit es geht die Entscheidungen nachvollziehen können.[140] Sofern es sich um einen „Black Box Algorithmus" handelt, sodass die Erklärbarkeit der Maschine nicht möglich ist, müssen andere Maßnahmen hierfür ergriffen werden, wie Rückverfolgbarkeit, Nachprüfbarkeit und transparente Kommunikation über die Fähigkeiten des Systems.[141] Welche Anforderungen genau zu stellen sind, hängt von dem Kontext und der Tragweite der automatisierten Entscheidung ab.[142] Dennoch handelt es sich bisher

---

135 Ebers/Heinze/Krügel/Steinrötter/*Niederée/Nejdel*, Künstliche Intelligenz und Robotik, § 2 Rn. 123; *Hänold/Schlee/Antweiler/Beckh.*, MedR 2021, 516, 118; *Waltl*, in: Mainzer, Philosophisches Handbuch Künstliche Intelligenz, S. 5; *Orwat*, Diskriminierungsrisiken durch Verwendung von Algorithmen, S. 99.

136 *Schreitmüller*, Regulierung intelligenter Medizinprodukte, S. 51.

137 Ebers/Heinze/Krügel/Steinrötter/*Niederée/Nejdel*, Künstliche Intelligenz und Robotik, § 2 Rn. 56; *Schreitmüller*, Regulierung intelligenter Medizinprodukte, S. 51; *Lossos/Geschwill/Morelli*, HMD 2021, 303, 312.

138 *HEG-KI*, Leitlinien für eine vertrauenswürdige KI, S. 27; *Mühlböck/Taupitz*, AcP 221 (2021), 179, 201; *Schäffter/Schwabe/Haufe* in: Dössel/Schäffter/Rutert, Künstliche Intelligenz in der Medizin, 49, 57; hierzu ausführlich: *Barredo Arrieta et* al., Information Fusion 58 (2020), S. 82–115.

139 vgl. *HEG-KI*, Leitlinien für eine vertrauenswürdige KI, S. 16 ff.

140 *HEG-KI*, Leitlinien für eine vertrauenswürdige KI, S. 16.

141 *HEG-KI*, Leitlinien für eine vertrauenswürdige KI, S. 16.

142 *HEG-KI*, Leitlinien für eine vertrauenswürdige KI, S. 16.

um sehr abstrakte Ansätze, die klare Vorgaben oder Handlungsempfehlungen vermissen lassen.

3. *Bisherige Lösungsansätze*

Die bisherigen Lösungsansätze lassen sich in verschiedene Kategorien einteilen. So gibt es die intrinsischen oder auch Ante-Hoc-Ansätze, die das System sich selbst erklären lassen, wohingegen Post-Hoc-Ansätze das Ziel haben, die Arbeitsweise des zu erklärenden Modells anhand des Inputs und Outputs nachzuvollziehen.[143] Außerdem kann zwischen lokaler Interpretierbarkeit einer einzelnen Entscheidung und der globalen Interpretierbarkeit des gesamten Modells unterschieden werden.[144]

a.) Lokale Erklärmodelle

Bereits jetzt gibt es vielversprechende Erklärungsansätze bei intelligenten Systemen, die zur Bilderkennung und Videoanalyse eingesetzt werden. Dies betrifft bisher jedoch vor allem die lokale Erklärebene.[145] So können die Teile eines Bildes optisch hervorgehoben werden, die am meisten zu dem errechneten Ergebnis beitragen, sodass der evaluierende Mensch nachvollziehen kann, was genau zu der Entscheidung des Systems geführt hat.[146] Hierdurch ist es möglich, Ergebnisse eines künstlichen neuronalen Netzes zu überprüfen, indem durch sog. Heatmaps die Gewichtung der einzelnen Synapsen für die Vorhersage des Modells abgebildet werden.[147] Dieser Ansatz erscheint besonders für intelligente Medizinprodukte vielversprechend, die im Rahmen von bildgebender Diagnostik eingesetzt werden sollen. So könnte zum Beispiel nachvollzogen

143 Ebers/Heinze/Krügel/Steinrötter/*Niederée/Nejdel*, Künstliche Intelligenz und Robotik, § 2 Rn. 128; *Käde/von Maltzan*, CR 2020, 66, 68, Rn. 12; *Hänold/Schlee/Antweiler/Beckh.*, MedR 2021, 516, 519; *Lucieri/Bajwa/Dengel/Ahmed* in: Pfannenstiel, Künstliche Intelligenz im Gesundheitswesen, 727, 730.

144 Ebers/Heinze/Krügel/Steinrötter/*Niederée/Nejdel*, Künstliche Intelligenz und Robotik, § 2 Rn. 128; *Käde/von Maltzan*, CR 2020, 66, 68, Rn. 12; *Hänold/Schlee/Antweiler/Beckh.*, MedR 2021, 516, 519; *Höhne*, DuD 2021, 453.

145 *Höhne*, DuD 2021, 453.

146 Ebers/Heinze/Krügel/Steinrötter/*Niederée/Nejdel*, Künstliche Intelligenz und Robotik, § 2 Rn. 128; *Käde/von Maltzan*, CR 2020, 66, 70, Rn. 25; *Höhne*, DuD 2021, 453.

147 *Barredo Arrieta et al.*, Information Fusion 58 (2020), 82, 95; *Höhne*, DuD 2021, 453, 454; *Lucieri/Bajwa/Dengel/Ahmed* in: Pfannenstiel, Künstliche Intelligenz im Gesundheitswesen, 727, 730 f.

werden, weshalb ein intelligentes Medizinprodukt ein Hautläsion in gut oder bösartig eingeteilt hat, indem durch die Heatmap die für die Klassifizierung relevanten Pixel hervorgehoben werden. Diese Erklärmethode ist jedoch bisher modellabhängig, da es die zugrunde liegende Modellarchitektur und die Gewichtung der einzelnen Synapsen für die Herleitung verwendet.[148] Anders dagegen funktioniert das Modell „LIME" (Local Interpretal Model-agnostic Explanations"), welches durch ein einfacheres lineares Modell und eine binäre Maske die wichtigsten Merkmale der Entscheidungsfindung herausfiltert.[149] Hierdurch können zumindest Indizien entwickelt werden, durch die auf die Entscheidungsstrukturen des Systems geschlossen werden kann.[150] Wie bereits beschrieben handelt es sich hierbei bisher nur um Ansätze, die auf lokaler Ebene eine einzelne Entscheidung erklären können, sodass sie nicht für die Nachvollziehbarkeit des Systems als Ganzes verwendet werden können. Dennoch erscheinen sie gerade im Bereich der bildgebenden Diagnostik als recht vielversprechende Erklärungsmethoden.

b.) Globale Erklärmodelle

Globale Ansätze können dazu verwendet werden, um einen Gesamtüberblick darüber zu erlangen, welche allgemeingültigen Konzepte das System entwickelt hat.[151] Durch sie sollen die entscheidungserheblichen Merkmale, die für die Entscheidungsfindung des Systems relevant sind, identifiziert werden.[152] Die Gefahr bei diesen Modellen besteht jedoch darin, dass sie selbst fehlerhaft sein können oder eben nur die Entscheidungsregeln eines fehlerhaften Systems erklären.[153] Daher sind generell Ante-Hoc-Ansätze, die das System sich selbst erklären lassen, vorzuziehen, wobei jedoch bisher entsprechende Modelle eine geringere Vorhersage- und Erklärungsgenauigkeiten aufweisen.[154]

---

148 *Lucieri/Bajwa/Dengel/Ahmed* in: Pfannenstiel, Künstliche Intelligenz im Gesundheitswesen, 727, 731; *Höhne,* DuD 2021, 453, 454.

149 *Barredo Arrieta et al.,* Information Fusion 58 (2020), 82, 92; *Höhne,* DuD 2021, 453, 454; *Käde/von Maltzan,* CR 2020, 66, 70, Rn. 26; *Gesellschaft für Informatik,* Technische und rechtliche Betrachtungen algorithmischer Entscheidungsverfahren, S. 56.

150 *Gesellschaft für Informatik,* Technische und rechtliche Betrachtungen algorithmischer Entscheidungsverfahren, S. 57.

151 *Lucieri/Bajwa/Dengel/Ahmed* in: Pfannenstiel, Künstliche Intelligenz im Gesundheitswesen, 727, 732; *Höhne,* DuD 2021, 453, 454.

152 *Höhne,* DuD 2021, 453, 454.

153 *Höhne,* DuD 2021, 453, 455.

154 *Höhne,* DuD 2021, 453, 455.

4. *Vertrauenswürdigkeit von Erklärungsmodellen*

Auch wenn die bisherigen Erklärungsansätze durchaus vielversprechend sind, kann noch nicht davon ausgegangen werden, dass sie in der Lage sind, in jedem Fall eine zuverlässige Erklärung der Systementscheidung und ihrer Hintergründe zu liefern. Wie beschrieben, können sie selbst fehlerhaft sein oder lediglich die Hintergründe einer fehlerhaften Entscheidung erklären, ohne auf den Fehler konkret hinzuweisen. Bei Ante-Hoc-Ansätzen geht die Erklärbarkeit oftmals mit einer Einschränkung des Lernprozesses einher, sodass sie oftmals im Vergleich zu unbeschränkten Systemen weniger leistungsfähig sind.[155] Bei globalen Post-Hoc-Ansätzen soll sich der Entscheidungsfindung angenähert werden, was nicht zwangsläufig bedeutet, dass tatsächlich eine Übereinstimmung mit dem Black-Box-Modell vorliegt.[156] Außerdem sind die bisherigen Erklärungsansätze anfällig für Manipulationen und es besteht die Gefahr, dass die Erklärung entweder zu komplex oder zu vereinfacht ist, sodass sie irreführend sein kann.[157] Ferner haben bereits geringfügige Abweichungen enorme Auswirkungen auf die Zuverlässigkeit des Erklärungsmodells.[158] Zuletzt gibt es noch keine Möglichkeit die Ergebnisse der Erklärungen zu evaluieren.[159] Ob die Erklärung daher tatsächlich zutrifft, lässt sich derzeit kaum feststellen.[160]

5. *Zwischenfazit*

Aus dem Vorstehenden folgt, dass es bisher noch keine allgemeingültige Lösung für die Nachvollziehbarkeit eines intelligenten Systems gibt. Viele Ansätze stoßen bislang noch an ihre Grenzen, dennoch erscheint es mit Blick auf die Zukunft nicht unmöglich, die Entscheidungen des Systems nachvollziehbar und erklärbar zu machen.[161] Für die gegenwärtige Betrachtung muss jedoch

---

155 *Lucieri/Bajwa/Dengel/Ahmed* in: Pfannenstiel, Künstliche Intelligenz im Gesundheitswesen, 727, 730.

156 *Steinwendner* in: Pfannenstiel, Künstliche Intelligenz im Gesundheitswesen, 755, 760.

157 *Höhne,* DuD 2021, 453, 455; *Lossos/Geschwill/Morelli,* HMD 2021, 303, 314; *Steinwendner* in: Pfannenstiel, Künstliche Intelligenz im Gesundheitswesen, 755, 764.

158 *Höhne,* DuD 2021, 453, 455.

159 *Lucieri/Bajwa/Dengel/Ahmed* in: Pfannenstiel, Künstliche Intelligenz im Gesundheitswesen, 727, 737 f.; *Höhne,* DuD 2021, 453, 455.

160 *Lucieri/Bajwa/Dengel/Ahmed* in: Pfannenstiel, Künstliche Intelligenz im Gesundheitswesen, 727, 737.

161 *Käde/von Maltzan,* CR 2020, 66, 70, Rn. 28.

davon ausgegangen werden, dass nicht jede Entscheidung eines intelligenten Systems ohne Weiteres vorhergesagt oder nachvollzogen werden kann.

II. Autonomierisiko

Intelligente Produkte zeichnen sich besonders durch ihre Autonomie aus. Mithin berechnen sie Ergebnisse, ohne dass jeder Rechenschritt im Voraus vorgegeben wird und müssen dabei nicht unmittelbar vom Menschen gesteuert oder beaufsichtigt werden.[162] Vielmehr reagieren sie selbständig auf von außen kommende Reize.[163] Nicht jedes intelligente System weist denselben Grad an Autonomie auf. So wird gerade im Bereich des autonomen Fahrens eine Einteilung in verschiedene Kategorien vorgenommen, wobei die Stufe 0 für keine Automatisierung, Stufe 1 für Fahrerunterstützung, Stufe 2 für partielle Automatisierung, Stufe 3 für bedingte Automatisierung, Stufe 4 für hohe Automatisierung und Stufe 5 für Vollautomatisierung steht.[164] Dieser Ansatz lässt sich auch auf andere Bereiche übertragen. Besonders Systeme, die lediglich statistische Zusammenhänge aufzeigen und keine eigene Entscheidung vornehmen sollen, sind daher eher dem unteren Ende der Skala zuzuordnen.[165] Der nächste Schritt in Richtung Autonomie sind dann Systeme, die Vorschläge für eine bestimmte Entscheidung machen und zuletzt noch Entscheidungssysteme, die eine vollständig eigenständige Entscheidung treffen sollen.[166] Je höher die Stufe der Autonomie des jeweiligen Systems ist, umso weniger wird es von einer menschlichen Kontrolle abhängig sein. Dies führt dazu, dass die systeminternen Entscheidungen nicht mehr überprüft werden und daher kein Einschreiten bei Fehlentscheidungen möglich sein wird. Außerdem kann sich dann die Suche nach einem Verantwortlichen als schwierig gestalten.

---

162 *Europäische Kommission*, Haftungsbericht COM (2020) 64 final, S. 18.

163 *Zech*, ZfPW 2019, 198, 199.

164 *Society of Automotive Engineers* (SAE), Standard J3016_202104, Taxonomy and Definitions for Terms Related to Driving Automation Systems for On-Road Motor Vehicles; Ebers/Heinze/Krügel/Steinrötter/*Niederée/Nejdel*, Künstliche Intelligenz und Robotik, § 2 Rn. 116; *Zech*, ZfPW 2019, 198, 199 f.

165 Ebers/Heinze/Krügel/Steinrötter/*Niederée/Nejdel*, Künstliche Intelligenz und Robotik, § 2 Rn. 114.

166 Ebers/Heinze/Krügel/Steinrötter/*Niederée/Nejdel*, Künstliche Intelligenz und Robotik, § 2 Rn. 114.

III. Weiterentwicklungsrisiko

Selbstlernende Systeme sind gerade dafür ausgelegt, ihre eigenen Entscheidungsstrukturen anhand von Eindrücken aus der Außenwelt zu verbessern.[167] Daher besteht die Gefahr, dass sich auch nach der Inverkehrgabe und Inbetriebnahme des Produktes dessen Eigenschaften erheblich verändern können.[168] Hierin liegt auch der wesentliche Unterschied eines intelligenten Medizinproduktes gegenüber einem herkömmlichen Medizinprodukt. Wie hoch das Weiterentwicklungsrisiko ist, hängt unter anderem von der gewählten Trainingsmethode ab. Daher kann nicht zwangsläufig davon ausgegangen werden, dass sich jedes intelligente Medizinprodukt nachträglich weiterentwickeln wird. Besonders in sensiblen, sicherheitsrelevanten Bereichen werden aktuell noch keine lernenden Systeme eingesetzt.[169]

Beim überwachten Lernen beschränkt sich die autonome Anpassung des Systems vor allem auf die Trainingsphase, sodass sie für die Nutzungsphase weniger relevant ist.[170] Dennoch kann der Hersteller ein System, welches mittels überwachten Lernens trainiert wurde, so gestalten, dass es bei unklaren oder mehrdeutigen Ergebnissen in der Nutzungsphase diese Daten sammelt, damit sie für eine nachträgliche Veränderung oder Verbesserung verwendet werden können.[171] Anders ist es beim verstärkenden Lernen, da das System direkt aus der Interaktion mit der Umwelt während des laufenden Betriebes lernt, sodass eine nachträgliche Veränderung möglich und gewünscht ist.[172] Der Einsatz von intelligenten Medizinprodukten, die sich selbständig weiterentwickeln, ist mit Blick in die Zukunft durchaus denkbar. Dies gilt vor allem in den Bereichen, in denen die Trainingsdaten aufgrund des raschen Fortschrittes der Forschung schnell veralten und die Aussagekraft des errechneten Ergebnisses negativ beeinflussen können.[173] Oder auch wenn das System anhand der eingegebenen Patientendaten mit der Zeit personalisiert werden soll.[174] Zu beachten ist jedoch, dass sich ein intelligentes Produkt in der Regel nicht unkontrolliert

---

167 *Waltl*, Mainzer, Philosophisches Handbuch Künstliche Intelligenz, S. 14; *Zech*, ZfPW 2019, 198, 200.
168 Europäische Kommission, Haftungsbericht COM (2020) 64 final, S. 19.
169 *Etzkorn*, MMR 2020, 360, 361.
170 Kaulartz/Braegelmann/*Stiemerling*, Rechtshandbuch KI und ML, Kap. 2.1. Rn. 63.
171 Kaulartz/Braegelmann/*Stiemerling*, Rechtshandbuch KI und ML, Kap. 2.1. Rn. 64.
172 Kaulartz/Braegelmann/*Stiemerling*, Rechtshandbuch KI und ML, Kap. 2.1. Rn. 65.
173 *Etzkorn*, MMR 2020, 360, 361.
174 *Etzkorn*, MMR 2020, 360, 361.

weiterentwickeln kann. Schließlich ist sein Einsatzgebiet zwangsläufig auf einen bestimmten Aufgabenbereich beschränkt und die Grenzen des Systems in der Regel vom Menschen bestimmt werden.[175]

Auch wenn intelligente Medizinprodukte aktuell vor allem mittels überwachten Lernens trainiert und ihre Weiterentwicklung nach der Inverkehrgabe damit sehr eingeschränkt ist[176], muss das Autonomie- und Weiterentwicklungsrisiko bereits jetzt im Blick behalten werden. Langfristig ist davon auszugehen, dass das Potential von selbstlernenden Systemen immer wichtiger und ihr Einsatz daher immer relevanter werden wird.

IV. Grenzen des maschinellen Lernens

Wie bereits beschrieben, ist das System hauptsächlich von der Qualität und Verfügbarkeit der Trainingsdaten abhängig. Daher lernt es nur das, was auch in den Daten repräsentiert wird, wodurch es auch zu falschen oder unerwünschten Ergebnissen kommen kann.[177] Außerdem handelt es sich bei dem aktuellen Stand der Technik nicht um vollumfänglich intelligente Systeme, was bedeutet, dass sie nur in einem eng definierten Anwendungsbereich funktionieren.[178] Ändert sich die Problemstellung, muss ein neues Modell programmiert und trainiert werden.[179] Zudem ist es bisher nur eingeschränkt möglich, dass Hintergrundwissen oder ein bestimmter Kontext von dem intelligenten System berücksichtigt wird.[180] Vielmehr geht es aktuell noch um die Extraktion von statistischen Zusammenhängen, mithin die Ermittlung von Korrelationen.[181] Hierbei besteht besonders die Gefahr, dass das Zusammenfallen bestimmter Ereignisse nicht zwangsläufig auch einen ursächlichen Zusammenhang

175 Kaulartz/Braegelmann/*Reusch* Rechtshandbuch AI und ML, Kap. 4.1 Rn. 48; *Etzkorn*, MMR 2020, 360, 363; *Konertz/Schönhof*, Das technische Phänomen „Künstliche Intelligenz" im allgemeinen Zivilrecht, S. 137; *Heinrichs/Karger/Heyl* et al., MedR 2023, 259, 262.

176 S. Kap. 1 B II 1.

177 Ebers/Heinze/Krügel/Steinrötter/*Niederée/Nejdel*, Künstliche Intelligenz und Robotik, § 2 Rn. 112.

178 *Konertz/Schönhof*, Das technischen Phänomenen „Künstliche Intelligenz" im allgemeinen Zivilrecht, S. 137; *Heinrichs/Karger/Heyl* et al., MedR 2023, 259, 262.

179 *Schreitmüller*, Regulierung intelligenter Medizinprodukte, S. 48.

180 Ebers/Heinze/Krügel/Steinrötter/*Niederée/Nejdel*, Künstliche Intelligenz und Robotik, § 2 Rn. 112.

181 Kaulartz/Braegelmann/*Stiemerling*, Rechtshandbuch AI und ML, Kap. 2.1 Rn. 82.

bedeutet.[182] Zuletzt besteht auch die Gefahr, dass intelligente Systeme Attacken oder Manipulationen von außen ausgesetzt sind.[183]

V. Zwischenfazit

Für die juristischen Fragestellungen werden mithin besonders die kritischen Eigenschaften der intelligenten Medizinprodukte wie ihre fehlende Erklärbarkeit und Vorhersehbarkeit, sowie ihre Autonomie und die Fähigkeit auch nach der Inverkehrgabe dazu zu lernen von zentraler Bedeutung sein.

D. Anwendung von Künstlicher Intelligenz in der Medizin

Die Gesundheitsversorgung stellt ein besonders wichtiges Anwendungsgebiet von Künstlicher Intelligenz dar. Durch die maschinellen Lernverfahren lassen sich große Datenmengen durchleuchten, auf Muster untersuchen und mit der einschlägigen Fachliteratur abgleichen, was für einen einzelnen Menschen gar nicht möglich ist.[184] Eben diese Muster können für die Diagnose und die Behandlung von Erkrankungen, sowie bei der Entwicklung neuer Medikamente von zentraler Bedeutung sein.[185] Der Vorteil ist, dass durch intelligente Systeme sowie die Einführung von elektronischen Patientenakten, „Wearables“[186] und „Apps“ nicht nur unzählige Daten erfasst, analysiert und ausgewertet werden können, vielmehr können sie in einen Zusammenhang gebracht und bei der Diagnose oder Therapie von großem Nutzen sein.[187] Ein Schwerpunkt der bisherigen Forschung stellt daher vor allem die Datengewinnung und -verarbeitung zu Diagnosezwecken in den Vordergrund.[188] Dabei sollen

---

182 Kaulartz/Braegelmann/*Stiemerling*, Rechtshandbuch AI und ML, Kap. 2.1 Rn. 82.

183 Ebers/Heinze/Krügel/Steinrötter/*Niederée/Nejdel*, Künstliche Intelligenz und Robotik, § 2 Rn. 112; *Höhne*, DuD 2021, 453, 455.

184 *Baumgartner* in: Bauer/Kechaja/Engelmann/Haug, Diskriminierung und Antidiskriminierung, 148, 151; *Fontaine*, medstra 2021, 203.

185 Ebers/Heinze/Krügel/Steinrötter/*Niederée/Nejdel*, Künstliche Intelligenz und Robotik, § 2 Rn. 145.

186 Hierbei handelt es sich um miniaturisierte Computer mit unterschiedlichen Sensoren, die direkt in Kleidungsstücke, Uhren oder Schmuck eingebaut werden, s. *Marx/Gilger/Deisz* in: Frenz, Handbuch Industrie 4.0: Recht, Technik, Gesellschaft, 1017, 1031.

187 *Mühlböck/Taupitz*, AcP 22, 179, 180.

188 *Aupperle/Langkabel/Giersberg*, Einsatz von KI in der Medizin, S. 2.

intelligente Medizinprodukte nicht nur den Diagnosevorgang beschleunigen, sondern auch die Anzahl falscher Diagnosen reduzieren.[189]

I. Abgrenzung zu herkömmlichen Expertensystemen

Im ersten Schritt ist eine Abgrenzung von intelligenten Medizinprodukten und sog. Expertensystemen erforderlich. Diese fallen in der Regel nicht unter den Begriff der KI und sind daher nicht Gegenstand der hiesigen Betrachtung. Softwarebasierte Systeme als Hilfsmittel werden im medizinischen Bereich bereits seit einiger Zeit angewendet. Umso wichtiger wird die Abgrenzung eines intelligenten Medizinproduktes von einem sog. Expertensystem.[190] Letztere gibt es im medizinischen Bereich bereits seit den 1970er Jahren.[191] Bei diesem handelt es sich um ein Computerprogramm, in welchem Wissen über ein spezielles Gebiet gesammelt und gespeichert wird, um daraus Schlussfolgerungen zu ziehen und Lösungen anzubieten.[192] Hierfür müssen das benötigte Wissen zusammengetragen, in Regeln gefasst, in eine Programmiersprache übersetzt und die gewünschte Problemlösestrategie ermittelt werden.[193] Es ist zwar einer Künstlichen Intelligenz sehr ähnlich, folgt jedoch der Idee der symbolischen Trainingsansätze und ist damit regelbasiert.[194] Daher beruht es auf dem klassischen „Wenn-Dann-Schema" und kann nur einen gewissen Grad an Komplexität erreichen.[195] Das Expertensystem ist zudem in der Regel auf die Darstellung des Ergebnisses der Wissensanwendung beschränkt.[196] Sein Vorteil liegt hauptsächlich in seiner besseren Interpretierbarkeit und Verständlichkeit, jedoch ist

189 *Haagen/Lohmann* in: Hartmann, KI & Recht Kompakt, S. 260.

190 Zu der Abgrenzung von KI und herkömmlicher Software S. Kap. 1 A IV.

191 *Mainzer/Kahle,* Grenzen der KI – theoretisch, praktisch, ethisch, S. 14; *Krumm/Dwertmann* in: Wittpahl, Künstliche Intelligenz, 161, 164.

192 *Mainzer/Kahle,* Grenzen der KI – theoretisch, praktisch, ethisch, S. 9; Ebers/Heinze/Krügel/Steinrötter/*Niederée/Nejdel*, Künstliche Intelligenz und Robotik, § 2 Rn. 15; *Glauner* in: Grinblat/Etterer/Plugmann, Innovationen im Gesundheitswesen, 143, 144.

193 *Krebs/Hagenweiler,* Datenanonymisierung im Kontext von Künstlicher Intelligenz und Big Data, S. 31.

194 Ebers/Heinze/Krügel/Steinrötter/*Niederée/Nejdel,* Künstliche Intelligenz und Robotik, § 2 Rn. 15; *Mainzer/Kahle,* Grenzen der KI – theoretisch, praktisch, ethisch, S. 11.

195 *Krebs/Hagenweiler,* Datenanonymisierung im Kontext von Künstlicher Intelligenz und Big Data, S. 32; *Mainzer/Kahle,* Grenzen der KI – theoretisch, praktisch, ethisch, S. 11; *Krumm/Dwertmann* in: Wittpahl, Künstliche Intelligenz, 161, 164.

196 Kaulartz/Braegelmann/*Stiemerling,* Rechtshandbuch AI und ML, Kap. 2.1. Rn. 36.

es weder in der Lage, komplexe Probleme zu verstehen noch diese detailliert zu beschreiben.[197] Sein Wissen beschränkt sich allein auf die vorgegebene Informationsbasis.[198] Außerdem ist seine Programmierung mit einem hohen Aufwand verbunden.[199] Intelligente Systeme unterscheiden sich also im Wesentlichen darin, dass sie nicht auf ein Expertenwissen zurückgreifen, sondern dass sie selbständig einen Datensatz durchsuchen und die zugrundeliegenden Muster finden.[200] Sie weisen einen hohen Grad an Autonomie auf, beruhen in der Regel auf subsymbolischen Ansätzen und können selbständig dazulernen.[201]

II. Anwendung von Künstlicher Intelligenz in der Medizin

Gegenwärtig werden intelligente Systeme vor allem in der bildbasierten Diagnostik eingesetzt, wie z.B. in der Radiologie, Dermatologie, Pathologie und Ophthalmologie.[202] So gibt es Programme, welche die Bilder von Mammografien selbständig auswerten und Tumore im Darm, diabetische Retinopathie, Pneumonien oder Hautläsionen anhand von Bildern erkennen können.[203] Bisher beschränken sich die intelligenten Medizinprodukte jedoch noch auf spezifische Teilbereiche, in denen die Rahmenbedingungen klar definiert sind.[204]

Mit Blick auf die Zukunft sind bereits jetzt vielseitige Anwendungsfelder für KI erkennbar. Gerade bei Diagnostik- und Prognosesystemen ist das Ziel, dass der einzelne Patient mit den Daten hunderttausender vorangegangener Fälle verglichen wird und damit ein statistischer Zusammenhang gefunden sowie

---

197 *Glauner* in: Grinblat/Etterer/Plugmann, Innovationen im Gesundheitswesen, 143, 145.

198 *Krebs/Hagenweiler,* Datenanonymisierung im Kontext von Künstlicher Intelligenz und Big Data, S. 31.

199 *Glauner* in: Grinblat/Etterer/Plugmann, Innovationen im Gesundheitswesen, 143, 144.

200 *Glauner* in: Grinblat/Etterer/Plugmann, Innovationen im Gesundheitswesen, 143,144 f.

201 S. Kap. 1 B.

202 *Schneider*, Zeitschrift für medizinische Ethik 2021, 327, 330; *Funer* in: Loh/Grote, Medizin-Technik-Ethik, 59, 60 f.; *Baumgartner* in: Bauer/Kechaja/Engelmann/Haug, Diskriminierung und Antidiskriminierung, 148, 151.

203 *Heinrichs/Karger/Heyl et al.*, MedR 2023, 259, 261 f.; *Mullainathan/Obermeyer*, American Economics Review 2017, 476; *Haagen/Lohmann* in: Hartmann, KI & Recht Kompakt, S. 260; *Dettling*, PharmR 2019, 633, 636; Kaulartz/Braegelmann/*Reusch*, Rechtshandbuch AI und ML, Kap. 4.1. Rn. 29.

204 *Heinrichs/Karger/Heyl* et al., MedR 2023, 259, 262.

eine prädiktive Aussage getätigt werden kann.[205] So wird es in der diagnostischen Bildgebung möglich sein, ein intelligentes System einzusetzen, welches Bilder mit und ohne Befund unterscheidet, auffällige Bereiche markiert, registriert oder segmentiert.[206] In der Onkologie kann KI spezifische Tumorklassen genetisch eingruppieren und für die Strahlentherapie einen Behandlungsplan vorschlagen.[207] Im Bereich der Anästhesie können kritische Kreislaufzustände vorhergesagt und in der Intensiv-Medizin lebensbedrohliche Zustände erkannt, Prognosen hinsichtlich der Fallkomplexität, des Krankheitsverlaufs sowie möglicher OP-Risiken abgegeben werden.[208] Auch die Untersuchung von OCT-Bildern in der Ophthalmologie ist möglich, sowie die Auswertung von Langzeit-EKGs zur Erkennung von Extra-Systolen oder Vorhofflimmern.[209] KI wird teilweise bereits jetzt für die Insulingabe von Patienten mit Diabetes mellitus oder in der Dermatologie für die Identifizierung von Melanomen eingesetzt, sodass mit einem weiteren Ausbau dieser Systeme zu rechnen ist.[210] In der Neurologie können intelligente Systeme bei der Vorhersage von epileptischen Anfällen verwendet werden.[211] Zuletzt ist auch damit zu rechnen, dass im Bereich der Notfall-Medizin KI bei der Triage eingesetzt wird, indem das System die Patienten einteilt und entscheidet, welcher von ihnen zuerst ärztliche Hilfe benötigt, aber auch als Frühwarnsystem beispielsweise mit Blick auf Herzinfarkte oder Schlaganfälle.[212] Damit ist ein Anwendungsfeld entsprechender Programme auch die Erstellung von Prognosen. Oftmals liegt der Schwerpunkt der intelligenten Medizinprodukte noch bei der Diagnose von Krankheiten, doch ist auch damit zu rechnen, dass sie zunehmend in

---

205 *Hänold/Schlee/Antweiler/Beckh.*, MedR 2021, 516, 517.

206 *Schneider*, Zeitschrift für medizinische Ethik 2021, 327, 330; *Funer* in: Loh/Grote, Medizin-Technik-Ethik, 59, 60 f.; *Heinrichs et al.*, MedR 2023, 259, 261 f.; Ebers/Heinze/Krügel/Steinrötter/*Niederée/Nejdel*, Künstliche Intelligenz und Robotik, § 2 Rn. 147 ff.; *Krumm/Dwertmann* in: Wittpahl, Künstliche Intelligenz, 161, 165; s. ausführlich zu KI in bildgebender Diagnostik: *Schöck* in: Dössel/Schäffter/Rutert, KI in der Medizin, S. 28 ff.

207 *Dössel* in: Dössel/Schäffter/Rutert, KI in der Medizin, 16, 18.

208 *Dössel* in: Dössel/Schäffter/Rutert, KI in der Medizin, 16, 18; *Hänold/Schlee/Antweiler/Beckh.*, MedR 2021, 516, 517.

209 *Dettling*, PharmR 2019, 633, 636; *Heinrichs et al.*, MedR 2023, 259, 261 f; *Mullainathan/Obermeyer*, American Economics Review 2017, 476.

210 *Rulands*, MedR 2021, 813, 817; *Heinrichs et al.*, MedR 2023, 259, 261 f.

211 *Dössel* in: Dössel/Schäffter/Rutert, KI in der Medizin, 16, 19.

212 *Dössel* in: Dössel/Schäffter/Rutert, KI in der Medizin, 16, 19; *Mullainathan/Obermeyer*, American Economics Review 2017, 476.

therapeutische Entscheidungen miteinbezogen werden, wie etwa bei der Auswahl der passenden Therapie.[213]

Diese beispielshafte und nicht abschließende Aufzählung von künftigen Einsatzmöglichkeiten verdeutlicht das Potential intelligenter Medizinprodukte im Bereich der Gesundheitsversorgung. Dabei werden vor allem die Krankheitsprävention, die Früherkennung, die Möglichkeiten bei der Entscheidungsunterstützung, der Therapiedurchführung sowie auch der Ausbildung in den Blick genommen.[214].

E. Zusammenfassung

Auch wenn sich noch keine einheitliche Definition einer Künstlichen Intelligenz durchgesetzt hat, konnten bestimmte Kriterien ermittelt werden, anhand derer eine Einordnung vorgenommen werden kann. Im Gegensatz zu herkömmlicher Software zeichnen sich intelligente Systeme besonders durch ihre Autonomie, ihre Leistungsfähigkeit, ihre Weiterentwicklungsmöglichkeit und Vernetzung aus. Hierdurch entstehen jedoch neue Herausforderungen für das Recht, besonders vor dem Hintergrund, dass sich die Entscheidungsfindung oftmals nicht vorhersehen und nachvollziehen lässt.

Die Gesundheitsversorgung ist ein wichtiges Einsatzgebiet für Künstliche Intelligenz. Dabei bestehen in jedem medizinischen Fachgebiet mögliche Anwendungsszenarien, die zu einer effizienteren, personalisierten und zuverlässigeren Gesundheitsversorgung führen können. Bereits der Einsatz von Expertensystemen seit einigen Jahrzehnten verdeutlicht das Interesse der Medizin an entsprechenden Produkten. Ihre Vorteile können durch den Einsatz intelligenter Medizinprodukt weiter verstärkt und ausgebaut werden.

213 *Funer* in: Loh/Grote, Medizin-Technik-Ethik, 59, 60 f.

214 *Aupperle/Langkabel/Giersberg*, Einsatz von KI in der Medizin, S. 2.

Zweites Kapitel – Strafrechtliche Sorgfaltspflichten des Herstellers von intelligenten Medizinprodukten

Mit der Herstellung und dem Vertrieb von intelligenten Medizinprodukten gehen zwangsläufig gewissen Sorgfaltspflichten einher, die sich nicht nur auf eine zivilrechtliche Haftung beschränken, sondern sich auch auf eine strafrechtliche Verantwortlichkeit erstrecken können. In der Vergangenheit hat sich bereits gezeigt, dass ein Hersteller eines Produktes unter Umständen auch strafrechtlich für mögliche Rechtsgutsverletzungen einstehen muss.[215] Ein Verstoß gegen bestehende Sorgfaltspflichten kann auch eine strafrechtliche Verfolgung bedeuten. Daher sollen im Folgenden die Anforderungen an den Hersteller eines intelligenten Medizinproduktes dargestellt werden.

Hierfür wird im ersten Schritt betrachtet, an wen sich der strafrechtliche Vorwurf richten kann und welche Delikte möglicherweise verwirklicht werden können (A). Anschließend wird sich mit der Entstehung von strafrechtlich relevanten Sorgfaltspflichten beschäftigt (B) und welche besonderen Anforderungen an einen Produzenten zu stellen sind (C). Anschließend soll sich mit der Frage auseinandergesetzt werden, wie sich mögliche Diskriminierungsrisiken auf die strafrechtliche Sorgfaltspflicht auswirken können (D) und zuletzt die Begrenzung der Sorgfaltspflicht durch den Vertrauensgrundsatz erläutert werden (E).

A. Anknüpfungspunkt des strafrechtlichen Vorwurfs bei der Deliktsverwirklichung aus dem Unternehmen heraus

Es ist davon auszugehen, dass der Hersteller eines intelligenten Medizinproduktes ein Unternehmen sein wird, sodass die Ermittlung eines Verantwortlichen je nach Einzelfall herausfordernd sein kann. Das deutsche Strafrecht kennt keine Strafbarkeit von Unternehmen[216], da stets an ein menschliches

---

215 z.B. BGH, NJW 1990, 2560 ff. („Lederspray"); BGH NJW 1995, 2930 ff. („Holzschutzmittel").

216 Dennoch wird über die Notwendigkeit der Einführung eines Unternehmensstrafrechts diskutiert, S. beispielsweise *Bürger*, ZStW 2018, 704 ff, welcher grundsätzlich auf der Grundlage eines systemtheoretischen Ansatzes eine Legitimierung der Unternehmensverantwortung für möglich hält, jedoch dazu anregt, die Diskussion um einen passenden Schuldbegriff für nichtnatürliche Personen zu intensivieren;

Fehlverhalten angeknüpft wird.[217] Daher muss sich zunächst damit beschäftigt werden, wie ein Verantwortlicher überhaupt ermittelt werden kann (I). Im zweiten Schritt werden dann mögliche Delikte vorgestellt, die bei einer Verletzung bestimmter Sorgfaltspflichten verwirklicht werden können (II).

I. Mögliche Handlungssubjekte

Vorschriften, die das Unternehmen als solches sanktionieren sollen, finden sich primär im OWiG. Das bedeutet, dass als Handlungssubjekte nur natürliche Personen in Betracht kommen. Zu denken ist hier beispielsweise an die Geschäftsführung oder andere leitende Mitarbeiter.[218]

1. Ermittlung eines Verantwortlichen im Unternehmen

Wer genau die verantwortliche Person ist, ist stets vom Einzelfall abhängig, wobei sowohl die Rechtsform, als auch die interne Unternehmensstruktur von Bedeutung ist, da die Produktverantwortung in der Regel nicht nur bei einer einzelnen Person liegt.[219] Daher kann ein einzelner Erfolgseintritt auch von mehreren Personen zu verantworten sein.[220] Voraussetzung hierfür ist, dass jeder von ihnen die im Betrieb obliegende Sorgfalt verletzt hat und es ihnen auch möglich gewesen wäre, durch konkrete Maßnahmen den Erfolg zu verhindern.[221] So begründete etwa der BGH im Rahmen seiner *Lederspray*-Entscheidung[222] die strafrechtliche Verantwortung der beiden verurteilten

auch *Kutschaty* spricht sich für die Einführung eines Unternehmensstrafrechts aus, vgl. ZRP 2013, 74 f..; a.A. *Leipold,* ZRP 2013, 34 ff., da die Rechtsverstöße innerhalb eines Unternehmens stets auf natürliche Personen zurückgehen und normgerechtes Verhalten bereits durch die Regelungen im OWiG gefördert werden könne; so auch *Grützner,* CCZ 2015, 56 ff.

217 *Roxin/Greco,* AT I § 7 Rn. 5; Schönke/Schröder/*Sternberg-Lieben/Schuster* StGB § 15 Rn. 217; *Haagen/Lohmann* in: Hartmann, KI & Recht Kompakt, S. 262; Ebers/Heinze/Krügel/Steinrötter/*Beck,* Künstliche Intelligenz und Robotik, § 7 Rn. 13; *Schuster* in: Beck/Kusche/Valerius, Digitalisierung, Automatisierung, KI und Recht, S. 387, 391; *Schuster,* DAR 2019, 6, 7.

218 *Haagen/Lohmann* in: Hartmann, KI & Recht Kompakt, S. 262; *Sander/Hollering,* NStZ 2017, 193, 197.

219 *Lohmann,* Strafrecht im Zeitalter von Künstlicher Intelligenz, S. 146.

220 Produkthaftungshandbuch/*Winkelbauer* § 82 Rn. 1.

221 *Schuster,* DAR 2019, 6, 9.

222 BGH NJW 1990, 2560 ff.

Geschäftsführer damit, dass ihnen die Rechtspflicht oblag, den Verbraucher vor Gesundheitsschäden zu bewahren, die durch das Produkt entstehen.[223]

In der Praxis werden die Ermittlungen in einem Schadensfall regelmäßig nach der „top-down-Betrachtung" durchgeführt und richten sich vorrangig gegen die Geschäftsleitung und/oder das mittlere Management.[224] Schließlich trifft die Geschäftsführung die Delegations-, Aufsichts-, Leitungs- und Kontrollverantwortung, sowie im Falle eines besonderen Anlasses, wie dem Eintritt eines Schadens durch ein vertriebenes Produkt, eine Pflicht zum Ergreifen bestimmter Gefahrabwendungsmaßnahmen.[225] Daneben haben aber auch die Mitarbeitenden auf den unteren Ebenen ihre zugewiesene Pflicht ordnungsgemäß zu erfüllen und muss die Geschäftsleitung über mögliche Gefahrenquellen informieren.[226] Daher kann unter Umständen auch der bei dem Hersteller angestellte Programmierer oder Entwickler strafrechtlich sanktioniert werden, wenn er das System fehlerhaft programmiert hat oder eine Fehlentwicklung nicht der Geschäftsführung meldet.[227] Soll im Falle einer arbeitsteiligen Organisationsstruktur nun ein Verantwortlicher ermittelt werden, kann in zwei Schritten vorgegangen werden:

Zunächst wird das Verhalten des Unternehmens überprüft, also insbesondere, ob es ein Tun oder Unterlassen darstellt, die Pflichtverletzung rechtswidrig war und ob eine Rechtsgutsverletzung eingetreten ist.[228] Im nächsten Schritt muss diese Pflichtverletzung dem Verhalten des einzelnen Mitarbeiters zugerechnet werden, sofern dies aufgrund seiner Stellung im Unternehmen und der dort vorhandenen Verantwortungsstruktur in Betracht kommt.[229]

---

223 BGH NJW 1990, 2560, 2562.

224 *Schmid-Salzer*, NJW 1996, 1, 3; *Bode* in: FS 50 Jahre BGH, 515, 525; Produkthaftungshandbuch/*Winkelbauer* § 82 Rn. 2.

225 Schönke/Schröder/*Sternberg-Lieben/Schuster* § 15 Rn. 217; *Wigger*, Automatisiertes Fahren und strafrechtliche Verantwortlichkeit wegen Fahrlässigkeit, S. 198 f.

226 Schönke/Schröder/*Sternberg-Lieben/Schuster* StGB § 15 Rn. 217.

227 *Haagen/Lohmann* in: Hartmann, KI & Recht Kompakt, S. 264; *Sander/Hollering*, NStZ 2017, 193, 198.

228 *Schmid*-Salzer, NJW 1996, 1, 3; *Kuhlen* in: Achenbach/Ransiek/Rönnau, Handbuch Wirtschaftsstrafrecht, 2. Teil, 1. Kapitel Rn. 20 f.; *Wigger*, Automatisiertes Fahren und strafrechtliche Verantwortlichkeit wegen Fahrlässigkeit, S. 199; *Kuhlen*, JZ 1994, 1142, 1144.

229 *Schmid*-Salzer, NJW 1996, 1; *Kuhlen* in: Achenbach/Ransiek/Rönnau, Handbuch Wirtschaftsstrafrecht, 2. Teil, 1. Kapitel Rn. 20 f.; *Wigger*, Automatisiertes Fahren und strafrechtliche Verantwortlichkeit wegen Fahrlässigkeit, S. 199; *Kuhlen*, JZ 1994, 1142, 1144.

Eine allgemeingültige Antwort auf die Verantwortlichen innerhalb eines Herstellerunternehmens ergibt sich nach alldem nicht. Eine solche kann an dieser Stelle nicht gefunden werden, hängt sie doch von vielen verschiedenen Faktoren ab. So kommt es unter anderem auf die verschiedenen Akteure auf der Entscheidungsebene und möglicherweise verschiedenen Fallkonstellationen im Hinblick auf Vorsatz- und Fahrlässigkeitsdelikte an. Dennoch erscheint es angebracht, den strafrechtlich relevanten Vorwurf zunächst an die Geschäftsleitung zu richten und erst im zweiten Schritt an die einzelnen Mitarbeiter des Unternehmens.

2. Zusammenwirken mehrerer Unternehmen

Weitere Probleme bei der Zuordnung von Rechtsgutsverletzungen können sich dann ergeben, wenn mehrere Unternehmen an einem Produkt beteiligt sind. Beispielsweise wenn ein Unternehmen das Produkt zwar herstellt, sich aber die hierfür erforderlichen Rohstoffe, Einzelteile oder - im Fall von intelligenten Systemen – Datensätze durch ein fremdes Unternehmen liefern lässt. In diesem Fall kommen als Handlungssubjekte sowohl der Hersteller des Endproduktes in Betracht, als auch der Zulieferer. Auch den Zulieferer treffen vollumfängliche Herstellungspflichten, die sich jedoch vor allem auf die von ihm gelieferten Teile oder Datensätze beziehen.[230] Die Hauptverantwortung liegt grundsätzlich weiterhin beim Hersteller des Endproduktes.[231] Wird jedoch ein ungeeigneter oder fehlerhafter Datensatz geliefert, muss der Datenlieferant sich für hierdurch entstandene Schäden verantworten und kommt neben dem Produkthersteller als taugliches Handlungssubjekt infrage.[232]

Zuletzt wird darauf hingewiesen, dass im Folgenden zum besseren Verständnis stets von dem „Hersteller“ oder dem „Verantwortlichen“ gesprochen wird, auch wenn, besonders im Rahmen der Produzentenhaftung, stets verschiedene Akteure beteiligt sind.

---

230 Zu den Herstellerpflichten des Zulieferers s. ausführlich: Produkthaftungshandbuch/*Foerste* § 25 Rn. 89. Etwas anders kann aber gelten, wenn der Zulieferer das Produkt nach dem vom Endhersteller vorgegebenen Plan herstellt, vgl. *Lohmann*, Strafrecht im Zeitalter von Künstlicher Intelligenz, S. 226; zu der Haftung eines Datenlieferanten s. *Hacker*, ZGE 2020, 239 ff.; *Zech*, NJW 2022, 502 ff.

231 *Lohmann*, Strafrecht im Zeitalter von Künstlicher Intelligenz, S. 225.

232 Unter Umständen besteht jedoch die Pflicht des Herstellers, die gelieferten Datensätze zumindest stichprobenartig zu kontrollieren, s. hierzu Kap. 2 E III.

II. Mögliche Straftatbestände

Eine Möglichkeit des Strafvorwurfs ist die Anknüpfung an die Begehung durch aktives Tun. Das Strafrecht kennt keine spezifischen Regelungen hinsichtlich einer strafrechtlichen Produzentenhaftung, wie das ProdHaftG. Es muss also an die allgemeinen Strafrechtsnormen angeknüpft werden. Im Zusammenhang mit intelligenten Medizinprodukten kommen dabei insbesondere die Tötungsdelikte (§§ 212 ff. StGB) und die Körperverletzungsdelikte (§§ 223 ff. StGB) in Betracht. Außerdem steht eine Begehung durch Unterlassen im Raum, wenn der Hersteller die Entwicklung seines Produktes nach der Inverkehrgabe nicht hinreichend beobachtet und/oder keine Erfolgsabwendungspflichten ergreift, nachdem er von der schädigenden Wirkung seines Produktes Kenntnis erlangt hat. In der Praxis wird es sich jedoch hauptsächlich um die fahrlässige Herbeiführung des Taterfolges durch die Verletzung einer Sorgfaltspflicht handeln.

Es sind auch Fälle denkbar, in denen nicht nur an das eigene Fehlverhalten angeknüpft werden kann, sondern auch die Beteiligung an einer fremden Rechtsgutsverletzung. Liefert ein Mitarbeiter ein fehlerhaftes und gefährliches Produkt an einen Kunden aus und die Geschäftsleitung hat hiervon Kenntnis, kommt eine vorsätzliche Beteiligung als Anstifter oder Gehilfe ggf. durch Unterlassen gem. §§ 26, 27 ff. StGB in Betracht. Außerdem kann auch derjenige, der seiner Organisations-, Aufsichts-, Instruktions- oder Auswahlpflicht innerhalb des Unternehmens nicht nachkommt, ein fahrlässiger (Neben-)Täter an der begangenen Straftat sein.[233] Diese Konstellationen sollen jedoch nicht Teil dieser Betrachtung sein, um einen konzentrierten Blick auf die neuen Probleme und Herausforderungen bei der Herstellung und dem Betrieb intelligenter Medizinprodukte zu gewährleisten.

Neben den Strafvorschriften des StGB kommen außerdem noch die Straftatbestände der §§ 92 f. MPDG in Betracht. Diese sollen bestimmte Verstöße gegen das MPDG, die MP-VO oder auch der IVD-VO sanktionieren.[234]

B. Entstehung von strafrechtlich relevanten Sorgfaltspflichten

Eine allgemeingültige Definition der strafrechtlichen Sorgfaltspflicht ist nur schwierig zu ermitteln. Schließlich hängen die jeweiligen Pflichten stets von den Umständen des Einzelfalls und dem Verkehrskreis des Täters ab. Da diese vorwiegend im Rahmen eines Fahrlässigkeitsvorwurfes relevant werden, muss

233 Produkthaftungshandbuch/*Winkelbauer* § 80 Rn. 11.
234 S. Kap. 4.

für die Ermittlung eines produzentenhaftungsrechtlichen Maßstabs an die dort geltenden Grundsätze angeknüpft werden. Doch auch § 15 StGB kennt keine Legaldefinition der Fahrlässigkeit. Grundsätzlich kann sich an § 276 Abs. 2 BGB orientiert werden, wonach derjenige objektiv pflichtwidrig handelt, der die im Verkehr erforderliche Sorgfalt außer Acht lässt. Die Beurteilung des strafrechtlich relevanten Verhaltens erfolgt zweistufig. Der Täter muss zum einen gegen eine objektive Sorgfaltsnorm verstoßen, die dem Schutz des verletzten Rechtsguts dient und zum anderen muss die Rechtsgutsverletzung mittels subjektiver Kenntnisse und Fähigkeiten vorhergesehen und vermieden werden können.[235]

Bei der Ermittlung des strafrechtlich relevanten Sorgfaltspflichtverstoßes sind vorwiegend geschriebene und ungeschriebene Regeln heranzuziehen.[236] So kann etwa auf Sondernormen im engeren Sinne abgestellt werden, mithin Vorgaben, die sich mittelbar oder unmittelbar aus dem Gesetz ergeben.[237] Des Weiteren haben aber auch Standards und Gepflogenheiten bestimmter Verkehrskreise eine Relevanz, wie zum Beispiel bestimmte Berufsstandards.[238] Zuletzt kann aber auch ein allgemeiner Maßstab ermittelt werden. Dann bestimmt sich der Sorgfaltsmaßstab nach den Anforderungen, die bei einer ex-ante-Betrachtung der Gefahrenlage an einen besonnenen und gewissenhaften Menschen zu stellen sind, der dem Verkehrskreis des Täters angehört und sich in seiner konkreten Lage befindet.[239] Woraus sich die jeweiligen Sorgfaltspflichten des Herstellers eines intelligenten Medizinproduktes ergeben können, wird im Folgenden betrachtet.

I. Gesetzliche und technische Normen

1. Gesetzliche Normen

Ein Verhalten kann vor allem dann sorgfaltswidrig sein, wenn es gegen Rechtsnormen verstößt.[240] Zu beachten ist jedoch, dass die Überschreitung einer

---

235 *Fischer,* StGB § 15 Rn. 20; Lackner/Kühl/*Heger* StGB § 15 Rn. 36; Schönke/Schröder/*Sternberg-Lieben/Schuster* StGB § 15 Rn. 118.

236 *Roxin/Greco,* AT I § 24, Rn. 15; SSW-StGB/*Momsen* § 15 Rn. 67; *Esser/Keuten,* NStZ 2011, 314, 318.

237 BeckOK StGB/*Kudlich,* § 15 Rn. 39; SSW-StGB/*Momsen* § 15 Rn. 67; MüKo StGB/*Duttge* § 15 Rn. 115.

238 *Rengier,* Strafrecht AT, § 52 Rn. 18; BeckOK StGB/*Kudlich,* § 15 Rn. 41; Schönke/Schröder/*Sternberg-Lieben/Schuster* StGB § 15 Rn. 135.

239 BGH NJW 2000, 2754, 2758; Lackner/Kühl/*Heger* StGB § 15 Rn. 37.

240 BGH NJW 1980, 1219, 1221; BGHSt 4, 182, 185; *Sander/Hollering,* NStZ 2017, 193, 196, hierzu kritisch: MüKo StGB/*Duttge* § 15 Rn. 114 ff.

gesetzlichen Norm zunächst nur eine Indizienwirkung entfaltet und nicht allein aufgrund ihrer Nichtbeachtung auf eine Sorgfaltspflichtverletzung geschlossen werden kann.[241] Für Medizinprodukte galt bis zum 26.05.2021 das Medizinproduktegesetz (MPG), welche jedoch inzwischen durch die EU-Verordnung 2017/745 (Europäische Verordnung für Medizinprodukte/MP-VO) ersetzt und durch das Medizinprodukterecht-Durchführungsgesetz (MPDG) umgesetzt sowie ergänzt wurde.[242] Des Weiteren bestehen zahlreiche andere Vorschriften, unter anderem die EU-Verordnung 2017/746 für In-vitro Diagnostika (IVD-VO), die Medizinproduktebetreiberverordnung, die nationale Medizinproduktesicherheitsverordnung (MPSV) und die Verordnung über klinische Prüfungen von Medizinprodukten (MPKV). Diese gelten sowohl für herkömmliche als auch für intelligente Medizinprodukte gleichermaßen. Mit Blick in die Zukunft wird auch der von der Europäischen Kommission am 21.04.2021 vorgelegte Vorschlag für harmonisierte Vorschriften für Künstliche Intelligenz von Bedeutung sein (AIA-E). Hierbei soll es sich um Regelungen handeln, die produktartübergreifend gelten sollen, mithin auch für intelligente Medizinprodukte von Bedeutung sein werden.

2. Sondernormen

Ein weiteres, aber schwächeres Indiz entfalten außerdem private Normen wie DIN oder IEC Normen.[243] Bei ihnen handelt es sich nicht um zwingendes Recht, vielmehr sind sie private technische Regelungen mit Empfehlungscharakter, die freiwillig und überbetrieblich aus technischen Erfahrungssätzen erstellt und publiziert werden.[244] Sie werden in der Regel von Interessenverbänden aufgestellt.[245] Daher können diese im Einzelfall ungeeignet für die Ermittlung eines Sorgfaltsmaßstabs sein. Schließlich spiegeln sie oftmals die internen Interessen der jeweiligen Unternehmen wider und sollen unter Umständen

---

241 BGH NStZ 1991, 31; *Roxin/Greco*, AT I, § 24 Rn. 16; MüKo StGB/*Duttge* § 15 Rn. 115.

242 Chibanguza/Kuß/Steege KI-Hdb/*Kraft* § 4 A. Rn. 19.

243 BGH NJW 1980, 1219, 1221; BGHSt 4, 182, 185; *Sander/Hollering*, NStZ 2017, 193, 196, hierzu kritisch: MüKo StGB/*Duttge* § 15 Rn. 114 ff.; ausführlich zu der Bedeutung von Sondernormen im Strafrecht s. *Beck*, ZStW 131 (2019), 967 ff.; *Beck/Nussbaum* in: Beck/Meder, Jenseits des Staates? Über das Zusammenwirken von staatlichen und nicht-staatlichem Recht, 35 ff.; *Nussbaum*, ZIS 2021, 33 ff.

244 BGH NJW 1984, 2814, 2815; NJW 2009, 143, 144; *Wilrich*, NJW 2023, 1400; *Nussbaum*, ZIS 2021, 33.

245 *Roxin/Greco*, AT I, § 24 Rn. 19.

neben der Schadensminimierung auch die Sicherung von Wettbewerbsvorteilen gewährleisten.[246] Es besteht daher eine Diskrepanz zwischen dem Zweck des Strafrechts – dem Schutz von Rechtsgütern – und den Interessen privater Normgeber.[247] Dies gilt umso mehr, wenn weitergehende Gefahrabwendungsmaßnahmen besonders kostspielig sind und daher technische Normen einen geringeren Sicherheitsstandard setzen, als angebracht wäre.[248] Ein weiteres Problem, das sich vorwiegend in Bezug auf intelligente Systeme stellt, ist die Aktualität der bestehenden Sondernormen. Durch die rasante Entwicklung im Bereich der KI können sie schnell veralten und bilden oftmals nicht alle Besonderheiten ab, da sie sich an traditionellen Maschinen orientieren.[249] Andererseits werden diese Regelungen oftmals aus verfestigtem Erfahrungswissen gebildet und können so hilfreich für die Frage sein, wie in potenziell gefährlichen Situationen zu verfahren ist.[250] Auch die Rechtsprechung sieht sie als *„Ergebnis einer auf Erfahrung und Überlegung beruhenden umfassenden Voraussicht möglicher Gefahren."*[251] Ein vollständiger Verzicht auf diese ist angesichts der ihnen innewohnenden Expertise und der begrenzten Möglichkeit des Staates, alle Lebensbereiche zu normieren, daher nicht erstrebenswert.[252] Technische Normen können mithin je nach Einzelfall für die Frage einer strafrechtlichen Verantwortlichkeit von großer Bedeutung sein, da oftmals ein Überschreiten einer technischen Norm auch mit einem Sorgfaltspflichtverstoß einhergeht.[253]

Aus dem Vorstehenden ergibt sich dennoch, dass technische Normen nicht unbesehen und ungeprüft bei der Bildung eines Sorgfaltsmaßstabs herangezogen werden dürfen.[254] Gerade weil es sich bei ihnen nicht um zwingendes Recht handelt, entfalten sie lediglich eine Indizienwirkung, sodass eine eigenständige

---

246 *Ebers/Heinze/Krügel/*Steinrötter/*Beck*, Künstliche Intelligenz und Robotik, § 7 Rn. 42.

247 *Beck/Nussbaum* in: Beck/Meder, Jenseits des Staates? Über das Zusammenwirken von staatlichen und nicht-staatlichem Recht, 35, 51.

248 *Beck/Nussbaum* in: Beck/Meder, Jenseits des Staates? Über das Zusammenwirken von staatlichen und nicht-staatlichem Recht, 35, 51; *Schröder*, ZIS 2019, 71, 90.

249 *Beck*, ZStW 131 (2019), 967, 978.

250 *Schröder*, NStZ 2006, 669, 679.

251 BGH NJW 1954, 121; NJW 1958, 1980, 1981.

252 *Beck*, ZStW 131 (2019), 967, 981.

253 OLG Karlsruhe, NStZ-RR 2000, 141.

254 Zu den Kriterien, anhand derer eine Sondernorm überprüft werden kann s. *Beck*, ZStW 131 (2019), 967, 982 f., sowie *Reiter* in: Höffler, Criminal Law Discourse of the Interconnected Society (CLaDIS), 199, 209 ff.

richterliche Überprüfung des Einzelfalls zwingend erforderlich ist.[255] Außerdem können die Umstände des Einzelfalls vom geregelten „Normalfall“ abweichen, sodass die Einhaltung oder Überschreitung einer technischen Norm nicht immer zu einer Rechtsgutsverletzung führen muss.[256] So kann es beispielsweise vorkommen, dass ein Handelnder zwar gegen eine technische Norm verstößt, jedoch anderweitige objektiv geeignete Maßnahmen zur Gefahrenabwehr ergreift.[257] Ein Sorgfaltsverstoß kann in einem solchen Fall kaum angenommen werden.

Zusammenfassend lässt sich also feststellen, dass technische Normen einerseits als Anhaltspunkt oder Orientierungshilfe bei der Ermittlung eines konkreten Sorgfaltsmaßstabs dienen können, jedoch stets eine konkrete Prüfung der Norm und den Umständen des Einzelfalls geboten ist. Der Hersteller eines intelligenten Medizinproduktes hat dabei unter anderem folgende Normen zu beachten[258]:

- EN ISO 13485:2016 („Medizinprodukte – Qualitätsmanagementsysteme – Anforderungen für regulatorische Zwecke“)
- EN ISO 14971:2013-04 („Medizinprodukte – Anwendung des Risikomanagements auf Medizinprodukte“)
- ISO/IEC 25010:2011-03 („Software-Engineering – Qualitätskriterien und Bewertung von Softwareprodukten“)
- EN 62304:2016-10 („Medizingeräte-Software – Software-Lebenszyklus-Prozesse“)
- EN 62366:2008 („Medizinprodukte – Anwendung der Gebrauchstauglichkeit auf Medizinprodukte“)
- EN 82304-1:2018 („Gesundheitssoftware – Teil 1: Allgemeine Anforderungen für die Produktsicherheit“)[259]

---

255 BGHSt 4, 182, 185; *Beck,* ZStW 131 (2019), 967, 970.

256 BGH StV 2001, 108; *Esser/Keuten,* NStZ 2011, 314, 418; *Landau,* wistra 1999, 47, 51.

257 *Nussbaum,* ZIS 2021, 33, 40.

258 Zu technischen Normen für KI s. insbesondere *Mangelsdorf* in: Wittpahl, Künstliche Intelligenz, 48 ff.

259 *Schreitmüller,* Regulierung intelligenter Medizinprodukte, S. 124; *Gassner,* MPR 2021, 41, 46; wobei sich die EN ISO 13485 vor allem auf das Qualitätsmanagement bei der Produktion, Montage, Wartung und Endprüfung und die EN ISO 14971auf die Risikoanalyse, - Identifizierung, -Bewertung und -Überwachung bezieht, vgl. Chibanguza/Kuß/Steege KI-Hdb/*Kraft,* § 4 A Rn. 28 ff.

Verstößt der Hersteller eines intelligenten Medizinproduktes gegen eine dieser technischen Normen, kann dies mithin als Indiz für eine Sorgfaltspflicht gewertet werden.

3. Pflichten aus der VO (EU) 2017/745 (MP-VO)

Wie dargestellt können sich die Pflichten des Herstellers eines intelligenten Medizinproduktes insbesondere aus der MP-VO ergeben. Diese sollen daher im Folgenden dargestellt werden. Damit die Regelungen jedoch überhaupt angewendet werden können, ist erforderlich, dass es sich bei einem intelligenten Medizinprodukt auch um ein Medizinprodukt i. S. d. MP-VO handelt.

a.) Einordnung intelligenter Systeme als Medizinprodukt

Für die Frage, ob es sich bei einem intelligenten System auch um ein Medizinprodukt handelt, kann die Legaldefinition aus Art. 2 Nr. 1 MP-VO herangezogen werden.[260] Demnach bezeichnet der Begriff „Medizinprodukt" ein Instrument, einen Apparat, ein Gerät, eine Software, ein Implantat, ein Reagenz, ein Material oder einen anderen Gegenstand, das dem Hersteller zufolge für Menschen bestimmt ist und allein oder in Kombination einen oder mehrere spezifische medizinische Zwecke erfüllen soll und dessen bestimmungsgemäße Hauptwirkung im oder am menschlichen Körper weder durch pharmakologische oder immunologische Mittel noch metabolisch erreicht wird, dessen Wirkungsweise aber durch solche Mittel unterstützt werden kann.

Bei Künstlicher Intelligenz handelt es sich stets um Software,[261] sodass es für die Einordnung als Medizinprodukt hauptsächlich darauf ankommt, ob ein oder mehrere medizinische Zwecke erfüllt werden und ob sie ihre Wirkung am oder im menschlichen Körper entfaltet, vgl. Art. 2 Nr. 1 MP-VO. Entscheidend ist, dass beide Merkmale kumulativ vorliegen.[262]

Ein medizinischer Zweck liegt dann vor, wenn das Produkt zur Diagnose, Verhütung, Überwachung, Vorhersage, Prognose, Behandlung oder Linderung von Krankheiten, zur Diagnose, Überwachung, Behandlung, Linderung von oder Kompensierung von Verletzungen oder Behinderungen, zur Untersuchung, Ersatz oder Veränderung der Anatomie oder eines physiologischen oder pathologischen Zustands oder zur Gewinnung von Informationen durch die

---

260 Zur Klassifizierung der Medizinprodukte s. Kap. 4 C I.

261 Zu dem Begriff der Künstlichen Intelligenz und ihren wesentlichen Eigenschaften s. Kap. 1 A II.

262 EuGH EuZW 2018, 166, 167, Rn. 22 (m.Anm. *Gassner*, S. 168 f).

in-vitro-Untersuchung von aus dem menschlichen Körper – auch aus Organ-, Blut- und Gewebespenden – stammenden Proben dient, vgl. Art. 2 Nr. 1 MP-VO. Für die Einordnung eines Produktes kann außerdem die Leitlinie der „*Medical Device Coordination Group*" herangezogen werden, der zwar keine Rechtsverbindlichkeit zukommt, jedoch hilfreiche Kriterien und Einordnungshilfen beinhaltet.[263]

Auf objektive Kriterien kommt es für die Einordnung eines Produktes gerade nicht an, vielmehr muss hierbei maßgeblich auf die Zweckbestimmung des Herstellers abgestellt werden.[264] Er darf sie aber auch nicht willkürlich vornehmen.[265] Dies wäre beispielsweise dann der Fall, wenn sie nicht mehr wissenschaftlich haltbar ist.[266] Unter Zweckbestimmung ist gem. Art. 2 Nr. 12 MP-VO die Verwendung zu verstehen, für die ein Produkt entsprechend den Angaben des Herstellers auf der Kennzeichnung, in der Gebrauchsanweisung oder dem Werbe- oder Verkaufsmaterial bzw. den Werbe- oder Verkaufsangaben und seinen Angaben bei der klinischen Bewertung bestimmt ist. In Erwägungsgrund 19 der MP-VO weist der Verordnungsgeber außerdem darauf hin, dass es nicht ausreicht, wenn die Software für einen allgemeinen Zweck im Bereich des Gesundheitswesens oder des Wohlbefindens eingesetzt wird.[267] Daher kann Software, die lediglich Patientendaten speichern, archivieren, kommunizieren oder für eine einfach Suche verwendet werden soll, nicht als Medizinprodukt eingeordnet werden.[268] Sollen diese dagegen verarbeitet, analysiert, erzeugt oder verändert werden, fallen sie unter die Regelungen der MP-VO.[269]

b.) Sorgfaltspflichten aus der MP-VO

Die MP-VO ordnet weitreichende Verkehrssicherungspflichten für den Hersteller eines Medizinproduktes an, vgl. Art. 10 MP-VO. Demnach hat er bei der Inverkehrgabe oder Inbetriebnahme seines Produktes zu gewährleisten, dass es den Anforderungen der Verordnung entspricht. Die Voraussetzungen, welche die Produkte erfüllen müssen, werden in Anhang I der MP-VO konkretisiert. Im ersten Kapitel werden dabei die allgemeinen Anforderungen an

---

263 Vgl. *MDCG*, Guidance on Qualification and Classification of Software in Regulation (EU) 2017/745 – MDR and Regulation (EU) 2017/746 – IVDR, MDCG 2019-11.
264 BGH MedR 2015, 34 f.
265 BGH MedR 2015, 34 f.
266 Rehmann/Wagner/*Rehmann* MPG § 3 Rn. 1.
267 Vgl. hierzu auch EuGH EuZW 2013, 117 ff. (m. Anm. *Müller*, S. 119 f.).
268 *Hastenteufel/Renaud*, Software als Medizinprodukt, S. 35; MDCG 2019-11, S. 6.
269 MDCG 2019-11, S. 6.

Medizinprodukte festgelegt. Demnach müssen sie gem. Anhang I Abschnitt 1 S. 1 MP-VO die vom Hersteller bezweckte Leistung erzielen und so hergestellt werden, dass sie sich für den vorgesehenen Zweck eignen. S. 2 ordnet an, dass die Produkte sicher und wirksam sein müssen, zudem dürfen sie weder den klinischen Zustand und die Sicherheit des Patienten noch die Sicherheit und Gesundheit der Anwender oder Dritter gefährden. Etwaige Risiken im Kontext ihrer Anwendung müssen gemessen an dem Nutzen für den Patienten vertretbar und mit einem hohen Maß an Gesundheitsschutz und Sicherheit vereinbar sein. Dabei ist der allgemein anerkannte Stand der Technik zugrunde zu legen. Überdies werden im ersten Kapitel Anordnungen zur Risikominimierung wie weitere Informations-, Dokumentations-, Überwachungs- oder Managementpflichten getroffen. Der Hersteller wird zudem zur Einrichtung eines Risiko- und Qualitätsmanagements verpflichtet. In Abschnitt 5 sind Maßnahmen zum Ausschluss oder zur Verringerung von Anwendungsfehlern geregelt.

Für intelligente Medizinprodukte werden neben den allgemeinen Bestimmungen besonders die folgenden Anordnungen von Bedeutung sein.

(aa.) Anhang I Abschnitt 14 MP-VO

Anhang I Abschnitt 14 MP-VO regelt die Anforderungen an die Herstellung von Produkten, die für eine Kombination mit anderen Ausrüstungen oder Produkten vorgesehen sind und den Wechselwirkungen mit ihrer Umgebung. Unter den Begriff würde beispielsweise eine Diagnosesoftware fallen, die mit einer bestimmten Hardware, wie Sensoren oder ähnliches verbunden werden soll. Diese Kombination einschließlich ihrer Verbindungen muss gem. Anhang I Abschnitt 14.1. sicher sein und darf die vorgesehene Leistung der Produkte nicht beeinträchtigen. Sie müssen so hergestellt werden, dass die in Abschnitt 14.1 lit.a) - lit.g) sowie in den Abschnitten 14.3–14.7 aufgeführten Risiken ausgeschlossen oder reduziert werden. Zu nennen sind hier insbesondere Risiken, die durch das Zusammenwirken von der Software und ihrer Umgebung entstehen können oder die im Zusammenhang mit wechselseitigen Störungen durch andere Produkte, die normalerweise bei den vorgesehenen Untersuchungen und Behandlungen eingesetzt werden, aufkommen.

(bb.) Anhang I Abschnitt 15 MP-VO

In Anhang I Abschnitt 15 MP-VO geht es um die Anforderungen an Produkte mit Diagnose- und Messfunktion. Diese müssen so ausgelegt und hergestellt werden, dass sie auf der Grundlage geeigneter wissenschaftlicher und technischer Verfahren eine ausreichende Genauigkeit, Präzision und Stabilität für die Zweckbestimmung des Produktes aufweisen. An welchen Maßstäben sich die Genauigkeit des Produktes messen lassen muss, wird durch den Hersteller selbst festgelegt. Unter diese Kategorie fallen nicht nur eigenständige Diagnosesysteme, sondern auch solche, die nur bei der Diagnose- oder Entscheidungsfindung des Arztes unterstützen sollen, da der Begriff der Diagnosefunktion weit auszulegen ist.[270]

(cc.) Anhang I Abschnitt 17 MP-VO

Anhang I Abschnitt 17 regelt die Anforderungen an programmierbare Elektroniksysteme, also Produkte, zu deren Bestandteilen programmierbare Elektroniksysteme gehören und Produkte in Form einer Software. Da intelligente Systeme zumindest im Kern immer aus Software bestehen, sind sie von dieser Regelung umfasst. Der Hersteller hat daher ihre Wiederholbarkeit[271], Zuverlässigkeit[272] und die Leistung[273] für ihre zweckgemäße Verwendung zu gewährleisten. Sobald ein Defekt oder Fehler auftritt, sind geeignete Vorkehrungen zu treffen, um die hierdurch entstandene Risiken oder Leistungsbeeinträchtigungen auszuschließen oder zu verringern. Die Software muss entsprechend dem Stand der Technik entwickelt und hergestellt werden, wobei auch die Grundsätze des Software-Lebenszyklus, des Risikomanagements einschließlich der Informationssicherheit, der Verifizierung und der Validierung zu berücksichtigen sind. Zuletzt müssen auch noch die Mindestanforderungen an Hardware, IT-Netz und IT-Sicherheitsmaßnahmen erfüllt werden.

(dd.) Anhang I Abschnitt 18 MP-VO

Anhang I Abschnitt 18 MP-VO trifft Anordnung hinsichtlich aktiver Medizinprodukte.[274] Dabei geht es vor allem um die erforderlichen

270 *Haftenberger*, Produkthaftung für künstlich intelligente Medizinprodukte, S. 198.

271 Nach der *HEG-KI* liegt Wiederholbarkeit vor, wenn ein KI-System das gleiche Verhalten aufweist, wenn es unter gleichen Bedingungen wiederholt wird, vgl. Ethikleitlinien für eine vertrauenswürdige KI (2019), S. 21.

272 Ein System ist dann zuverlässig, wenn es mit einer Reihe von Eingaben und in verschiedenen Situationen einwandfrei funktioniert, vgl. *HEG-KI*, Ethikleitlinien für eine vertrauenswürdige KI (2019), S. 21.

273 *Haftenberger* verknüpft den Leistungsbegriff eng mit dem Begriff der Zuverlässigkeit und definiert diesen als „sichere Erfüllung der medizinischen Zweckbestimmung", s. Produkthaftung für künstlich intelligente Medizinprodukte, S. 199.

274 Eine Legaldefinition für aktive Produkte findet sich in Art. 2 Nr. 4 S. 1MP-VO. Hierbei handelt es sich demnach um Produkte, deren Betrieb von einer Energiequelle mit Ausnahme für diesen Zweck durch den menschlichen Körper oder

Sicherheitsmaßnahmen hinsichtlich einer internen oder externen Energiequelle, sowie Alarmsysteme, sofern das Produkt einen oder mehrere klinische Parameter überwachen soll. Durch das Alarmsystem soll der Anwender vor Situationen gewarnt werden, die den Tod oder eine erhebliche Gesundheitsverschlechterung des Patienten hervorrufen können. Zuletzt werden noch Anordnungen hinsichtlich der Verhinderung von elektromagnetischen Interferenzen, sowie zu dem Schutz von Patienten, den Anwendern oder Dritten vor Stromstößen und vor unbefugten Zugriffs Dritter.

(ee.) Anhang I Abschnitt 22 MP-VO

Anhang I Abschnitt 22 MP-VO regelt den Schutz von Laien, die das Produkt verwenden sollen. Der Hersteller muss ein solches Produkt derart gestalten, dass das System seine zweckbestimmte Leistung unter Berücksichtigung der Fertigkeiten und Möglichkeiten eines Laien dennoch erfüllen kann, zudem müssen die zu erwartenden Schwankungen in der Verfahrensweise und der Umgebung der Laien berücksichtigt werden. Die Instruktion der Anwender muss leicht verständlich und anwendbar sein. Des Weiteren müssen diese Produkte sicher und fehlerfrei verwendet werden können und die Risiken für Verletzungen durch die Nutzung sowie durch eine falsche Handhabung oder falsche Interpretation der Ergebnisse, soweit es geht verringert werden. Zuletzt muss der Laie erkennen oder kontrollieren können, ob das Produkt bestimmungsgemäß arbeitet und ggf. gewarnt werden, wenn es kein endgültiges Ergebnis erzielen kann.

(ff.) Sonstige Voraussetzungen für die Inverkehrgabe

Weitere Voraussetzung für das Inverkehrbringen eines intelligenten Medizinproduktes ist eine EU-Konformitätserklärung im Sinne des Art. 19 i. V. m. Anhang IV MP-VO und eine CE-Kennzeichnung gem. Art. 20 i. V. m. Anhang IV MP-VO. Es muss ein Konformitätsverfahren durchgeführt werden, dessen Umfang und Anforderungen nach der Risikoklassifizierung des Produktes bestimmt werden muss. Abgesehen von der Risikostufe I müssen hierfür gem. Art. 52 ff. MP-VO i. V. m. Anhang IX-XI die benannten Stellen hinzugezogen werden. Die Risikoklasse bestimmt sich nach den Regeln des Art. 51 Abs. 1 S. 2

---

durch die Schwerkraft erzeugte Energie abhängig ist und das mittels Änderung der Dichte oder Umwandlung dieser Energie wirkt. Gem. S. 3 fällt auch Software unter den Begriff.

i. V. m. Anhang VIII VO-MP, wobei insbesondere auf die Zweckbestimmung abgestellt wird.[275]

c.) Indizwirkung der MP-VO

Ein Überschreiten der Vorschriften der MP-VO kann vorliegend als Indiz für einen strafrechtlich relevanten Sorgfaltsverstoß gewertet werden.[276] Dabei ist es jedoch möglich, dass einzelne Vorschriften ein weit stärkeres Indiz entfalten, als andere. Um dies zu beurteilen, muss dabei zum einen auf den Normzweck und zum anderen auf den Willen des Verordnungsgebers abgestellt werden.

Gerade den Erwägungsgründen der MP-VO lassen sich die angestrebten Ziele und die Hintergründe der Regelungen entnehmen. Sinn und Zweck der MP-VO sind unter anderem:

erstens, die Festlegung hoher Standards für die Qualität und Sicherheit von Medizinprodukten, durch die allgemeine Sicherheitsbedenken hinsichtlich dieser Produkte ausgeräumt werden sollen[277],
zweitens, die erhebliche Stärkung der derzeitigen Regulierungskonzepte, wie die Beaufsichtigung der benannten Stellen, die Konformitätsbewertungsverfahren, klinische Prüfungen und Bewertungen, Vigilanz und Marktüberwachung und die Einführung von Bestimmungen zur Gewährleistung von Transparenz und Rückverfolgbarkeit in Bezug auf Medizinprodukte, um die Gesundheit und Sicherheit zu verbessern[278],
drittens, die Anordnung eines Qualitätsmanagementsystems und ein System zur Überwachung nach dem Inverkehrbringen für den Hersteller, welche der Risikoklasse und der Art des betreffenden Produktes angepasst sein sollten. Sie sollen sicherstellen, dass serienmäßig hergestellte Produkte den Anforderungen dieser Verordnung jederzeit entsprechen und die Erfahrungen, die im Zuge der Verwendung der hergestellten Produkte gesammelt werden, sowie in das Herstellungsverfahren einfließen sollen[279],
viertens, die Verpflichtung des Herstellers zur Einrichtung eines Risikomanagementsystems und eines Systems für Meldungen von Vorkommnissen und Sicherheitskorrekturmaßnahmen im Feld, um Risiken bzw. um

---

275 S. hierzu Kap. 4 C I.
276 S. hierzu Kap. 2 B I 1.
277 Vgl. Erwägungsgrund 2 MP-VO.
278 Vgl. Erwägungsgrund 4 MP-VO.
279 Vgl. Erwägungsgrund 32 MP-VO.

Vorkommnisse im Zusammenhang mit Produkten zu verhindern[280]. Der Hersteller soll außerdem auch nach dem Inverkehrbringen seines Produktes weiterhin eine aktive Rolle spielen, indem er systematisch und aktiv Informationen über die Erfahrungen mit seinen Produkten nach dem Inverkehrbringen zusammenträgt, um die technische Dokumentation auf dem neusten Stand zu halten[281].

All diesen Erwägungsgründen ist gemein, dass sie mögliche Schäden an dem Anwender, dem Patienten oder Dritten verhindern sollen. Dieses Ziel erstreckt sich auf alle Produktphasen, von der Konstruktion des Produktes bis hin zur Inverkehrgabe und der Beobachtung auf dem Markt. Mithin sind die in Betracht kommenden Normen der MP-VO danach zu prüfen, ob sie die dargestellten und sicherheitsrelevanten Erwägungsgründe umsetzen sollen. Dabei kommt es vorrangig darauf an, wie detailliert die Vorgaben der einzelnen Norm sind. Je umfangreichere Anforderungen enthalten sind, umso größer ist auch die Indizwirkung der jeweiligen Norm.[282] Umfasst sie mehr als nur ein Mindestmaß an einer einzuhaltenden Sorgfaltspflicht, liegt bei einem Verstoß gegen diese Vorschrift in der Regel auch ein Sorgfaltsverstoß vor, sofern die von dem Verordnungsgeber gemeinte Gefahrenlage bestand.[283] Art. 10 MP-VO in Verbindung mit Anhang I der MP-VO umfassen weitreichende Sicherheits- und Leistungsanforderungen, denen das Medizinprodukt gerecht werden muss. Diese richten sich vorrangig an den Hersteller. Dabei enthält Anhang I Kapitel 1 der MP-VO noch recht allgemeine Anforderungen, die erfüllt werden müssen, sodass bereits diese Regelungen eine Indizwirkung entfalten. Eine weit stärkere Indizwirkung haben jedoch die detaillierten Vorschriften zur Konstruktion und Herstellung (Anhang I Kapitel 2 MP-VO), zur Instruktion (Anhang I Kapitel 3 MP-VO) sowie zur Überwachung des Produktes nach dem Inverkehrbringen (Anhang III MP-VO). Diese Normen zielen gerade darauf ab, die Sicherheit des Produktes zu gewährleisten, um das Risiko von Schädigungen der Patienten, der Anwender oder Dritter zu verhindern. Dabei wird nicht nur ein gewisser Mindeststandard festgelegt, sondern detaillierte, abschließende Anforderungen an die Medizinprodukte bzw. an den Hersteller gestellt.

---

280 Vgl. Erwägungsgrund 32 MP-VO.

281 Vgl Erwägungsgrund 74 MP-VO.

282 *Reiter* in: Höffler, Criminal Law Discourse of the Interconnected Society (CLaDIS), 199, 210.

283 Schönke/Schröder/*Sternberg-Lieben/Schuster* StGB § 15 Rn. 135.

Verstößt dieser daher gegen die Vorschriften der MP-VO, kann in der Regel auch ein strafrechtlich relevanter Sorgfaltsverstoß angenommen werden.

d.) Fazit

Die Sorgfaltsanforderungen des Herstellers eines (intelligenten) Medizinproduktes werden mithin in der MP-VO umfassend geregelt und entfalten daher eine starke Indizwirkung im Hinblick auf den strafrechtlichen Sorgfaltsmaßstabs. Zwar müssen anhand der Umstände des Einzelfalls neben den einzelnen Voraussetzungen der in Betracht kommenden Normen auch ihr Anwendungsbereich der MP-VO, ihr Schutzzweck und ihr Regelungsumfang geprüft werden. Dennoch kann von einem Verstoß gegen die Vorschriften der MP-VO in der Regel auch auf einen strafrechtlich relevanten Sorgfaltsverstoß geschlossen werden.

4. Artificial Intelligence Act der EU-Kommission

Zukünftig könnte auch der Artificial Intelligence Act der EU-Kommission (AIA-E)[284] für den Sorgfaltsmaßstab des Herstellers eines intelligenten Medizinproduktes von Bedeutung sein. Ziel ist die Einführung branchenübergreifender Regelungen, nach welchen sich sodann die Dokumentations-, Regelungsbedürftigkeit, sowie deren Umfang bestimmen lassen sollen.[285] Der AIA-E will KI-Systeme in drei Risikoklassen unterteilen. Art. 5 regelt die verbotenen Praktiken im Bereich der KI, mithin Systeme, die nicht in den Verkehr gebracht, in Betrieb genommen oder verwendet werden dürfen. Art. 6 legt die Voraussetzungen fest, ab wann eine KI als Hochrisiko-System einzustufen ist. Art. 8 ff. ordnet dann die Anforderungen an, die für Hochrisiko-Systeme gelten müssen. Für KI-Systeme mit einem geringen oder minimalen Risiko bestehen abseits der bereits etablierten Vorgaben keine weitergehenden Regelungen, sodass lediglich eine freiwillige Einhaltung von noch zu etablierenden Verhaltenskodizes vorgesehen ist, vgl. Art. 69 AIA-E.

Intelligente Medizinprodukte werden gem. Art. 6 Abs. 1 i. V. m. Anhang II Abschnitt A Nr. 11 und 12 grundsätzlich als Hochrisiko-Systeme eingestuft. Demnach gelten für sie die in Art. 8 ff. vorgesehenen Sonderbestimmungen, welche jedoch teilweise bereits aus der MP-VO bekannt sind. Zu den Pflichten zählen unter anderem die Einrichtung eines Risikomanagements, eines Datenverwaltungsverfahrens, technische Dokumentations- und

---

284 COM (2021), 206 final.

285 *Thiermann/Böck*, RDi 2022, 333, 335 f.

Aufzeichnungspflichten sowie die Zurverfügungstellung von Gebrauchsinformationen. Hinzu kommen noch Regelungen der Data-Governance, vgl. Art. 10. Zudem müssen die Systeme von Menschen wirksam beaufsichtigt werden können, vgl. Art. 14. Des Weiteren würden für den Hersteller die in Art. 24 AIA-E aufgeführten Pflichten gelten, sodass er insbesondere die Verantwortung für die Konformität des KI-Systems mit den festgelegten Anforderungen aus der AIA-E sicherzustellen hätte. Dies bedeutet jedoch nicht, dass er neben dem Konformitätsverfahren aus der MP-VO noch ein weiteres Verfahren durchführen muss, da die in der MP-VO benannten zuständigen Stellen auch die Erfüllung der Anforderungen der AIA-E überprüfen können.[286]

Die AIA-E trifft auch Anordnungen für den Fall, dass sich die KI weiterentwickelt. Gem. Art. 43 Abs. 4 muss ein neues Konformitätsverfahren durchgeführt werden, wenn sich das System wesentlich geändert hat. Etwas anderes gilt nur für den Fall, in dem sich die Weiterentwicklung innerhalb des von dem Hersteller beim vorherigen Konformitätsverfahren festgelegten Rahmens bewegt.

Auch wenn es sich bislang um einen Vorschlag der EU-Kommission handelt, ist bereits jetzt ein Ausblick auf die künftigen Pflichten des Herstellers intelligenter Medizinprodukte möglich. Besonders die Einteilung derartiger Produkte als Hochrisiko-Systeme zeigt, dass den Hersteller weitreichende Sorgfaltspflichten bei der Herstellung intelligenter Medizinprodukte treffen müssen. Begründet werden kann dies zum einen mit der Unberechenbarkeit der Systeme sowie der zwangsläufigen Nähe zu wichtigen Rechtsgütern.

II. Heranziehung des Facharztstandards

Ein weiterer Anknüpfungspunkt für eine mögliche Sorgfaltspflichtverletzung könnte der Facharztstandard sein. Hierbei handelt es sich um denjenigen Standard, den ein erfahrener und sorgfältiger Facharzt in der jeweiligen Situation gewährleisten würde, wobei die Sorgfaltsanforderungen bewusst hoch angesetzt werden.[287] Dies wird insbesondere damit begründet, dass bei der Ausübung der ärztlichen Heilbehandlung die höchsten Rechtsgüter der Patienten – Leib, Leben und Gesundheit – gefährdet sein können und sie den Ärzten schutzlos ausgeliefert sind, da sie Fehlbehandlungen unter Umständen gar nicht oder erst zu spät erkennen können.[288] Es soll also das Vertrauen der

---

286 *Thiermann/Böck*, RDi 2022, 233, 236.

287 BGH NJW 2000, 2754, 2758; *Ulsenheimer/Gaede*, Arztstrafrecht in der Praxis, Rn. 66.

288 BGH NJW 2000, 2754, 2758; OLG Hamm, MedR 2006, 358, 359.

Patienten in den Arzt geschützt werden.[289] Sie sollen darauf vertrauen können, dass er bei seiner Behandlung alle Risiken und Verletzungsmöglichkeiten in seine Erwägungen einbezogen und seine Behandlung daran orientiert hat.[290] Je riskanter die Behandlung ist, umso höher sind die Anforderungen an die ärztliche Sorgfalt zu stellen.[291]

Bei der Frage einer Sorgfaltspflichtverletzung durch den Hersteller eines intelligenten Medizinproduktes scheint sich die Frage des ärztlichen Sorgfaltsmaßstabes auf den ersten Blick nicht zu stellen. Schließlich richtet sich dieser stets nach dem Verkehrskreis des Täters.[292] Dennoch ist zu beachten, dass es unter Umständen durch den Einsatz KI-basierter Systeme nicht mehr zu einer klassischen ärztlichen Behandlung kommen kann, wie sie den derzeitigen Annahmen zu Grunde liegt. So sind manche der Produkte zwar darauf gerichtet, die ärztliche Tätigkeit zu unterstützen, andere Systeme sollen diese jedoch ersetzen und eigene Behandlungsmaßnahmen oder -empfehlungen vornehmen.[293] Gleichzeitig entstehen aber die gleichen, wenn nicht sogar höhere Gefahren besonders dann, wenn das errechnete Ergebnis nicht mehr nur der Entscheidungsfindung des Arztes dienen soll. Die Maschine ersetzt in einem solchen Fall die Tätigkeit des Arztes. Auch dann gilt, dass das Vertrauen des Patienten geschützt werden muss.[294] Schließlich kann dieser nicht nachvollziehen, wie es zu der entsprechenden Behandlungsempfehlung gekommen ist und bei einer möglichen Fehlbehandlung erst zu spät Gegenmaßnahmen ergreifen. Das Gefährdungspotential entsteht mithin nicht erst durch die Einbindung eines Arztes in die Behandlung, sondern bereits dadurch, dass der Patient in das Ergebnis des Systems vertraut und auch vertrauen soll.[295] Es liegt daher nahe, dass das intelligente Medizinprodukt auch dem jeweiligen Facharztstandard entsprechen und sich diesem unter Umständen anpassen muss.[296] Wenn durch die intelligenten Medizinprodukte die Gesundheitsversorgung verbessert werden und den Menschen teilweise ersetzen soll, muss sie sich zwangsläufig auch den Standards unterwerfen, die für die ärztliche Heilbehandlung

289 *Brinkmann*, RDG 2011, 168, 169.
290 *Ulsenheimer/Gaede*, Arztstrafrecht in der Praxis, Rn. 68.
291 OLG Zweibücken, MedR 1999, 80, 82; Spickhoff/*Knauer/Brose*, StGB § 222 Rn. 10.
292 BGH NJW 2000, 2754, 2758; Lackner/Kühl/*Kühl* StGB § 15 Rn. 37; *Roxin/Greco*, AT I § 24 Rn. 34.
293 *Droste*, MPR 2018, 109, 112.
294 Vgl. im Zusammenhang mit Health Apps: *Gaßner/Strömer*, VersR 2015, 1219, 1223.
295 Vgl. *Gaßner/Strömer*, VersR 2015, 1219, 1223.
296 *Dettling*, PharmR 2019, 633, 642.

gelten. So kann auch das Vertrauen des Verbrauchers in den Fortschritt der Technik gesichert werden. Demnach müssen dieselben hohen Anforderungen gestellt werden, wie in dem Fall, in dem ein Arzt eine solche Behandlung empfohlen oder eingeleitet hätte.

Anders liegt der Fall, wenn das intelligente Medizinprodukt den Arzt bei seiner Tätigkeit nur unterstützen soll. Zwar wird das errechnete Ergebnis des intelligenten Medizinprodukts maßgeblich für die Behandlungsentscheidung des Arztes sein. Fraglich ist auch, ob verlangt werden kann, ob dieser das Ergebnis der KI überhaupt überprüfen kann oder muss. Dennoch liegt die Behandlungshoheit weiterhin bei dem behandelnden Arzt und der Hersteller will dessen Expertise auch gar nicht ersetzen. Nur, wenn die endgültige Entscheidungsgewalt nicht mehr bei einem behandelnden Arzt, sondern bei dem KI-basierten System liegt, kann der ärztliche Facharztstandard bei der Beurteilung der Sorgfaltspflicht des Herstellers herangezogen werden.

III. Allgemeiner Sorgfaltsmaßstab

Auch der Rückgriff auf allgemeine Grundsätze kann bei der Ermittlung eines Sorgfaltsmaßstabes weiterhelfen. Das Verhalten muss sich dann an einem besonnenen und gewissenhaften Menschen aus dem Verkehrskreis des Täters messen lassen.[297] Im Rahmen der strafrechtlichen Produzentenhaftung muss demnach an einen sorgfältigen Programmierer oder Hersteller eines intelligenten Medizinproduktes angeknüpft werden. Neben dem Verkehrskreis des Täters muss aber auch der Verkehrskreis des Verbrauchers berücksichtigt werden. Entscheidend sind dabei die durchschnittlichen Erwartungen desjenigen, an den sich das Produkt richtet, und für den das Produkt hergestellt wurde.[298] An Chemikalien, die beispielsweise für den Haushalt gedacht sind, werden höhere Anforderungen zu stellen sein, als für Stoffe, die ausschließlich von Fachleuten verwendet werden.[299] Dieser Gedanke lässt sich auch auf intelligente Medizinprodukte übertragen. Soll das System unmittelbar vom Patienten, mitunter ohne dauerhafte ärztliche Begleitung angewendet werden, sind höhere Anforderungen zu stellen, als in den Fällen, in denen das Produkt ausschließlich von Fachpersonal verwendet und überprüft wird.

---

297 BGH NJW 2000, 2754, 2758; Lackner/Kühl/*Kühl* StGB § 15 Rn. 37; *Roxin/Greco*, AT I, § 24, Rn. 34.

298 Produkthaftungshandbuch/*Foerste* § 24 Rn. 4.

299 BGH NJW 1981, 2514, 2515.

Aufgrund der komplexen Vorgänge innerhalb der Künstlichen Intelligenz gibt es eine Vielzahl möglicher Fehlerquellen, sodass von einem recht hohen Gefährdungspotenzial auszugehen ist. So können beispielsweise bereits bei der Modellierung des von dem System zu lösenden Problems Fehler auftreten, jedoch auch bei der Auswahl der Trainingsdaten oder der Evaluierung der Systemvorgänge.[300] Zudem befindet sich die überwiegende Mehrzahl der Produkte noch in der Entwicklung, sodass die Risiken noch nicht vollständig überblickt werden können.

1. Ermittlung der bisherigen Grundsätze

Dennoch kann gegebenenfalls an die bereits entwickelten Grundsätze der Rechtsprechung angeknüpft werden. Nach ständiger BGH-Rechtsprechung muss der Hersteller eines Produktes diejenigen Maßnahmen ergreifen, die zur Vermeidung oder Beseitigung von Gefahren durch das Produkt objektiv erforderlich und zumutbar sind.[301] Zu berücksichtigen ist hierbei, dass zwar nicht jede abstrakte Gefahr im Vorfeld ausgeschlossen werden kann, dennoch sind diejenigen Vorkehrungen zu treffen, die geeignet sind, eine Schädigung anderer zu verhindern.[302] Der Hersteller hat sein Produkt mithin so sicher wie möglich zu machen, jedoch können für diesen Zweck nur zumutbare Maßnahmen verlangt werden. Eine solche Zumutbarkeit ist gegeben, wenn die für die erhöhte Sorgfalt entstehenden Kosten die Summe der Schäden, die vermieden werden sollen, nicht übersteigen.[303] Drohen also Schädigungen von Leib oder Leben, sind die Anforderungen an die Sorgfaltspflichten des Herstellers besonders hoch anzusetzen.[304]

2. Anwendung der Grundsätze bei intelligenten Medizinprodukten

Bei herkömmlichen Medizinprodukten gilt bereits ein höherer Sorgfaltsmaßstab, schließlich haben sie bereits ihrer Bestimmung nach eine besondere Nähe zu hochrangigen Rechtsgütern.[305] Hiermit lassen sich auch die hohen Anforderungen der MP-VO an den Hersteller eines Medizinproduktes begründen. Demnach muss erst recht ein strenger Sorgfaltsmaßstab für intelligente

300 *Yuan*, RW 2018, 477, 496.
301 BGH NJW 2006, 2326; NJW 2010, 1967; NJW 2018, 2956, 2957.
302 BGH NJW 2006, 2326; NJW 2010, 1967; NJW 2018, 2956, 2957.
303 BGH, NJW 1981, 1603, 1604; NJW 2009, 1669, 1670.
304 BGH, NJW 2009, 2952, 2954; *Schuster*, DAR 2019, 6,8.
305 Chibanguza/Kuß/Steege KI-Hdb/*Chibanguza*, § 4 E Rn. 2.

Medizinprodukte gelten. Nicht ohne Grund stuft die EU-Kommission entsprechende Produkte als Hochrisiko-Systeme ein, vgl. Art. 6 Abs. 1 i. V. m. Anhang II Abschnitt A Nr. 11 und 12 AIA-E. Funktioniert eine Insulinpumpe oder ein Herzschrittmacher infolge eines Fehlers nicht oder nur unzureichend, besteht ein weit größeres Schädigungspotenzial als bei herkömmlichen Alltagsprodukten. Das Gleiche gilt auch bei intelligenten Medizinprodukten. Gerade aufgrund ihrer Komplexität weisen diese Systeme unter Umständen eine höhere Fehleranfälligkeit auf als herkömmliche Medizinprodukte.[306] Ein besonderes Risiko besteht aber auch darin, dass für den Anwender eine von der Software ausgehende Gefahr gar nicht, oder nur schwer erkennbar ist, da die Fehlerhaftigkeit oftmals visuell nicht greifbar ist.[307] Somit ist festzuhalten, dass grundsätzlich von einem hohen Gefährdungspotenzial für wichtige Rechtsgüter auszugehen ist.

Daher sollten generell von dem Hersteller erhebliche und effektive Maßnahmen verlangt werden, welche die von dem Produkt ausgehende Gefahr signifikant verringern.[308] Sie müssen stets darauf abzielen, dass das Produkt den Sicherheitserwartungen des Verkehrs genügt und den bestehenden Anforderungen gerecht werden. Hat das Produkt das in der MP-VO angeordnete Konformitätsverfahren erfolgreich durchlaufen, liegt ein Indiz dafür vor, dass der Hersteller auch alle erforderlichen Maßnahmen ergriffen hat. Jedoch ist hervorzuheben, dass es dem Hersteller obliegt, für die Sicherheit seines Produktes Sorge zu tragen, und zwar unabhängig von einer behördlichen Beurteilung.[309] Die Behörde bescheinigt dem Produkt durch seine Zulassung nicht zwangsläufig dessen Unbedenklichkeit, sondern vielmehr die Einhaltung eines gewissen Mindeststandards, da sie anders als der Hersteller die Gefährlichkeit des Produktes nicht abschließend beurteilen kann.[310] Dies gilt umso mehr für offene KI-Systeme, die sich mit der Zeit weiterentwickeln. Daher muss auch bei dem Vorliegen einer behördlichen Zulassung im Einzelfall überprüft werden, ob der Hersteller alles ihm Zumutbare und Erforderliche getan hat, um von seinem Produkt ausgehende Gefahren zu verhindern oder zumindest zu verringern.

---

306 *Wiebe,* NJW 2019, 625; Chibanguza/Kuß/Steege KI-Hdb/*Chibanguza,* § 4 E Rn. 13.

307 *Wiebe,* NJW 2019, 625.

308 *Sander/Hollering,* NStZ 2017, 193, 197.

309 BGH, NJW 1990, 2560, 2564; zu den ärztlichen Sorgfaltspflichten bei der Anwendung intelligenter Medizinprodukte s. Kap. 2 E II.

310 *Kuhlen* in: Achenbach/Ransiek/Rönnau, Handbuch Wirtschaftsstrafrecht, 2. Teil, 1. Kapitel Rn. 36.

3. *Grenzen des allgemeinen Sorgfaltsmaßstabes*

Von dem Hersteller eines intelligenten Medizinproduktes kann und darf jedoch keine Garantie für die absolute Sicherheit seines Systems verlangt werden. Dies gilt insbesondere dann, wenn ihr Einsatz eine bereits akzeptierte Gefahr reduzieren soll. Es ist fast unmöglich, die vollständige Unbedenklichkeit eines solchen Produktes zu garantieren. Derart umfangreiche Testdurchläufe sind kaum durchführbar und ihre Zumutbarkeit auch fraglich. Für den Hersteller ist es praktisch unmöglich, sämtliche Wechselwirkungen des Produktes mit den verschiedenen Patientendaten in jeder denkbaren Situation vorherzusehen. *Schuster*[311] warnt daher zurecht vor der Gefahr einer übersteigerten Verantwortungszuweisung, wenn ein hoher Erfolgsunwert wie eine Gesundheitsschädigung eines Patienten vorliegt, auf der Seite des Herstellers jedoch nur ein geringer Handlungsunwert gegeben ist.[312]

Der Einsatz Künstlicher Intelligenz im medizinischen Bereich soll eine sicherere, individuelle und effizientere Gesundheitsversorgung sicherstellen.[313] Das Risiko von Fehldiagnosen und falschen Behandlungsplänen soll so minimiert werden. Das Ziel ist also, die bereits akzeptierte Gefahr einer Gesundheitsschädigung durch eine ärztliche Behandlung zu reduzieren.[314] Im Falle einer rein unterstützenden Software wird das Produkt zudem von Fachpersonal verwendet werden, sodass auch eine gewisse Eigenverantwortung der Verwender vorausgesetzt werden kann.[315] Es würde die Anforderungen an die Einhaltung der allgemeinen Sorgfaltspflicht daher überspannen, wenn man von einem intelligenten Medizinprodukt absolute Sicherheit erwarten würde. Im Übrigen geht die Rechtsprechung bereits bei herkömmlichen Produkten davon aus, dass nicht alle Schadensmöglichkeiten vorhergesehen werden müssen.[316] Im Ergebnis bedeutet dies, dass von dem Hersteller zwar keine Garantie für ein absolut sicheres Produkt verlangt werden kann, dieser jedoch alle erforderlichen und zumutbaren Maßnahmen ergreifen muss, um die Gefahr von Schädigungen anderer zu verhindern oder zumindest zu verringern.

---

311 *Schuster,* DAR, 2019, 6 ff.

312 *Schuster,* DAR, 2019, 6, 9.

313 *Steege,* GuP 2021, 125, 129.

314 *Steege,* GuP 2021, 125, 129.

315 OLG Düsseldorf, VersR 2003, 912, 914 ff.; OLG Karlsruhe, NJW-RR 1997, 23; LG Essen, NJW 2005, 2713, 2714; Produkthaftungshandbuch/*Foerste* § 24 Rn. 5;

316 BGH NJW 2006, 2326; NJW 2010, 1967; NJW 2018, 2956, 2957.

4. *Zusammenfassung*

Eine allgemeine Aussage darüber, wann der Hersteller eines intelligenten Medizinproduktes seiner allgemeinen Sorgfaltspflicht gerecht geworden ist, lässt sich nur schwer ausmachen. Generell hängt dies immer von der potenziellen Gefährlichkeit des Produktes, den vorgenommenen Testläufen oder eingetretenen Komplikationen bei der Herstellung ab. Aufgrund der gewichtigen Stellung der gefährdeten Rechtsgüter wird eine hohe Zahl an Testläufen und eine lange Testphase durch den Hersteller erforderlich sein, um den Anforderungen an die Sorgfaltspflicht gerecht zu werden.[317] Solange jedoch die Kosten für die Maßnahmen, die für die Verringerung oder Verhinderung von Gefahren die Summe der Schäden, die hierdurch vermieden werden, nicht übersteigt, können dem Hersteller weitreichende Sorgfaltspflichten auferlegt werden.

IV. Übernahmefahrlässigkeit

Aus dem Vorstehenden ergibt sich, dass grundsätzlich von dem Hersteller eines intelligenten Medizinproduktes nur das sorgfaltsgemäße Verhalten verlangt werden kann, zu welchem er subjektiv in der Lage ist. Bleibt diese subjektive Leistungsfähigkeit hinter der im Verkehr erforderlichen Sorgfalt zurück, muss er sich grundsätzlich nicht für einen möglichen Sorgfaltsverstoß verantworten. Dies gilt jedoch nur dann, wenn keine Übernahmefahrlässigkeit gegeben ist. Von einer solchen spricht man, wenn jemand eine Tätigkeit übernimmt, ausführt oder weiterführt, obwohl ihm die dazu erforderlichen Fähigkeiten und Kenntnisse fehlen oder er der Aufgabe nicht gewachsen ist.[318] Entscheidend ist, dass der Täter im Tatzeitpunkt erkennen konnte, dass ihm ein sorgfaltsgemäßes Vorgehen aufgrund seiner individuellen Fähigkeiten nicht möglich ist.[319]

Für die strafrechtliche Produzentenhaftung bedeutet das, dass ein Hersteller, der nicht in der Lage ist, die allgemeingültigen Sorgfaltsanforderungen bei der Entwicklung, Produktion und dem Vertrieb zu erfüllen, sein Produkt nicht auf den Markt bringen darf.[320] Entscheidet er sich dennoch dazu, obwohl ihm bewusst ist, dass er den Sorgfaltsanforderungen nicht gerecht werden kann, liegt ein Fall der Übernahmefahrlässigkeit vor. Zu denken ist hier etwa an den Fall, in welchem die mit der Programmierung des Systems betrauten

---

317 Vgl. *Haagen/Lohmann* in: Hartmann, KI & Recht Kompakt, 257, 283.
318 BGH, NJW 1998, 1802, 1803 f., s. ausführlich LK-StGB/*Vogel/Bülte* § 15 Rn. 303 ff.
319 LK-StGB/*Vogel/Bülte* § 15 Rn. 303.
320 Produkthaftungshandbuch/*Winkelbauer* § 81 Rn. 36.

Mitarbeiter Aufgaben übernehmen, denen sie mangels Expertise nicht gewachsen sind.[321] Aber auch dann, wenn der Hersteller nicht über das entsprechende medizinische Fachwissen verfügt, welches für die Herstellung eines intelligenten Medizinproduktes erforderlich ist.

Nimmt der Hersteller für sich in Anspruch, dass er in der Lage ist, ein intelligentes Medizinprodukte herzustellen, obwohl ihm die hierfür erforderlichen Kenntnisse und Fähigkeiten fehlen, muss er entweder die Herstellung unterlassen oder sich wegen Fahrlässigkeit verantworten.

C. Strafrechtliche Produzentenhaftung

Neben den bereits vorgestellten Sorgfaltsmaßstäben stellt sich auch die Frage nach einem speziellen, an den Hersteller von Verbrauchsgütern gerichteten Sorgfaltsmaßstab.

I. Anwendbarkeit der zivilrechtlichen Grundsätze

Da das StGB keine speziellen Regelungen im Hinblick auf die Produzentenhaftung enthält, liegt es nahe, sich an den zivilrechtlichen Grundsätzen zu orientieren. Die zivilrechtlichen Regelungen beinhalten umfassende Pflichten des Herstellers bei der Konstruktion, der Fabrikation, der Instruktion und der Marktbeobachtung.[322]

Die Rechtsprechung wendet die für die zivilrechtliche Haftung entwickelten Grundsätze auf die strafrechtliche Produzentenhaftung an, betont jedoch, dass „*[…] die schadensersatzorientierten Haftungsprinzipien des Zivilrechts nicht unbesehen zur Bestimmung strafrechtlicher Verantwortlichkeit benutzt werden [dürfen].*“[323] Es müssen also die grundlegenden Unterschiede zwischen den beiden Rechtsgebieten bei der Anwendung der zivilrechtlichen Grundlagen beachtet werden. Dennoch bietet sich eine Übertragung der Grundsätze aufgrund der Parallelität der Sachverhalte an. Schließlich ist die strafrechtliche Produzentenhaftung eng mit der zivilrechtlichen verknüpft, insbesondere, da die deliktische Haftung nach § 823 BGB ihrer Struktur nach der strafrechtlichen Haftung entspricht.[324] Die strafrechtliche Sorgfaltspflicht dient der

321 *Yuan*, RW 2018, 477, 496.

322 Kaulartz/Braegelmann/*Rausch*, Rechtshandbuch AI und ML, Kapitel 4.1, Rn. 11.

323 BGH, NJW 1990, 2590. Zustimmend *Hilgendorf* in: Rotsch, Criminal Compliance, § 10 Rn. 33; *Haagen/Lohmann* in: Hartmann, KI & Recht Kompakt, 257, 280; *Schuster* in: Beck/Kusche/Valerius, Digitalisierung, Automatisierung, KI und Recht, S. 397.

324 *Hilgendorf* in: *Rotsch*, Criminal Compliance, § 10 Rn. 13.

Zurechnung von strafrechtlichen Verantwortlichkeiten, wohingegen das Zivilrecht hauptsächlich auf den Ausgleich von Vermögensschäden abzielt und im Einzelfall über die strafrechtliche Sorgfaltspflicht hinausgehen kann.[325] Die zivilrechtlichen Grundsätze gehen von der Prämisse aus, dass die Produzenten überwiegend zur Schadenstragung wirtschaftlich in der Lage und die Schäden grundsätzlich versicherbar sind, sodass sich die Judikatur der zivilrechtlichen Haftung mit der Zeit in die Richtung einer Gefährdungshaftung entwickelt hat.[326] Aus diesem Grund besteht die Gefahr einer Überspannung der strafrechtlichen Sorgfaltspflicht.[327] Dies muss bei der Anwendung auf einen strafrechtlichen Sachverhalt berücksichtigt werden.

Trotz der Gemeinsamkeiten beider Rechtsgebiete müssen höhere Ansprüche an die strafrechtliche Sanktion gestellt werden. Im Strafrecht ist der Nachweis, dass der Produktfehler auf eine individuell zurechenbare Pflichtverletzung zurückgeht, obligatorisch, sodass eine Beweislastumkehr nicht vorgenommen werden darf.[328] Die strafrechtliche Pflichtenbestimmung darf auf der anderen Seite auch nicht strenger sein, als die zivilrechtliche Judikatur zu § 823 BGB.[329] Ist der Hersteller seinen deliktsrechtlichen Pflichten gerecht geworden, ist aufgrund der ultima ratio des Strafrechts auch eine strafrechtliche Verantwortung ausgeschlossen.[330] Eine zivilrechtlich erlaubte Handlung kann also kein strafwürdiges Verhalten darstellen.[331] Im umgekehrten Fall darf dies jedoch nicht gelten. Auch wenn ein Zivilgericht eine Sorgfaltspflichtverletzung festgestellt hat, muss das Strafgericht eine gesonderte und aufmerksame Prüfung durchführen.

Eine Anwendung der zivilrechtlichen Grundlagen kann im Ergebnis von den Strafgerichten zur Ermittlung des Sorgfaltsmaßstabes also vorgenommen werden, solange dabei die wesentlichen Unterschiede der beiden Rechtsgebiete

---

325 Schönke/Schröder/*Sternberg-Lieben/Schuster*, § 15 Rn. 216.

326 *Schuster*, DAR 2019, 6, 8; *Kuhlen* in: Achenbach/Ransiek/Rönnau, Handbuch Wirtschaftsstrafrecht, 2. Teil 1. Kapitel Rn. 31.

327 *Kuhlen*, JZ 1994, 1142, 1146.

328 *Kuhlen* in: Achenbach/Ransiek/Rönnau, Handbuch Wirtschaftsstrafrecht, 2. Teil, 1. Kapitel Rn. 7.

329 *Scholl*, NJW 1981, 2737.

330 *Kuhlen* in: Achenbach/Ransiek/Rönnau, Handbuch Wirtschaftsstrafrecht, 2. Teil, 1. Kapitel Rn. 30; *Alexander*, Die strafrechtliche Verantwortlichkeit für die Wahrung der Verkehrssicherungspflichten in Unternehmen, S. 63.

331 *Scholl*, NJW 1981, 2737; *Alexander*, Die strafrechtliche Verantwortlichkeit für die Wahrung der Verkehrssicherungspflichten in Unternehmen, S. 63.

berücksichtigt werden. Dies gilt auch unabhängig davon, was für ein Produkt auf den Markt gebracht wird, sodass sich keine Besonderheiten bei intelligenten Medizinprodukten ergeben.

II. Software als Produkt

Es stellt sich außerdem die Frage, ob die im Zivilrecht geführte Diskussion um die Produkteigenschaft von Software im Zusammenhang mit dem Anwendungsbereich des ProdHaftG auch für eine strafrechtliche Verantwortung relevant ist. Rechtshistorisch bezieht sich das ProdHaftG auf bewegliche Sachen, mithin Waren im herkömmlichen Sinn.[332] Daher ist umstritten, ob es überhaupt bei reinen Softwareprodukten herangezogen werden kann.[333] Der Streitstand hat im Strafrecht jedoch wenig Relevanz. Zum einen ist der Bezugspunkt der strafrechtlichen Verantwortlichkeit stets das Verhalten des Herstellers, sodass nicht an die Produkteigenschaft selbst angeknüpft wird.[334] Zum anderen werden von der Rechtsprechung nicht die Grundsätze des ProdHaftG herangezogen, sondern die des § 823 Abs. 1 BGB.[335] Anders als das ProdHaftG schließt der Anwendungsbereich des § 823 Abs. 1 BGB auch Software mit ein und kann daher auch auf KI angewendet werden.[336]

III. Pflichten im Zeitpunkt des Inverkehrbringens

In diesem Kapitel sollen primär die Fallkonstellationen untersucht werden, in denen der Hersteller ein fehlerhaftes intelligentes Medizinprodukt auf den Markt bringt. Der Taterfolg wird dabei in der Regel die Gestalt einer Gesundheitsschädigung, einer Körperverletzung oder eines Todesfalls haben. Der Hersteller kann hierbei vorsätzlich oder fahrlässig gehandelt haben, wobei auf die Probleme der Tatbestandsebene in einem gesonderten Kapitel eingegangen werden soll.[337]

---

332 *Wagner*, AcP 217, 707, 714.

333 So spricht sich z.B. *Wagner* in MüKo BGB, ProdHaftG § 2 Rn. 22 für eine Anwendung des ProdHaftG auch auf reine Softwareprodukte aus; so auch *Wagner*, AcP 217, 707, 718; *Cahn*, NJW 1996, 2899, 2904; *Hofmann*, CR 2020, 282 Rn. 5 ff.; BeckOGK/*Rebin* ProdHaftG § 2 Rn. 54; a.A. Staudinger/*Oechsler* § 2 Rn. 65; Jakobs/*Huber*, MPR 2019, 1, 2; BeckOK BGB/*Förster* ProdHaftG § 2 Rn. 22.

334 *Lohmann*, Strafrecht im Zeitalter der Künstlichen Intelligenz, S. 230.

335 Vgl. *Hilgendorf* in: *Rotsch*, Criminal Compliance, § 10 Rn. 13.

336 Kaulartz/Braegelmann/*Reusch*, Rechtshandbuch AI und ML, Kap. 4.1 Rn. 30.

337 S. Kap. 3.

1. Konstruktionspflicht

Die Konstruktionspflicht des Herstellers umfasst nicht nur einzelne Stücke der Gesamtproduktion, sondern bezieht sich vielmehr auf die gesamte Serie.[338] Ein Konstruktionsfehler liegt vor, wenn das Produkt im Zeitpunkt des Inverkehrbringens hinter dem aktuellen Stand der Wissenschaft und Technik und dem gebotenen Sicherheitsstandard zurückbleibt.[339] Demnach hat der Hersteller bereits während der Konzeption und Planung seines Produktes diejenigen Maßnahmen zu treffen, die zur Vermeidung von Gefahren erforderlich und nach objektiven Maßstäben auch zumutbar sind.[340] Unter dem Begriff „Konstruktion" kann man im Zusammenhang mit Künstlicher Intelligenz die Entwicklung von Algorithmen verstehen.[341] Der Standard, dem der Hersteller dabei gerecht werden muss, ergibt sich vorrangig aus gesetzlichen und technischen Normen.[342] Der Hersteller muss sich also im Rahmen der Konstruktion von Künstlicher Intelligenz regelmäßig über den aktuellen Stand der Technik auf dem Laufenden halten und neue Sicherheitsstandards bei der Konzeption des Produktes anwenden.[343] Für die Zuverlässigkeit eines intelligenten Medizinproduktes ist das wiederholte Training besonders wichtig. Der Hersteller hat das System so lange zu trainieren, bis es die erforderlichen Erfahrungssätze sammeln konnte und auch unbekannte Daten und Impulse sicher und zuverlässig bearbeiten kann.[344]

a.) Verwendung einer ordnungsgemäßen Datengrundlage

Von zentraler Bedeutung für die fehlerfreie Konstruktion von intelligenten Medizinprodukten ist die Verwendung der richtigen Daten beim Training. Die Datengrundlage bildet das Herzstück der Künstlichen Intelligenz, ihre

338 HK-BGB/*Staudinger*, § 823 Rn. 173; MüKo BGB/*Wagner* § 823, Rn. 970.

339 MüKo BGB/*Wagner* § 823, Rn. 970; Staudinger/*Oechsler*, § 3 ProdHaftG Rn. 108; *Sander/Hollering*, NStZ 2017, 193, 198.

340 BGH NJW 2009, 1669; NJW 2009, 2952, 2954; Ebers/Heinze/Krügel/Steinrötter/*Eichelberger*, Künstliche Intelligenz und Robotik, § 5 Rn. 21.

341 Kaulartz/Braegelmann/*Reusch*, Rechtshandbuch AI und ML, Kap. 4.1 Rn. 44; *BMWi*, Künstliche Intelligenz und Recht im Kontext von Industrie 4.0, S. 18.

342 *Wigger*, Automatisiertes Fahren und Verantwortlichkeit wegen Fahrlässigkeit, S. 202; *Haagen/Lohmann* in: Hartmann, KI & Recht Kompakt, 257, 284; s. hierzu Kap. 2 B I.

343 *Lohmann*, Strafrecht im Zeitalter der Künstlichen Intelligenz, S. 178.

344 Kaulartz/Braegelmann/*Huth*, Handbuch für AI und ML, Kap. 2.3., Rn. 1; *Zech*, ZfPW 2019, 198, 210.

Präzision hängt in der Regel von dem Umfang und der Qualität der zur Verfügung stehenden Daten ab.[345] Werden ungeeignete oder fehlerhafte Daten in das System gegeben, kann es zu falschen oder verzerrten Ergebnissen kommen.[346] Daher beschränkt sich die Konstruktionspflicht des Herstellers nicht nur auf die sorgfaltsgemäße Programmierung des Systems, sondern erstreckt sich auch auf die Verwendung einer ordnungsgemäßen Trainingsgrundlage.[347]

(aa.) Rechtliche Rahmenbedingungen

Bislang gibt es kaum rechtliche Regelungen im Hinblick auf die Qualität der verwendeten Trainingsdaten.[348] Dies könnte sich auch unter Umständen deswegen schwierig gestalten, weil die Anforderungen an die Qualität und die Quantität immer von dem jeweiligen intelligenten System und dessen Einsatzgebiet abhängen.[349] Dennoch erscheint die Regulierung von Trainingsdaten angemessen und mindestens genauso wichtig, wie die Regulierungen der KI-Anwendungen selbst.[350] Schließlich ist sie für die Funktionsweise intelligenter Systeme von großer Bedeutung.[351] Auch wenn eine rechtliche Regulierung noch fehlt, können bereits jetzt Kriterien entwickelt werden, die für eine (rechtliche) Überprüfung der Datengrundlage herangezogen werden können. Dabei kann man sich beispielsweise an den von *Hacker*[352] entwickelten Gütekriterien

345 *Schreitmüller*, Regulierung intelligenter Medizinprodukte, S. 47; Ebers/Heinze/Krügel/Steinrötter/*Niederée/Nejdel*, Künstliche Intelligenz und Robotik, § 2 Rn. 112; Kaulartz/Braegelmann/*Huth*, Rechtshandbuch AI und ML, Kap. 2.3. Rn. 1.; *Fraunhofer Gesellschaft*, Maschinelles Lernen – Eine Analyse zu Kompetenzen, Forschung und Anwendung, S. 12; *Hacker*, ZGE 2020, 239, 241; *Bilski/Schmid*, NJOZ 2019, 657.

346 *Schäffter/Schwabe/Haufe* in: Dössel/Schäffter/Rutert, Künstliche Intelligenz in der Medizin, 49, 50.

347 *Thöne*, Autonome Systeme und deliktische Haftung, S. 206; Kaulartz/Braegelmann/*Reusch*, Rechtshandbuch AI und ML, Kap. 4.1, Rn. 51.

348 *Hacker*, ZGE 2020, 239, 242.

349 *Haftenberger*, Die Produkthaftung für künstlich intelligente Medizinprodukte, S. 168.

350 *Hacker*, ZGE 2020, 239, 242.

351 *Schreitmüller*, Regulierung intelligenter Medizinprodukte, S. 47; Ebers/Heinze/Krügel/Steinrötter/*Niederée/Nejdel*, Künstliche Intelligenz und Robotik, § 2 Rn. 112; *Hacker*, ZGE 2020, 239, 241; *Bilski/Schmid*, NJOZ 2019, 657.

352 *Hacker*, ZGE 2020, 239 ff.

orientieren. Demnach müssen die KI-Trainingsdaten inhaltlich korrekt, aktuell, vollständig, ausgewogen und repräsentativ sein.[353]

Diese Kriterien entsprechen in etwa den Erwägungen der Europäischen Kommission in ihrem Verordnungsvorschlag. So sollen gem. Art. 10 AIA- E Hochrisikosysteme mit möglichst relevanten, repräsentativen, fehlerfreien und vollständigen Datensätzen trainiert werden. Um dies zu gewährleisten, müssen geeignete Daten-Governance- und Datenverwaltungsverfahren umgesetzt werden, vgl. Erwägungsgrund 44 AIA-E. Demnach hat die Europäische Kommission die Regelung der verwendeten Daten im Blick und will diese entsprechend regeln.

(bb.) Sicherstellung der erforderlichen Datenqualität

Der Hersteller hat mithin zu gewährleisten, dass die verwendete Datengrundlage inhaltlich korrekt, aktuell, vollständig, ausgewogen und repräsentativ ist. Damit stellt sich die Frage, wann ein Datensatz inhaltlich korrekt ist. Eine Unterscheidung nach „richtig“ und „falsch“ erscheint nicht immer brauchbar, da es sich in der Regel um Informationen handelt, die Korrelationen und Wahrscheinlichkeiten ausdrücken und gerade keine bipolare Wahrheitsaussage ausdrücken sollen.[354] Dies gilt umso mehr im Bereich der Diagnostik, da es hier zwangsläufig immer auf zahlreiche individuellen Faktoren ankommt, was eine Einteilung in „richtig“ und „falsch“ fast unmöglich macht.[355] Die Richtigkeit von Daten kann aber auch daran gemessen werden, wie nah sie an einem „wahren“ Wert liegen, bei dem es sich in der Regel um einen Referenzwert handelt.[356] Dies hat den Vorteil, dass keine bipolare Einteilung vorgenommen werden muss und demnach dem Umstand Rechnung getragen wird, dass es sich eben oftmals um Wahrscheinlichkeiten handelt. Je weiter entfernt die Daten von dem Referenzwert liegen, umso höher ist die Wahrscheinlichkeit, dass sie für den gewählten Zweck unzureichend sind. Eine falsche Datengrundlage kann außerdem dann vorliegen, wenn die Daten fehlerhaft erfasst wurden oder nicht

---

353 *Hacker,* ZGE 2020, 239, 263 ff.; ähnlich auch Kaulartz/Braegelmann/*Reusch,* Rechtshandbuch AI und ML, Kap. 4.1, Rn. 51 oder Ebers/Heinze/Krügel/Steinrötter/*Niederée/Nejdel,* Künstliche Intelligenz und Robotik, § 2 Rn. 96 ff.

354 *Hoeren,* MMR 2016, 8, 10.

355 *Haftenberger,* Die Produkthaftung für künstlich intelligente Medizinprodukte, S. 169.

356 *Schäffter/Schwabe/Haufe* in: Dössel/Schäffter/Rutert, Künstliche Intelligenz in der Medizin, 49, 53.

die erforderliche Granularität aufweisen.[357] Die gewählte Datengrundlage muss sich also für die vorgesehene Zweckbestimmung eignen. Ist dies nicht der Fall, ist sie als fehlerhaft einzustufen.

Neben der inhaltlichen Richtigkeit der Daten ist besonders bei intelligenten Medizinprodukten auch die Aktualität der Daten von zentraler Bedeutung. Demnach hat der Hersteller sicherzustellen, dass die Datenbasis dem aktuellen Stand der medizinischen Forschung entspricht. Auch Repräsentativität, Vollständigkeit und Ausgewogenheit müssen gewährleistet sein. So kann einer möglicherweise bestehenden statistischen Diskriminierung wirksam begegnet werden.[358] Neben der Qualität der Datengrundlage ist außerdem ihre Quantität entscheidend, sodass sichergestellt werden muss, dass ausreichend Trainingsdaten vorhanden sind.[359]

b.) Konstruktionsfehler bei intelligenten Medizinprodukten

Die Frage ist, wann die Konstruktion des intelligenten Medizinproduktes als fehlerhaft einzustufen ist. Grundsätzlich kann sowohl die Hardware als auch die Software von einem Konstruktionsfehler betroffen sein.[360] Aufgrund der Komplexität der Systeme sind unzählige Fehlerquellen denkbar. Zu nennen sind beispielsweise und nicht abschließend die fehlerhafte Programmierung der zugrunde liegenden Algorithmen, ein plötzliches Abstürzen oder Einfrieren des Systems, wenn es die gestellten Aufgaben nicht erfüllen kann oder wenn es nicht ausreichend vor Angriffen von außen geschützt ist.[361] Aufgrund der Weitentwicklung der intelligenten Systeme kann die Einordnung einer Fehlfunktion als Konstruktionsfehler unter Umständen Schwierigkeiten bereiten. Entsteht erst durch diese ein Produktfehler, ist die Frage, inwiefern dies noch auf die Konstruktion des intelligenten Medizinproduktes zurückzuführen ist. Dies gilt insbesondere in dem Fall, in welchem zwar der Algorithmus fehlerfrei arbeitet, das errechnete Ergebnis jedoch unerwartet oder unerwünscht ist.

---

357 Ebers/Heinze/Krügel/Steinrötter/*Niederée/Nejdel*, Künstliche Intelligenz und Robotik, § 2 Rn. 97.

358 *Schäffter/Schwabe/Haufe* in: Dössel/Schäffter/Rutert, Künstliche Intelligenz in der Medizin, 49, 54; s. hierzu ausführlich Kap. 2 C.

359 Ebers/Heinze/Krügel/Steinrötter/*Niederée/Nejdel*, Künstliche Intelligenz und Robotik, § 2 Rn. 102.

360 Vgl. *Sander/Hollering*, NStZ 2017, 193, 198.

361 Ebers/Heinze/Krügel/Steinrötter/*Eichelberger*, Künstliche Intelligenz und Robotik, § 5 Rn. 23; *Wagner*, AcP 217, 707, 726 f.; Leupold/Wiebe/*Glossner*, IT-Recht Teil 9.6.4 Rn. 54.

Für die Frage, ob es sich dann noch um einen Konstruktionsfehler handelt, ist entscheidend, ob man die Weiterentwicklung als selbstständigen Vorgang der KI einordnet oder ob diese noch unmittelbar auf ursprüngliche Programmierung zurückgeht. Dies wird je nach Einzelfall verschieden zu beurteilen sein. Grundsätzlich ist jedoch festzuhalten, dass bereits bei der Programmierung die Grenzen und die Funktionsweise des Systems festgelegt werden.[362] Von einem Konstruktionsfehler kann also dann ausgegangen werden, wenn die Ursache des fehlerhaften Lernvorgangs bereits bei der Programmierung gesetzt wurde, etwa weil unzureichende Trainingsdaten verwendet wurden.[363] Stammt die fehlerhafte Datengrundlage dagegen aus der Sphäre des Verwenders, beispielsweise wenn dieser falsche oder unpassende Patientendaten in das System eingibt, wird ein Konstruktionsfehler nur schwierig zu begründen sein.[364] Ein ähnliches Problem ergibt sich dann, wenn es sich zwar um eine geschlossene KI handelt, der Arzt diese jedoch aufgrund eines Fehlgebrauchs mit falschen Patientendaten anwendet und zwangsläufig dann ein falsches Ergebnis erhält.

Grundsätzlich obliegt dem Hersteller die Pflicht, Vorkehrungen für einen solchen Fall zu treffen und einen naheliegenden Fehlgebrauch seines Produktes schon bei der Konstruktion zu berücksichtigen.[365] Dies gilt umso mehr vor dem Hintergrund, dass intelligente Medizinprodukte bislang nicht flächendeckend eingesetzt und daher nicht damit gerechnet werden kann, dass die Anwender bereits ausreichend Erfahrung mit dem Einsatz entsprechender Systeme sammeln konnten.[366] Gleichzeitig müssen bei der Konstruktion aber auch die Zumutbarkeit und Möglichkeit einer solchen Berücksichtigung finden.[367] Der Hersteller hat demnach alles ihm Mögliche und Zumutbare zu tun, um Gefahren von einem naheliegenden Fehlgebrauch des Produktes einzudämmen. Ist er dieser Pflicht gerecht geworden und kommt es aufgrund eines Fehlgebrauchs

---

362 Kaulartz/Braegelmann/*Reusch* Rechtshandbuch AI und ML, Kap. 4.1 Rn. 48; *Etzkorn,* MMR 2020, 360, 363.

363 Ebers/Heinze/Krügel/Steinrötter/*Eichelberger,* Künstliche Intelligenz und Robotik, § 5 Rn. 23.

364 Ebers/Heinze/Krügel/Steinrötter/*Eichelberger,* Künstliche Intelligenz und Robotik, § 5 Rn. 23; a. A. *Etzkorn,* MMR 2020, 360, 363, der die Fehlerhaftigkeit der Software bereits darin sieht, dass sie sich überhaupt fehlerhaft entwickeln kann.

365 BGH NJW 1992, 560 f.; NJW 1999, 2815 f.; MüKo BGB/*Wagner* § 823 Rn. 957.

366 Zu den Anforderungen an die ordnungsgemäße Instruktion der Verwender s. Kap. 2 C III 3.

367 MüKo BGB/*Wagner* § 823 Rn. 957.

zu der Verletzung eines Patienten, geht dies nicht mehr auf eine fehlerhafte Konstruktion des Produktes zurück.[368]

Für die Einordnung eines Konstruktionsfehlers kann daher danach differenziert werden, wer in der Gesamtbetrachtung die Weiterentwicklung des Systems beherrscht hat und welcher Sphäre sie daher zugeordnet werden kann. Eine generelle Zuschreibung des Weiterentwicklungsrisikos an den Hersteller erscheint insbesondere vor dem Hintergrund nicht sachgerecht, dass er keine vollkommene Unbedenklichkeit seines Produktes garantieren muss.[369] Außerdem hat er für einen möglichen Fehlgebrauch gerade nicht einzustehen.[370] Dies wiederum zeigt, dass Gefahren, die aus der Sphäre des Anwenders stammen, dem Hersteller gerade nicht zugerechnet werden sollen, sofern er Gefahren die durch einen naheliegenden Fehlgebrauch entstehen können, verringert oder ausgeschlossen hat. Es kann nicht verlangt werden, dass er eine Fehlentwicklung, deren Ursache dem Nutzer oder Verbraucher zugeschrieben werden kann, (allein) zu vertreten hat. Unabhängig von dem Vorliegen eines Konstruktionsfehlers muss in diesem Fall noch geprüft werden, ob der Hersteller gegen seine Produktbeobachtungs- und Gefahrabwendungspflicht verstoßen hat.[371]

c.) Konstruktionsfehler bei intelligenter Diagnosesoftware

Schwieriger wird die Zuordnung eines Fehlers auch dann, wenn es zu einer einzelnen Fehldiagnose durch eine Diagnosesoftware kommt. Wie bereits erläutert, muss der Hersteller eines intelligenten Medizinproduktes sicherstellen, dass das System auch den Anforderungen, die an eine ärztliche Heilbehandlung zu stellen sind, entspricht. Diagnosefehler werden bislang nur sehr selten von der Rechtsprechung als Behandlungsfehler angesehen, da die Symptome eines Menschen oftmals verschiedene Hintergründe haben und nicht immer zweifelsfrei einer bestimmten Krankheit zugeschrieben werden können.[372] Zudem wird dem Arzt ein gewisser Beurteilungs- und Entscheidungsspielraum zugestanden, damit eine drohende Haftung nicht zu einer Überdiagnostik führt.[373]

---

368 Ebers/Heinze/Krügel/Steinrötter/*Eichelberger*, Künstliche Intelligenz und Robotik, § 5 Rn. 23.

369 BGH NJW 2006, 2326; NJW 2010, 1967; NJW 2018, 2956, 2957.

370 BGH NJW 1981, 2514, 2515.

371 S. hierzu Kap. 2 C IV 2.

372 OLG Koblenz, NJOZ 2006, 3047, 2048; OLG Rostock, BeckRS 2013, 6061; *Ulsenheimer/Gaede*, Arztstrafrecht in der Praxis, Kapitel 1 Teil 1 Rn. 152–169.

373 *Spickhoff*, NJW 2002, 2530, 2536; Spickhoff/*Knauer/Brose* § 222 Rn. 34; *Ulsenheimer/Gaede* Arztstrafrecht in der Praxis, Rn. 166, 168.

Voraussetzung für einen strafrechtlich relevanten Diagnosefehler ist demnach, dass *„der Arzt ein eindeutiges, klares Krankheitsbild infolge Unachtsamkeit oder mangels ausreichender Erfahrung verkennt, Kontrollbefunde unterlässt oder eine vorläufige Diagnose nicht ausreichend überprüft"*.[374] Entscheidend ist also, dass die gestellte Diagnose oder Nichtdiagnose für einen gewissenhaften Arzt nicht mehr vertretbar erscheint.[375]

Überträgt man diese Grundsätze auf die Produzentenhaftung, hätte dies zur Folge, dass nicht jede Fehldiagnose durch das System auch einen strafrechtlich relevanten Konstruktionsfehler darstellen würde. Dies wäre nur dann der Fall, wenn das Ergebnis des Systems im Vergleich mit einem gewissenhaften Arzt nicht mehr vertretbar erscheint. Der medizinische Standard würde dann die äußere Grenze der strafrechtlichen Produzentenhaftung bilden. Ob dies als Ergebnis sachgerecht wäre, ist fraglich. Für eine erweiterte Haftung für Diagnosefehlern spricht die Funktionsweise der KI. Sie zeichnet sich vor allem durch ihre Zuverlässigkeit aus und soll eine effizientere und zuverlässige Diagnosefindung versprechen sowie menschliche Unzulänglichkeiten ausgleichen. Denn anders als der Arzt kann das System auf unzählige Datensätze gleichzeitig zurückgreifen und diese auswerten. Auch gilt es zu berücksichtigen, dass der Verbraucher in der Regel auf die Richtigkeit des errechneten Ergebnisses vertrauen und daher keine eigene Überprüfung mehr vornehmen wird. Andererseits muss auch berücksichtigt werden, dass diese Systeme nicht für den Einzelfall konstruiert werden und es für den Hersteller nahezu unmöglich ist, jeden möglichen Lebenssachverhalt vorauszusehen.[376] Demnach könnte es in Einzelfällen zu Fehldiagnosen kommen, wie es auch regelmäßig zu Fehlern bei der ärztlichen Heilbehandlung kommen kann. Bereits aus diesem Grund können beide Sachverhalte miteinander verglichen werden. Außerdem kann von dem Hersteller eines Produktes keine Garantie für die Unbedenklichkeit seines Produktes verlangt werden.[377] Von einem einmaligen Diagnosefehler kann daher nicht zwangsläufig auf einen Konstruktionsfehler geschlossen werden. Dies ist nur dann der Fall, wenn der Diagnosefehler beispielsweise auf eine fehlerhafte Datengrundlage, eine fehlerhafte Konstruktion des Produktes oder nicht ausreichende Trainingsdurchläufe zurückzuführen ist.

---

374 Spickhoff/*Knauer/Brose*, StGB § 222 Rn. 34.

375 BGH NJW 1995, 779 ff.; MüKo BGB/*Wagner* § 630h Rn. 109; *Sommerfeld*, VersR 2015, 661, 662.

376 *Wagner*, AcP 217, 707, 736, *Meyer*, ZRP 2018, 233, 236 f.

377 S. Kap. 2 B III 3.

d.) Fazit

Der Hersteller eines intelligenten Medizinproduktes muss mithin bereits bei der Konstruktion seines Produktes sicherstellen, dass es nach dem Stand der Wissenschaft und Technik die vorgesehenen Aufgaben fehlerfrei erfüllen kann und dabei keine Gefahr für andere Rechtsgüter darstellt. Um dies sicherzustellen, muss er das System ausreichend trainieren, damit es ausreichend Erfahrungssätze sammelt, um das gestellte Problem sicher lösen zu können.[378] Zudem müssen alle zumutbaren Maßnahmen ergriffen werden, um eine Fehlentwicklung des Produktes zu verhindern oder zumindest einzuschränken.[379]

2. Fabrikationspflicht

Der Hersteller ist nicht nur zu der fehlerfreien Konstruktion seiner Produkte verpflichtet, sondern auch zur fehlerfreien Herstellung.[380] In der Regel betrifft ein Fabrikationsfehler daher nicht die gesamte Produktreihe, dieser stellt nur einzelne, planwidrige Abweichung bei der Fertigung der Einzelprodukte dar.[381] Die Pflicht des Produzenten zur fehlerfreien Herstellung umfasst nicht nur die Endkontrolle seiner eigenen Produkte, sondern bezieht sich auch auf die Auswahl und Überprüfung der verwendeten Rohstoffe, die Kontrolle des Fabrikationsverfahrens bis hin zur ordentlichen Verpackung des Produktes.[382] Entscheidend ist hauptsächlich, dass er bei der Fabrikation seiner Produkte den Stand der Wissenschaft und Technik einhält, regelmäßige Wartungen an den Fabrikanlagen und stichprobenartige Qualitätskontrollen der Produkte durchführt.[383] Begrenzt wird diese Pflicht wie auch im Rahmen der Konstruktionspflicht durch die Zumutbarkeit der vorzunehmenden Sicherungsmaßnahmen, da von dem Hersteller keine Garantie für absolute Gefahrenfreiheit verlangt

---

378 *Haftenberger*, Die Produkthaftung für künstlich intelligente Medizinprodukte, S. 170.

379 Bzgl. der Zumutbarkeit entsprechender Maßnahmen s. Kap. 2 B III 3.

380 BGH NJW 1968, 247, 249; NJW 1976 1353; jurisPK BGB/*Lange/Hansen* § 823 Rn. 142; Staudinger/*J Hager* § 823 BGB Rn. F 17.

381 BGH NJW 1977, 379, 380; *Lutz/Tang/Lienkamp*, NZV 2013, 57, 61; *Haagen/Lohmann* in: Hartmann, KI & Recht Kompakt, 257, 284; MüKo BGB/*Wagner*, § 3 ProdHaftG Rn. 42; Staudinger/*J Hager* § 823 BGB Rn. F 17; Leupold/*Wiebe/Glossner*, IT-Recht Teil 9.6.4. Rn. 52.

382 BGH NJW 1968, 247, 249; NJW 1976 1353; jurisPK BGB/*Lange/Hansen* § 823 Rn. 142; Staudinger/*J Hager* § 823 BGB Rn. F 17.

383 BGH NJW 1988, 2611, 2614; NJW 1993, 538, 530; OLG Düsseldorf NJW 1978, 1693; BeckOGK BGB/*Spindler* § 823 Rn. 645.

werden kann.[384] Bei autonomer Systemsoftware kann ein Fabrikationsfehler insbesondere bei der Übertragung der Software entstehen, beispielsweise weil diese unvollständig oder nur mangelhaft durchgeführt wird.[385] Häufiger werden diese jedoch bei der Herstellung der Hardware-Komponente auftreten.[386]

Sofern also bei der Herstellung des intelligenten Medizinproduktes der zu dem Zeitpunkt vorherrschende Stand der Wissenschaft und Technik eingehalten wird und zudem regelmäßige Stichproben sowie eine Überprüfung der verwendeten Rohstoffe durchgeführt werden, liegt keine Verletzung der Fabrikationspflicht vor.

3. *Instruktionspflicht*

Den Hersteller eines Produktes trifft nicht nur die Konstruktions- und Fabrikationspflicht, vielmehr muss dieser auch den Endverbraucher sorgfältig instruieren.

a.) Allgemeine Pflichten

Umfasst ist die Aufklärung über die von dem Produkt ausgehenden Gefahren, die durch die bestimmungsgemäße aber auch durch einen nahe liegenden Fehlgebrauch entstehen können.[387] Dabei erstreckt sich die Pflicht zur sorgfaltsgemäßen Instruktion auch auf die Kombination des Produktes mit anderen Gegenständen.[388] Art und Umfang der Instruktion richten sich nach der Schwere des drohenden Schadens sowie der Wahrscheinlichkeit des Eintrittes bei unterlassener Warnung.[389] Besonders bei möglichen Gesundheitsverletzungen muss der Hersteller einen ausdrücklichen Hinweis erteilen.[390] Maßgeblich sind aber auch die durchschnittlichen Kenntnisse und Erwartungen des Verbrauchers, für den das Produkt bestimmt ist.[391] Eine umfassende Instruktion

---

384 OLG Celle NJW 2003, 2544; *Haagen/Lohmann* in: Hartmann, KI & Recht Kompakt, 257, 284.

385 *Leupold/Wiesner/Glossner* IT-Recht Teil 9.6.5 Rn. 52; *Wagner,* AcP 217, 707, 725; *Gomille* JZ 2016, 76, 77 f.

386 *Wagner,* AcP 217, 707, 725.

387 BGH NJW 1999, 2815 f.; MüKo BGB/*Wagner,* § 823 Rn. 978; Staudinger/*J Hager* BGB § 823 Rn. F 14.

388 *Kaulartz/Braegelmann/Reusch*, Rechtshandbuch AI und ML, Kap. 4.1 Rn. 142a.

389 MüKo BGB/*Wagner* § 823 Rn. 981; *Leupold/Wiesner/Glossner* IT-Recht Teil 9.6.5 Rn. 58.

390 BVerfG NJW 1997 249 f.; BGH NJW 1992, 560, 561; NJW 1994, 3349, 3351; OLG Frankfurt NJW-RR 1995, 406, 408.

391 Staudinger/*J Hager* § 823 Rn. F 14; MüKo BGB/*Wagner* § 823 Rn. 983.

hinsichtlich der Gefahren, die auf dem Gebiet des allgemeinen Erfahrungswissens des Verbrauchers liegen, kann indes nicht verlangt werden.[392] Ist der Personenkreis, an den sich das Produkt richtet, demnach mit den allgemeinen Gefahren vertraut, entfällt eine umfassende Instruktionspflicht.[393] Des Weiteren ist der Hersteller nicht dazu verpflichtet, über Gefahren durch offensichtlichen Missbrauch oder unerwarteter Verwendung aufzuklären.[394] Auch vor offensichtlichen oder bekannten Gefahren muss nicht gewarnt werden.[395] Sinn und Zweck der Instruktionspflicht sind, dass der Verbraucher zum einen auf die Gefahren, die von dem Produkt ausgehen, aufgeklärt wird und zum anderen, dass er erkennen soll, warum es gefährlich für ihn sein kann.[396] Der Inhalt einer Warnung oder Instruktion hängt ebenfalls von der Intensität der Gefahr, dem gefährdeten Rechtsgut und dem Ausmaß des drohenden Schadens ab.[397] Der Hersteller soll einen eindeutigen, sinnvollen und verständlichen Hinweis auf den Umfang der Gefahren und Produktnebenwirkungen geben.[398]

Der Hersteller intelligenter Medizinprodukte wird mit recht hohen Anforderungen hinsichtlich seiner Instruktionspflicht konfrontiert sein. Seine Produkte gefährden unter Umständen ranghohe Rechtsgüter, der Schaden, der hierdurch entstehen kann ist immens. Zudem dürfen, aufgrund der neuartigen Entwicklungen noch keine weitreichenden Kenntnisse des Verbrauchers erwartet werden.[399] Daher kann und darf eine umfassende Instruktion bereits bei dem Inverkehrbringen des Produktes von dem Hersteller eines intelligenten Medizinproduktes erwartet werden. Mithin ist der Verbraucher über die typischen Risiken im Zusammenhang mit Künstlicher Intelligenz aufzuklären, insbesondere aber darüber, dass sie aufgrund ihrer besonderen Arbeitsweise auch unvorhersehbare Entscheidungen treffen kann und damit ein Restrisiko einhergeht.[400] Aber auch darüber, dass der Verbraucher die Verhaltensweise des

---

392 BGH NJW 1986, 1863, 1864; OLG Düsseldorf NJW 1997, 2333, 2334.

393 MüKo BGB/*Wagner* § 823 Rn. 986; Staudinger/*J Hager* BGB § 823 Rn. F 14.

394 BGH NJW 1981, 2514, 2515 f; OLG Saarbrücken NJW-RR 2012, 797, 799.

395 BGH NJW 1995, 2631, 2632; NJW 1999, 2815 f.; Staudinger/*J Hager* § 823 Rn. F 14.

396 Staudinger/*J Hager* § 823 Rn. F 15; *Kaulartz/Braegelmann/Reusch*, Rechtshandbuch AI und ML, Kap. 4.1 Rn. 109.

397 MüKo BGB/*Wagner* § 823 Rn. 985.

398 BGH NJW 1986, 1863, 1864; Taeger/Pohle/*Littbarski* Computerrechts-Handbuch, 1. Abschnitt, Teil 18, Rn. 75;

399 *Wigger*, Automatisiertes Fahren und strafrechtliche Verantwortlichkeit wegen Fahrlässigkeit, S. 208 f.

400 *Wagner*, AcP 217, 707, 748; Ebers/Heinze/Krügel/Steinrötter/*Eichelberger*, Künstliche Intelligenz und Robotik, § 5 Rn. 26.

Systems unter Umständen selbst beeinflussen kann, da es sich auf Grundlage der Verbraucherdaten selbstständig weiterentwickeln kann.[401] Der Verwender muss außerdem wissen, wie er das Produkt bedient und konfigurieren kann, in welchem Umfang er es selbst überwachen muss und wie mit Störungen des Systems umzugehen ist.[402] Zuletzt müssen auch die Systemgrenzen erläutert und über die Folgen einer Überschreitung ebendieser informiert werden.[403]

b.) Pflichten aus der MP-VO

Auch die MP-VO konkretisiert die Anforderungen an die mit dem Produkt gelieferten Informationen und Gebrauchsanweisung in Anhang I Abschnitt 23. Dabei muss der Hersteller dem Produkt die notwendigen Angaben hinzufügen, welche die Identifizierung des Produktes und des Herstellers ermöglichen und alle Informationen zur Sicherheit und Leistung des Produktes enthalten. Welche Anforderungen die Gebrauchsanweisung zu erfüllen hat, wird sodann in Anhang I Abschnitt 23.4 geregelt. Unter anderem muss sie alle Angaben zur Kennzeichnung des Produktes enthalten, seine Zweckbestimmung benennen inklusive einer genauen Angabe der Indikationen, Kontraindikationen, Patientenzielgruppe und vorgesehenen Anwender. Sie muss über die möglichen Risiken und unerwünschten Nebenwirkungen, sowie die für die ordnungsgemäße Verwendung benötigten Spezifikationen informieren. Ebenfalls muss erklärt werden, ob und inwiefern eine Vorbehandlung oder Aufbereitung vor oder während der Anwendung des Produktes erfolgen muss und ob besondere Einrichtungen, Schulungen oder bestimmte Qualifikationen benötigt werden. Außerdem muss sie Angaben enthalten, anhand derer überprüft werden kann, ob das Produkt ordnungsgemäß installiert wurde und für die sichere Verwendung bereit ist. Bei steril gelieferten Produkten müssen Verhaltenshinweise für den Fall erteilt werden, in dem die Sterilverpackung vor der Verwendung beschädigt oder versehentlich geöffnet wurde, oder wenn das Produkt nicht steril geliefert wird, eine Anleitung für eine angemessene Sterilisation enthalten. Soll das Produkt wiederverwendet werden, sind Angaben über geeignete Aufbereitungsverfahren oder ggf. ein Hinweis darüber erforderlich, dass das Produkt erst nach der Aufbereitung durch den Hersteller wiederverwendbar ist. Handelt es sich um kein wiederverwendbares Produkt, muss er über die

---

401 Ebers/Heinze/Krügel/Steinrötter/*Eichelberger,* Künstliche Intelligenz und Robotik, § 5 Rn. 26.

402 Leupold/Wiesner/*Glossner* IT-Recht Teil 9.6.5 Rn. 58.

403 *Haagen/Lohmann* in: Hartmann, KI & Recht Kompakt, 257, 284.

Risiken und Gefahren aufklären, die bei einer Wiederverwendung entstehen können. Soll es mit anderen Produkten kombiniert oder zusammen verwendet werden, müssen entsprechende Angaben gemacht werden, durch die die Wahl für eine sichere Kombination der Produkte und Ausrüstung möglich wird sowie zu allen bekannten Einschränkungen hinsichtlich dieser Kombinationen. Für den Fall, dass das Produkt Strahlung aussendet, muss der Hersteller ausführlich über die Beschaffenheit, Art, Intensität und Verteilung der Strahlung informieren, sowie über die Möglichkeiten zum Schutz der Patienten, Anwender oder Dritter vor einer unbeabsichtigten Strahlenbelastung. Die Gebrauchsanweisung müssen außerdem etwaige Warnungen, Vorsichtshinweise, Kontraindikationen, zu ergreifende Maßnahmen sowie Verwendungsbeschränkungen durch das Produkt enthalten. Welchen Bereich diese Informationen im Einzelnen abdecken müssen, hängt von der Art des Produktes und den möglicherweise in Betracht kommenden Gefahren ab, vgl. Anhang I Abschnitt 23 s) – v). Richtet sich das Produkt an Laien, müssen Umstände dargelegt werden, unter welchen der Benutzer einen Angehörigen der Gesundheitsberufe um Rat fragen sollte. Zuletzt muss die Bedienungsanleitung auch das Ausstellungsdatum und im Falle einer Überarbeitung die Kennnummer der neusten Fassung enthalten sowie einen Hinweis an den Anwender und/oder den Patienten, dass alle durch die Verwendung des Produktes eingetretenen schwerwiegenden Vorfälle dem Hersteller und der zuständigen Behörde zu melden sind. Bei softwarebasierten Produkten müssen zusätzlich noch Angaben zu den Mindestanforderungen der Hardware, der IT-Netze und IT-Sicherheitsmaßnahmen einschließlich des Schutzes vor unbefugten Zugriff gemacht werden.

c.) Fazit

Der Hersteller eines intelligenten Medizinproduktes hat also umfassend über die Gefahren und Eigenarten seiner Systeme zu informieren und muss die Instruktion derart gestalten, dass die Anleitung und Warnhinweise auch von einem Anwender verstanden werden, der über keine grundlegenden Kenntnisse auf dem Bereich der Künstlichen Intelligenz verfügt. Schließlich richtet sich das Produkt vor allem an Ärzte und Patienten, sodass eine detaillierte Einarbeitung obligatorisch ist. Außerdem muss sichergestellt sein, dass die Voraussetzungen, die die MP-VO an die Instruktionsanweisungen stellt, erfüllt sind.

IV. Pflichten nach dem Inverkehrbringen

In dem folgenden Abschnitt wird sich vor allem mit den Fallkonstellationen auseinandergesetzt, in welchen im Zeitpunkt der Inverkehrgabe noch nicht absehbar war, dass das Produkt fehlerhaft und/oder schädigend ist. Demnach sollen die Pflichten des Herstellers zur Beobachtung seines intelligenten Medizinproduktes, dessen Weiterentwicklung und die zu ergreifenden Maßnahmen, sobald eine Gefahr für Rechtsgüter entstehen, betrachtet werden.

1. Konstruktions-, Fabrikations- und Instruktionspflicht

Anders als bei herkömmlichen Produkten, die mit dem Inverkehrbringen fertiggestellt sind und nicht weiter überarbeitet werden, kann bei intelligenten Medizinprodukten auch später noch eine Konstruktions-, Fabrikations- und Instruktionspflicht bestehen. Nämlich dann, wenn das System ein Update erhält. In diesem Fall besteht unter anderem wieder eine Instruktionspflicht, damit der Verwender das erneuerte System auch weiterhin verwenden kann.[404] Der Hersteller muss zudem sicherstellen, dass das Update im Zeitpunkt des zur Verfügung Stellens frei von Konstruktions- und Fabrikationsfehlern ist.

2. Produktbeobachtungspflicht

Entscheidender für die Zeit nach der Inverkehrgabe ist jedoch die Produktbeobachtungspflicht.

a.) Begriff der Produktbeobachtungspflicht

Der Hersteller hat nicht nur die Gefahrenfreiheit seines Produktes im Zeitpunkt des Inverkehrbringens zu gewährleisten, vielmehr besteht darüber hinaus auch eine Verantwortung für bereits in Umlauf gebrachte Produkte.[405] Dies ordnet auch die MP-VO an.[406] Er muss sein Produkt auch nach dem Inverkehrbringen überwachen, da nur so etwaige Mängel erkannt und Gefahren beseitigt werden können.[407] Somit hebt sich die Produktbeobachtungspflicht von den bisherigen Anforderungen zur fehlerfreien Konstruktion, Fabrikation und Instruktion ab, da sie über den Zeitpunkt des Inverkehrbringens hinausgeht und sich gerade nicht in einem Produktfehler niederschlagen muss.[408] Neben bereits bekannten

---

404 MüKo BGB/*Wagner,* § 823 Rn. 1010; *Wagner,* AcP 217, 707, 757; *Hartmann,* PHi 2017, 42, 46; *Sander/Hollering,* NStZ 2017, 193, 199.

405 Produkthaftungshandbuch/*Foerste* § 24 Rn. 372; *Grünvogel/Dörrenbächer,* ZVertriebsR 2019, 87, 88.

406 zu der Indizienwirkung von Rechtsverordnungen Kap. 2 B I.

407 BGH NJW 1990, 906, 907; NJW 2009, 1080, 1081.

408 Chibanguza/Kuß/Steege KI-Hdb/*Chibanguza* § 5 Rn. 18; MüKo BGB/*Wagner* § 823 Rn. 988.

Fehlern und Gefahren müssen also auch noch unbekannte Risiken beobachtet werden.[409] Die Produktbeobachtungspflicht beginnt mit der Inverkehrgabe des Produktes und gilt grundsätzlich unbeschränkt.[410] Bisher wurde angenommen, dass sie mit der Zeit abschwächt, vorausgesetzt das Produkt ist längere Zeit auf dem Markt, ohne dass es zu Fehlern oder Zwischenfällen gekommen ist.[411] Ob dies auch bei ständig lernenden Systemen der Fall sein kann, ist fraglich. Schließlich verlieren sie mit der Zeit nicht an Gefährlichkeit und besonders bei Software gibt es keine physisch beschränkte Lebensdauer.[412] Gerade bei Produkten, die sich noch nicht lange auf dem Markt behaupten konnten oder solchen, die sich auch nach der Inverkehrgabe noch weiterentwickeln, wird von dem Hersteller eines solchen Produktes dauerhaft eine größere Aufmerksamkeit gefordert sein als bei herkömmlichen Produkten. Schließlich muss sichergestellt werden, dass das System dem aktuellen Stand der Wissenschaft und Forschung entspricht.

Die Produktbeobachtungspflicht spaltet sich grundsätzlich in zwei Handlungspflichten des Herstellers auf. Zum einen muss er das Produkt und seine Entwicklung verfolgen und zum anderen Erfolgsabwendungsmaßnahmen ergreifen, sobald er feststellt, dass Gefahren von diesem ausgehen.

(aa.) Aktive und passive Beobachtungspflicht

Art und Umfang der Produktbeobachtung hängen stets davon ab, wie sich das Produkt bereits bewährt hat, wie lange es auf dem Markt ist und welches Schädigungspotenzial es in sich trägt.[413] Wie genau der Markt untersucht und welche Testverfahren vorgenommen werden müssen, hängt von dem aktuellen Stand der Wissenschaft und Technik ab.[414] Der Hersteller muss in jedem Fall im Rahmen der passiven Beobachtungspflicht Beschwerden von Kunden entgegennehmen und auswerten.[415] Ebenso ist aber auch ein aktives und anlassloses

---

409 Ebers/Heinze/Krügel/Steinrötter/*Eichelberger*, Künstliche Intelligenz und Robotik, § 5 Rn. 32.

410 Produkthaftungshandbuch/*Foerste*, § 24 Rn. 276.

411 Ebers/Heinze/Krügel/Steinrötter/*Eichelberger*, Künstliche Intelligenz und Robotik, § 5 Rn. 35.

412 Ebers/Heinze/Krügel/Steinrötter/*Eichelberger*, Künstliche Intelligenz und Robotik, § 5 Rn. 35.

413 *Haagen/Lohmann* in: Hartmann, KI & Recht Kompakt, 257, 285.

414 Produkthaftungshandbuch/*Winkelbauer* § 81 Rn. 45.

415 MüKo BGB/*Wagner* § 823 Rn. 990; Chibanguza/Kuß/Steege KI-Hdb/*Chibanguza* § 5 K Rn. 19.

Vorgehen erforderlich.[416] Daher ist der Hersteller auch dazu verpflichtet, sich über neue Gefahren sowie unbekannte Fehler zu informieren und sich über den aktuellen Stand der Wissenschaft und Technik auf dem Laufenden zu halten.[417] Dabei sind alle öffentlich zugänglichen Quellen auszuwerten, wie Zeitungs- und Testberichte[418], Fachzeitschriften[419], Internetforen[420], oder auch Informationen von Mitbewerbern, wenn diese sicherheitsrelevante Änderungen an ihren Produkten vornehmen.[421] Dabei beschränkt sich die Beobachtungspflicht unter Umständen nicht nur auf den heimischen Markt, vielmehr müssen besonders global aktive Unternehmen auch Kundenerfahrungen aus anderen Zielmärkten untersuchen.[422] Das Ziel der Produktbeobachtung ist stets, dass der Hersteller über die von dem Produkt ausgehenden Gefahren vollständig und unverzüglich informiert wird. Dementsprechend ist er dazu verpflichtet, alle zumutbaren Maßnahmen zu ergreifen, die ebendies ermöglichen.

Welche Maßnahmen von einem Hersteller von Medizinprodukten zur sorgfaltsgemäßen Produktbeobachtung vorgenommen werden müssen, wird außerdem durch die MP-VO konkretisiert. Gem. Art. 10 Abs. 9 lit. i wird ein Qualitätsmanagementsystem auch für die Überwachung der Produkte nach dem Inverkehrbringen angeordnet. Der Hersteller muss also ein Risikomanagementsystem einrichten und aufrechterhalten, welches Fehler und Gefahren dokumentiert.[423] Gem. Art. 15 muss mindestens ein Sicherheitsbeauftragter bestimmt werden, der über das erforderliche Fachwissen verfügt und für die Einhaltung der Regulierungsvorschriften verantwortlich ist. Er muss also Meldungen und Risiken über das Produkt sammeln, aber auch gezielt Nachweise erbringen, dass sich das Produkt für seine vorgesehene Verwendung eignet.[424] Darüber hinaus muss nach Art. 83 MP-VO ein System für die Überwachung des Produktes nach dem Inverkehrbringen eingerichtet werden, welches geeignet ist, aktiv und systematisch die einschlägigen Daten über die Qualität der Leistung und die Sicherheit eines Produktes während dessen gesamter Lebensdauer

---

416 BGH NJW 1981, 1606, 1607; Produkthaftungshandbuch/*Foerste* § 24 Rn. 376.
417 *Schmid*, CR 2019, 141, 142; Ebers/Heinze/Krügel/Steinrötter/*Eichelberger*, Künstliche Intelligenz und Robotik, § 5 Rn. 32.
418 Produkthaftungshandbuch/*Foerste* § 24 Rn. 380.
419 BGH NJW 1981, 1606, 1608.
420 *Hauschka/Klindt*, NJW 2007, 2726, 2728 f.
421 BGH NJW 1987, 1009, 1011.
422 *Droste*, CCZ 2015, 105, 106; *Hauschka/Klindt* NJW 2007, 2726, 2729.
423 Chibanguza/Kuß/Steege KI-Hdb/*Chibanguza* § 4 E Rn. 9.
424 Chibanguza/Kuß/Steege KI-Hdb/*Chibanguza* § 4 E Rn. 17.

zu sammeln, aufzuzeichnen und zu analysieren, sowie die erforderlichen Schlussfolgerungen zu ziehen und etwaige Präventiv- oder Korrekturmaßnahmen zu ermitteln, durchzuführen und zu überwachen. Gem. Anhang III Punkt 1.1 muss der Hersteller auch Informationen über Vorkommnisse erfassen und verwenden, die sich unter anderem aus der einschlägigen Fachliteratur, technischer Literatur, Datenbanken, Registern, Anwendern, Händlern, Importeuren, Rückmeldungen, Beschwerden oder anderen öffentlich zugänglichen Quellen ergeben. Diese Informationen müssen proaktiv und systematisch erfasst, wirksam sein und in geeigneter Weise bewertet und mit anderen Produkten verglichen werden.

Weiterhin gilt zu beachten, dass sich die Produktbeobachtungspflicht nicht ausschließlich auf das eigene Produkt beschränkt. Der Hersteller muss grundsätzlich sämtliche Fehlerquellen im Auge behalten, auch solche, die erst durch die Kombination mit anderen Produkten entstehen.[425] Besteht das intelligente Medizinprodukt aus einer Hardware- und einer Softwarekomponente, darf der Hersteller seine Beobachtungen also nicht nur auf das von ihm gelieferte Produkt beschränken.

(bb.) Erhöhte Produktbeobachtungspflicht

Der Maßstab der zu ergreifenden Maßnahmen hängt von dem gefährdeten Rechtsgut, dem drohenden Schaden und der Zumutbarkeit der Beobachtungspflicht ab. Zudem ist grundsätzlich zu berücksichtigen, wie lange sich das Produkt bereits fehlerfrei auf dem Markt befindet.[426] Besonders Medizinprodukte weisen bereits aufgrund ihrer Bestimmung eine besondere Nähe zu hochrangigen Rechtsgütern auf. Der drohende Schaden kann daher recht hoch sein. Dies lässt sich an einem einfachen Beispiel verdeutlichen: eine fehlerhafte

---

425 Der BGH hat bereits entschieden, dass sich die Produktbeobachtungspflicht auch auf fremdes Zubehör erstreckt, zumindest dann, wenn dies zumutbar ist. Bestehen unzählige Kombinationsmöglichkeiten, muss nur solches Zubehör beobachtet werden, das der Hersteller selbst empfohlen, seine Verwendung durch bestimmte Vorrichtungen ermöglicht hat oder dessen Verwendung nach dem gewöhnlichen Verlauf zu erwarten ist, vgl. BGH, NJW 1987, 1009. Zur Beobachtungspflicht bei Produktkombinationen und Zubehör s. außerdem: Produkthaftungshandbuch/*Foerste* § 25 Rn. 178 ff.

426 BGH, NJW 1981, 1603, 1604 ff.; NJW 2009, 1080, 1081; s. auch MüKo BGB/*Wagner* § 823 BGB Rn. 990; Leupold/Wiesner/*Glossner*, IT-Recht Teil 9.6.4. Rn. 74; Kaulartz/Braegelmann/*Reusch*, Rechtshandbuch AI und ML, Kap. 4.1. Rn. 155; *Gortan*, CR 2018, 546, 548; *Grünvogel/Dörrenbächer*, ZVertriebsR 2019, 87, 88.

Insulinpumpe oder ein fehlerhafter Herzschrittmacher entfalten ein viel höheres Schädigungspotenzial als normale Alltagsprodukte.[427] Dies gilt ebenso für intelligente Medizinprodukte, beispielsweise wenn eine Diagnosesoftware eine potenziell lebensbedrohliche Erkrankung nicht erkennt.

Daher stellt sich die Frage, ob dem Hersteller eines intelligenten Medizinproduktes sogar eine erhöhte Produktbeobachtungspflicht auferlegt werden kann. Für eine solche spricht hauptsächlich die Funktionsweise der Künstlichen Intelligenz. Die Handlungen und Entscheidungen des Produktes sind oft nicht nachvollziehbar oder vorhersehbar.[428] Zudem unterliegen Softwareprodukte generell der Besonderheit, dass es recht regelmäßig zu nicht erkennbaren Konstruktionsfehlern kommt und Programmierfehler unvermeidbar erscheinen.[429] Durch die Komplexität der Künstlichen Intelligenz ist es daher fast unmöglich, ein fehlerfreies Produkt zu garantieren.[430] Zudem haben sich vergleichbare Produkte noch nicht auf dem Markt etabliert, sodass bereits aus diesem Grund eine höhere Sorgfalt verlangt werden kann.[431] Aufgrund der gefährdeten Rechtsgüter sowie dem hohen Schädigungspotenzial intelligenter Medizinprodukte und ihrer Fehleranfälligkeit kann von dem Hersteller eine besondere Wachsamkeit und Kontrolle verlangt werden. Die Grenze dieser gesteigerten Produktbeobachtungspflicht stellt die Zumutbarkeit dar. Ist die Überwachung aller vertriebenen Produkte faktisch gar nicht oder nur mit einem unverhältnismäßig hohen Aufwand möglich, müssen zumindest regelmäßig stichprobenartige Kontrollen einzelner Produkte vorgenommen werden.[432]

(cc.) Die Frage der integrierten Produktbeobachtung

Die eben beschriebenen Anforderungen an die Produktbeobachtung müssen im Zusammenhang mit vernetzten und intelligenten Produkten näher betrachtet werden. Durch derartige Systeme entstehen neue Möglichkeiten der Produktüberwachung.[433] Daher stellt sich die Frage, ob eine Pflicht zu einer

---

427 Vgl. Chibanguza/Kuß/Steege KI-Hdb/*Chibanguza* § 4 E Rn. 2.

428 *Haagen/Lohmann* in: Hartmann, KI & Recht Kompakt, 257, 286.

429 *Gortan*, CR 2018, 546, 548, Rn. 9; *Gomille*, JZ 2016, 76, 81; *Spindler*, NJW 2004, 3145, 3147; *Grünvogel/Dörrenbächer*, ZVertriebsR 2019, 87, 88, *Hilgendorf* in: FS Fischer, 99, 106.

430 *Wiebe*, NJW 2019, 625; Chibanguza/Kuß/Steege KI-Hdb/*Chibanguza*, § 4 E Rn. 13.

431 Ebers/Heinze/Krügel/Steinrötter/*Eichelberger*, Künstliche Intelligenz und Robotik, § 5 Rn. 34.

432 *Haagen/Lohmann* in: Hartmann, KI & Recht Kompakt, 257, 287.

433 *Schmid*, CR 2019, 141, 143 Rn. 10; *Gomille*, JZ 2016, 78, 80; *Bodungen/Hoffmann*, NZV 2016, 503, 506; *Droste*, CCZ 2015, 105, 110; *Gortan*, CR 2018, 546, 548 Rn. 7.

integrierten Produktbeobachtung besteht, also ob der Hersteller die Daten, die das Produkt generiert und übermittelt, auch auswerten muss. Nach der bisherigen Rechtsprechung des BGH ist für den Umfang der Verkehrssicherungspflicht insbesondere die von dem Produkt ausgehende Gefahr sowie der zur Abwendung von Schäden erforderliche Aufwand entscheidend.[434] Zwangsläufig stehen intelligente Medizinprodukte in der Nähe zu wichtigen Rechtsgütern, sodass von gewichtigen Risiken auszugehen ist. Außerdem ist die integrierte Produktbeobachtung für den Hersteller grundsätzlich mit nicht allzu großem Aufwand möglich. Aufgrund der Vernetzung der Systeme wird der Hersteller durchgehend mit Daten versorgt, sodass eine Fehleranalyse einfacher durchgeführt werden kann.[435] Bereits jetzt sind programmierte Systeme in der Lage, sich selbst zu überwachen und erkennen so eigenständig Abweichungen vom Soll-Zustand sowie atypische Systemzustände.[436] Und ebendiese Berichte können an den Hersteller in Echtzeit übermittelt werden.[437] Dieser kann sein Produkt somit leichter überwachen sowie feststellen, ob und welche Fehlentwicklungen entstehen und unter Umständen eingreifen, noch bevor eine unmittelbare Gefahr auftreten kann. Daher steht einer Pflicht zur integrierten Produktbeobachtung tendenziell nichts im Wege. Immerhin sind die Produzenten bereits jetzt dazu verpflichtet, Kundenhinweise entgegenzunehmen und Beschwerden zu überprüfen. Dazu müssen sie auch aktiv den Markt und die Entwicklung der Produkte beobachten. Aus welcher Quelle die Daten letztlich an den Hersteller herangetragen werden, erscheint vorliegend zweitrangig. Unter Umständen könnte die technische Überwachung der Produkte sogar eine effektivere, aber gleichzeitig auch eine mit weniger Aufwand verbundene Maßnahme darstellen. Sofern daher eine derartige Überwachung technisch möglich ist, kann sie von dem Hersteller grundsätzlich auch erwartet werden. Doch auch die integrierte Produktbeobachtung unterliegt den Grenzen der Zumutbarkeit. Kann beispielsweise nicht sichergestellt werden, dass durch die Überwachung eine Schwachstelle entsteht, die durch Hacker ausgenutzt werden kann, ist die

434 BGH, NJW 1981, 1603, 1604 ff.; NJW 2009, 1080, 1081; s. auch MüKo BGB/*Wagner* § 823 BGB Rn. 990; *Leupold/Wiesner/Glossner*, IT-Recht Teil 9.6.4. Rn. 74; Kaulartz/Braegelmann/*Reusch*, Rechtshandbuch AI und ML, Kap. 4.1. Rn. 155; *Gortan*, CR 2018, 546, 548; *Grünvogel/Dörrenbächer*, ZVertriebsR 2019, 87, 88.

435 Ebers/Heinze/Krügel/Steinrötter/*Eichelberger*, Künstliche Intelligenz und Robotik, § 5 Rn. 33; *Grünvogel/Dörrenbächer*, ZVertriebsR 2019, 87, 88 f.

436 *Schmid*, CR 2019, 141, 143; *Wagner*, AcP 217, 707, 751.

437 *May/Gaden*, InTer 2018, 110, 112.

Zumutbarkeit fraglich.[438] Schließlich muss der Hersteller unter Umständen auch für Schäden einstehen, die durch Dritte entstehen.[439] Soll das Produkt jedoch aufgrund seiner Konstruktion dauerhaft vernetzt sein, wird die Erfassung von Daten und deren Überwachung in der Regel auch zumutbar sein, es sei denn die Datenmenge ist derart groß, dass eine Verarbeitung technisch nicht möglich ist.[440] Auch dann ist jedoch wie bei herkömmlichen Produkten eine stichprobenartige Kontrolle vorzunehmen.

(dd.) Begründung einer Handlungspflicht

Die Produktbeobachtung allein genügt zur Abwendung von Gefahren noch nicht. Im Rahmen des Fahrlässigkeitsvorwurfs muss vielmehr diskutiert werden, welche Maßnahmen ein sorgfältiger Hersteller hätte ergreifen müssen, um eine Rechtsgutsverletzung durch sein Produkt zu verhindern.[441] Kommt der Hersteller eines Produktes durch die Auswertung der Daten zu dem Ergebnis, dass das intelligente Medizinprodukt fehlerhaft ist und eine Gefahr von diesem ausgeht, ist er im zweiten Schritt auch dazu verpflichtet, Gegenmaßnahmen zum Schutz der gefährdeten Rechtsgüter zu ergreifen.[442] Die MP-VO ordnet in Anhang I Punkt 17.1. die Ergreifung von Gefahrverhinderung- und Gefahrverringerungsmaßnahmen an, darüber hinaus lassen sich entsprechende Pflichten auch aus den Grundsätzen der strafrechtlichen Produzentenhaftung herleiten. Der Umfang der Reaktionsmaßnahmen ist abhängig von der Schwere der Gefahr, der Eintrittswahrscheinlichkeit sowie der drohenden Schadenshöhe.[443]

Zur Vornahme von Gefahrenabwehrmaßnahmen ist grundsätzlich der Personenkreis verpflichtet, welcher die erforderlichen rechtlichen Möglichkeiten hierfür besitzt.[444] Hat ein Mitarbeiter die Produktgefahr zu verantworten, kann

---

438 Chibanguza/Kuß/Steege KI-Hdb/*Chibanguza* § 4 E. Rn. 27.

439 *Droste*, CCZ 2015, 105, 107; Chibanguza/Kuß/Steege KI-Hdb/*Chibanguza* § 4 E Rn. 27.

440 Chibanguza/Kuß/Steege KI-Hdb/*Chibanguza* § 4 E Rn. 27.

441 *Wagner*, AcP 217, 707, 754.

442 Ebers/Heinze/Krügel/Steinrötter/*Eichelberger*, Künstliche Intelligenz und Robotik, § 5 Rn. 32; *Schuster* in: Beck/Kusche/Valerius, Digitalisierung, Automatisierung, KI und Recht, S. 398.

443 BGH, NJW 1981, 1603, 1604 ff.; NJW 2009, 1080, 1081; s. auch MüKo BGB/*Wagner* § 823 BGB Rn. 990; Leupold/Wiesner/*Glossner*, IT-Recht Teil 9.6.4. Rn. 74; Kaulartz/Braegelmann/*Reusch*, Rechtshandbuch AI und ML, Kap. 4.1. Rn. 155; *Gortan*, CR 2018, 546, 548; *Grünvogel/Dörrenbächer*, ZVertriebsR 2019, 87, 88.

444 Produkthaftungshandbuch/*Winkelbauer* § 81 Rn. 23.

von ihm nicht die eigenständige Vornahme von Rückruf- oder Warnaktionen verlangt werden, auch wenn er dazu faktisch in der Lage wäre.[445] Dennoch muss er die zuständigen Stellen im Unternehmen hierüber informieren und sich ggf. auch direkt an die Geschäftsleitung wenden, sollte er bei seinen unmittelbaren Vorgesetzten kein Gehör finden.[446]

Ab wann der Hersteller Maßnahmen zur Gefahrenabwehr ergreifen muss, hängt von den Umständen des Einzelfalls ab, entscheidend ist stets die Wahrscheinlichkeit des Erfolgseintrittes.[447] Dabei müssen zum einen die Interessen des Herstellers und zum anderen auch der Schutz der gefährdeten Rechtsgüter Beachtung finden. Schließlich droht durch eine öffentliche Bekanntmachung einer Produktgefahr ein Imageverlust des Herstellers, welcher mit erheblichen Umsatzeinbußen und Vertrauensverlusten seitens der Verbraucher einhergehen kann.[448] Es müssen auch die Besonderheiten der intelligenten Systeme beachtet werden. Entscheidet die KI in einem Einzelfall fehlerhaft, kann daraus nicht zwangsläufig auf die Fehlerhaftigkeit der gesamten Produktreihe geschlossen werden. Intelligente Systeme werden gerade nicht für den Einzelfall konzipiert und der Hersteller kann nicht jede mögliche Fallkonstellation im Auge behalten.[449] Ein Abwarten, bis sich der Gefahrenverdacht ausreichend verhärtet hat, kann jedoch zu weiteren Schadensfällen führen und erscheint daher nicht sachgemäß. Schließlich hat die Vergangenheit bereits gezeigt, dass die Ursachenforschung unter Umständen Jahre in Anspruch nehmen und ggf. auch ohne Ergebnis enden kann.[450] Der Verbraucher darf in dieser Zeit nicht schutzlos den von dem Produkt ausgehenden Gefahren ausgesetzt sein. Der BGH hat daher entschieden, dass bereits ein Gefahrenverdacht eine Handlungspflicht auslösen kann.[451] Ein solcher liegt in der Regel vor, wenn innerhalb eines kurzen Zeitraumes mehrere Gesundheitsschädigungen gemeldet werden,

---

445 BGH NStE Nr. 5 zu § 223 StGB – Mandelbienenstich, vgl. auch BGH NJW 1990, 2560, 2565.

446 Produkthaftungshandbuch/*Winkelbauer* § 81 Rn. 29.

447 Produkthaftungshandbuch/*Winkelbauer* § 81 Rn. 22.

448 Vgl. OLG Frankfurt, NJW-RR 2000, 1268, 1271; Produkthaftungshandbuch/*Foerste* § 24 Rn. 313.

449 *Wagner,* AcP 217, 707, 736; *Meyer,* ZRP 2018, 233, 236 f.

450 Vgl. BGH, NJW 1990, 2560, 2562: hier konnte lediglich mit hinreichender Wahrscheinlichkeit festgestellt werden, dass ein Kausalzusammenhang zwischen der Verwendung des Ledersprays und der Gesundheitsverletzung der Verbraucher besteht. s. auch BGH NJW 1981, 1603, 1604.

451 BGH, NJW 1990, 2560, 2564.

die im Zusammenhang mit der Verwendung des Produktes stehen.[452] Steht eine Gefahr von Leib, Leben oder Gesundheit der Verwender oder Dritter im Raum, muss der Hersteller bereits dann Maßnahmen ergreifen, wenn ein hinreichend plausibler Verdacht vorliegt.[453] Aufgrund der hohen Bedeutung des Gesundheitsschutzes wird bei Medizinprodukten sogar ein nicht ausräumbarer Verdacht eines Produktfehlers dem tatsächlichen Vorliegen eines Produktfehlers gleichgesetzt.[454]

(ee.) Zusammenfassung

Die Produktbeobachtungspflicht untergliedert sich in zwei Handlungspflichten. Zum einen muss der Hersteller das Produkt beobachten. Dazu muss er Daten sammeln, Warnhinweise der Verbraucher aufnehmen und auswerten, kurz gesagt, das Produkt im Auge behalten. Daneben ist er aber auch zum Ergreifen von Maßnahmen zur Gefahrenabwehr verpflichtet, wenn festgestellt wird, dass sein Produkt Schädigungspotenzial aufweist. Welche Handlungen konkret zur Gefahrenabwehr in Betracht kommen und ob diese grundsätzlich geeignet sind, die von dem Produkt ausgehende Gefahr zu verhindern, soll im Folgenden untersucht werden.

b.) Zu den bekannten Erfolgsabwendungsmaßnahmen

Im Rahmen der Produktbeobachtungspflicht werden bisher verschiedene Möglichkeiten der Erfolgsabwendung diskutiert, unter anderem eine Konstruktionsänderung, ein Vertriebsstopp, die Warnung der Verbraucher sowie der Rückruf des Produktes.

(aa.) Konstruktionsänderung und Vertriebsstopp

Stellt der Hersteller infolge seiner Produktbeobachtungspflicht fest, dass sich sein Produkt fehlerhaft entwickelt, ist er in erster Linie dazu verpflichtet, die Konstruktion der weiteren Produkte zu verändern, damit diese wieder dem Stand der Wissenschaft und Technik entsprechen sowie allen Sicherheitsanforderungen gerecht werden.[455] Daneben kann er verpflichtet sein, den

---

452 BGH, NJW 1990, 2560, 2564.

453 BGH NJW 1981, 1603, 1604; NJW 2009, 1080 1081.

454 EuGH, NJW 2015, 1163, 1164 Rn. 39 ff. (m.Anm. *Moelle/Dockhorn*); BGH NJW 2015, 2507, 2508; NJW 2015, 3096, 3097; *Koch*, VersR 2015, 1467, 1468 ff.; Staudinger/*Oechsler* § 3 ProdHaftG Rn. 121; Kaulartz/Braegelmann/*Reusch*, Rechtshandbuch AI und ML, Kap. 4.1 Rn. 212 f.

455 BGH NJW 1990, 906, 907 f; NJW 1994, 3349, 3350.

Fertigungsprozess anzupassen, um Fehlfabrikate zu verhindern oder die Instruktion der Verwender zu verbessern.[456] Bis dieser Vorgang abgeschlossen ist, muss unter Umständen der weitere Vertrieb der Produkte eingestellt werden.[457] Ist ein Vertriebsstopp nicht erforderlich, etwa weil kein vergleichbares Produkt auf dem Markt zur Verfügung steht und/oder keine erhebliche Gefahr von dem fehlerhaften Produkt ausgeht, kann dem Hersteller eine gewisse Übergangszeit zugestanden werden, in welcher jedoch alle Personen, die das fehlerhafte Produkt erwerben, aufgeklärt und ggf. vor von ihm ausgehenden Gefahren gewarnt werden.[458]

(bb.) Allgemeine Warn- und Hinweispflichten

Bei dem Vorliegen einer Gefahr wird der Hersteller regelmäßig dazu verpflichtet sein, die Abnehmer und/oder die Öffentlichkeit deutlich und vollumfänglich zu warnen.[459] Zudem sollte, sofern dies möglich ist, auch eine konkrete Handlungsanweisung gegeben werden, wie die Gefahr durch den Nutzer verhindert oder verringert werden kann.[460] Die Warnung muss sich nicht nur an die Endabnehmer richten, sondern beispielsweise auch an mögliche Beschäftigte des Abnehmers, Mieter, Verkäufer und Käufer des Produktes.[461] Inhalt und Umfang der Warnung sind dabei von der Größe der Gefahr und dem gefährdeten Rechtsgut abhängig.[462] Ist es möglich, den Verwender unmittelbar über das Produkt zu informieren, beispielsweise als Warnhinweis auf dem Bildschirm oder ein akustisches Warnsignal, muss eine solche Warnung vorgenommen werden. Bei besonders schwerwiegenden Gefahren oder wenn eine Vielzahl an Personen von der Gefahr des Produktes betroffen sind, muss sich der Hersteller auch an die Öffentlichkeit wenden, etwa durch eine Warnung in öffentlichen Medien.[463] Ist eine Warnung zur Gefahrenabwehr erfolgreich, müssen keine weiteren

---

456 MüKo BGB/*Wagner* § 823 Rn. 997.

457 BGH NJW 1994, 517, 519 f.

458 BGH, NJW 1981, 1603, 1604; NJW 1994, 3349, 3350 f; NJW 2009, 1080, 1081; *Wagner*, AcP 217, 707, 755; Staudinger/*J Hager*, § 823 Rn. F 23; MüKo BGB/*Wagner* § 823 Rn. 998; Produkthaftungshandbuch/*Foerste* § 24 Rn. 309.

459 BGH, NJW 1981, 1603, 1604; NJW 2009, 1080, 1081; *Wagner*, AcP 217, 707, 755; Staudinger/*J Hager*, § 823 Rn. F 23; MüKo BGB/*Wagner* § 823 Rn. 998; Produkthaftungshandbuch/*Foerste* § 24 Rn. 309.

460 *Droste*, CCZ 2015, 105, 107.

461 Produkthaftungshandbuch/*Foerste* § 24 Rn. 19.

462 BGH NJW 2009, 1080, 1081.

463 Produkthaftungshandbuch/*Foerste* § 24 Rn. 19.

Maßnahmen ergriffen werden.[464] Nur dann, wenn Grund zu der Annahme besteht, dass eine Warnung nicht zur Kenntnis genommen, von den Verbrauchern ignoriert wird oder in sonstiger Weise zur Gefahrenabwehr ungeeignet ist, müssen weitergehende
Maßnahmen ergriffen werden.[465] Die Warnung der Verbraucher stellte bislang mithin eine einfache und effektive Maßnahme zur Gefahrenabwehr dar, die dem Hersteller in der Regel auch zumutbar sein dürfte.

Ob hinsichtlich intelligenter Medizinprodukte bei näherer Betrachtung in jedem Fall gleiches gilt, scheint jedoch zweifelhaft. Es gilt zu bedenken, dass es bei den neuartigen Produkten auch neue und möglicherweise effektivere Maßnahmen zur Erfolgsabwendung gibt. Zudem kann eine öffentliche Warnung dem Sinn und Zweck der Gefahrabwendung entgegenlaufen, besonders dann, wenn es sich um ein Problem im Bereich der Cybersicherheit handelt. Dann könnte eine solche öffentliche Warnung durch Dritte ausgenutzt werden und sich das Gefahrenpotenzial signifikant erhöhen.[466] In einem solchen Fall erscheint die öffentliche Warnung der Verbraucher unbrauchbar und muss daher nicht vorgenommen werden. Dies bedeutet jedoch nicht, dass der Hersteller dann nicht mehr zu dem Ergreifen von Gefahrabwendungsmaßnahmen verpflichtet ist. Vielmehr muss überprüft werden, ob ein Rückruf, ein Update oder eine Produktstilllegung vorgenommen werden muss.

(cc.) Rückrufpflicht

Neben einer Warnpflicht des Herstellers wird auch die Vornahme eines Produktrückrufes diskutiert. Unter Rückruf ist die Aufforderung des Herstellers an den Verwender gemeint, das Produkt beim Händler oder dem Hersteller direkt untersuchen und ggf. reparieren oder austauschen zu lassen.[467] Auf den ersten Blick erscheint ein solches Vorgehen als eine Erfolg versprechende Maßnahme zur Gefahrenabwehr. Schließlich sollen so die gefährlichen Produkte aus dem Verkehr genommen und die Gefahr beseitigt werden. Jedoch ist besonders die Effektivität dieser Maßnahme umstritten, denn die Erfolgsquoten schwanken erheblich.[468] Es ist keinesfalls gesichert, dass die Verwender dem Aufruf auch

---

464 BGH NJW 2009, 1080, 1081; *Wagner,* AcP 217, 707, 754.

465 BGH NJW 2009, 1080, 1081; *Wagner,* AcP 217, 707, 754.

466 *Droste*, CCZ 2015, 105, 108. *May/Gaden*, InTer 2018, 110, 113.

467 Staudinger/ *J Hager* § 823 Rn. F25; Produkthaftungshandbuch/*Foerste* § 24 Rn. 326; *Soergel/Krause* § 823 Anh III Rn. 28.

468 Produkthaftungshandbuch/*Foerste* § 24 Rn. 327.

nachkommen. Zudem geht ein Produktrückruf in der Regel mit einem erheblichen wirtschaftlichen Aufwand einher und stellt für den Hersteller ein großes Kostenrisiko dar.[469] Auch steht die Reputation des Unternehmens bei einer öffentlichen Rückrufaktion auf dem Spiel.[470]

(1) Entwicklung der Rechtsprechungslinie

Fest steht, dass eine Pflicht zum Produktrückruf bisher noch nicht gewohnheitsrechtlich anerkannt ist, auch der BGH hat hierüber noch nicht endgültig entschieden. Bisher erwog er eine solche zum einen dann, wenn Grund zur Annahme besteht, dass eine deutliche Warnung des Verbrauchers nicht ausreichend ist, damit dieser Gefahren einschätzen und sein Verhalten entsprechend anpassen kann oder zum anderen, wenn davon ausgegangen werden muss, dass sich der Verwender über die Warnung hinwegsetzt und dadurch Dritte gefährdet.[471] In seiner Pflegebetten-Entscheidung[472] lehnte der BGH eine Pflicht zum Rückruf ab, da eine Warnung der Beteiligten als ausreichend angesehen wurde.[473] Hieraus lässt sich noch kein genereller Ausschluss einer Verpflichtung zum Rückruf erkennen. Vielmehr wurde nur entschieden, dass dieser nicht erforderlich ist, wenn eine mildere Maßnahme den gleichen Erfolg verspricht. Zudem war der Abnehmer als Pflegekasse gesetzlich zur Warnung verpflichtet. Der BGH wies daher darauf hin, dass sich die Ausführungen im Urteil insbesondere auf den B2B Bereich beziehen. Im Lederspray-Urteil[474] wurde eine strafrechtliche Rückrufpflicht dagegen mit der Begründung angenommen, dass auf den bereits in den Verkehr gebrachten Produkten kein Warnhinweis nachträglich angebracht werden könne.[475] Zudem handelte es sich um ein weitverbreitetes Produkt, welches bereits zu erheblichen Gesundheitsgefährdungen geführt hatte.[476] Über die Möglichkeit einer öffentlichen Warnung anstelle des Rückrufes wurde indes nicht diskutiert und außerdem offengelassen, welche Maßnahmen als Rückruf zu verstehen sind.

---

469 *Wagner*, AcP 217, 707, 756; Produkthaftungshandbuch/*Foerste*, § 24 Rn. 330.

470 OLG Frankfurt, NJW-RR 2000, 1268, 1271; Produkthaftungshandbuch/*Foerste* § 24 Rn. 313.

471 BGH, NJW 2009, 1080, 1081 ff.

472 BGH NJW 2009, 1080 ff.

473 BGH NJW 2009, 1080, 1081 ff.

474 BGH NJW 1990, 2560 ff.

475 BGH NJW 1990, 2560, 2564.

476 BGH NJW 1990, 2560, 2564.

(2) Stimmen der Literatur

Ob der Produktrückruf von dem Hersteller vorgenommen werden muss, ist auch nach der Pflegebetten-Entscheidung[477] weiterhin umstritten.[478] Fest steht, dass die herrschende Meinung die Verpflichtung zum Rückruf grundsätzlich anerkennt, jedoch wird die Frage nach der Intensität und den erforderlichen Voraussetzungen unterschiedlich beurteilt.[479] Eine Ansicht differenziert nach dem gefährdeten Rechtsgut und nimmt eine Pflicht zum Rückruf bei einer Gefahr für Leib und Leben an, wohingegen diese bei Sachgefahren abgelehnt wird.[480] Andere dagegen gehen von einer generellen Rückrufpflicht bei der Gefährdung von Rechtsgütern aus.[481] Einer weiteren Ansicht nach muss nach dem Verschulden des Herstellers unterschieden werden.[482] Für den Fall, dass die Gefährlichkeit des Produktes im Zeitpunkt des Inverkehrbringens nicht erkennbar oder vermeidbar gewesen ist, trifft nach dieser Ansicht den Hersteller auch keine Rückruf-, sondern lediglich eine Warnpflicht, da dann die Verantwortung für einen sicheren Gebrauch des Produktes beim Verwender liegt.[483] Hat der Hersteller das Produkt pflichtwidrig ohne ausreichende Instruktion auf den Markt gegeben, wird eine Warnung bzw. eine Nachholung der Instruktion ausreichend und ein Rückruf daher nicht erforderlich sein.[484] Anders liegt es bei verschuldeten Konstruktions- und Fabrikationsfehlern. Bei diesen muss der Hersteller dazu verpflichtet sein, das Produkt zurückzurufen.[485] Zuletzt gibt es auch Stimmen, welche die Verpflichtung zum Produktrückruf ablehnen, da der

---

477 BGH NJW 2009, 1080 ff.

478 Zur älteren Lit. s. beispielsweise: *Hager,* VersR 1984, 799 ff.; *Michalski*, BB 1998, 961, 964 f.; *Pieper,* BB 1991, 985 ff.

479 OLG Karlsruhe NJW-RR 1995, 594, 597; *Dietborn/Müller* BB 2007, 2358, 2360; BRHP/*Förster* § 823 Rn. 747; *Reusch*, BB 2017, 2248, 2252; a.A. LG Frankfurt a.M. BB 2007, 2368 f; Produkthaftungshandbuch/*Foerste* § 24 Rn. 340 ff.

480 *Schwenzer,* JZ 1987, 1059, 1062 f.

481 OLG Karlsruhe NJW-RR 1995, 594, 597; LG Hamburg, VersR 1994, 299, mit zustimmender Anm. *Harms*; Staudinger/*J Hager* § 823 Rn. F25.

482 MüKo BGB/*Wagner* § 823 Rn. 1003 ff.; *Schwenzer,* JZ 1987, 1059, 1061.

483 MüKo BGB/*Wagner* § 823 Rn. 1003; Produkthaftungshandbuch/*Foerste* § 24 Rn. 241; Soergel/*Krause* § 823 Anh III Rn. 28.

484 MüKo BGB/*Wagner* § 823 Rn. 1004; Soergel/*Krause* § 823 Anh III Rn. 28; *Michalski,* BB 1998, 961, 965.

485 *Schwenzer,* JZ 1987, 1059, 1061; Soergel/*Krause* § 823 Anh III Rn. 28.

Hersteller seiner Gefahrabwendungspflicht bereits durch eine Warnung nachkommt, auch wenn hierdurch die Gefahr nicht beseitigt wird.[486]

(3) Würdigung

In Übereinstimmung mit der Rechtsprechung des BGH und der herrschenden Meinung wird eine strafrechtliche Rückrufpflicht zumindest in den Fällen anzunehmen sein, in welchen es sich um eine erhebliche Gefahr von wichtigen Rechtsgütern handelt, die nicht durch eine Warnung oder ein anderes milderes Mittel abgewendet werden kann.[487] Eine Differenzierung nach dem Verschulden beim Inverkehrbringen erscheint kein ausreichendes Kriterium zu sein. Schließlich handelt es sich vorliegend um eine objektive Gefahr, die vollkommen losgelöst von der Art des Verschuldens konkret besteht.[488] Auch die Unterscheidung nach dem gefährdeten Rechtsgut wird in einem strafrechtlichen Verfahren nur eine untergeordnete Rolle spielen, da die fahrlässige Sachbeschädigung nicht strafbar ist und deshalb nicht verfolgt wird. Im strafrechtlichen Kontext wird unter bestimmten Voraussetzungen die Verpflichtung zum Rückruf wohl zu bejahen sein. Jedoch muss es sich bei der Vornahme eines solchen um eine Maßnahme ultima ratio handeln.[489] Zwar stehen einerseits die Rechtsgüter der Verwender oder auch unbeteiligter Dritter auf dem Spiel, andererseits müssen aber auch die Interessen des Herstellers berücksichtigt werden. Wie bereits erläutert geht ein Produktrückruf stets mit erheblichen Kosten und auch Imageverlusten einher, die sich nachteilig auf das gesamte Unternehmen auswirken können. Ist es also möglich, die Gefahr durch eine Warnung oder andere eingriffsärmere Maßnahme wirksam zu verhindern, kann der Hersteller nicht zu einem Rückruf verpflichtet werden. Erst, wenn eine Warnung nicht mehr ausreicht oder eine erhebliche Gefahr von hochrangigen Rechtsgütern eingetreten oder wahrscheinlich ist, muss eine Rückrufaktion in Gang gesetzt werden. Dabei ist auch die Problematik der Kostentragung zweitrangig. Der Schutz der Rechtsgüter darf dabei nicht von der Frage einer Kostenbeteiligung der Nutzer abhängig gemacht werden.[490] Gerade bei Medizinprodukten werden an die erforderliche Sorgfalt und die Produktbeobachtung erhöhte Anforderungen gestellt. Dies lässt sich mit der sachbedingten Nähe der Produkte zu

---

486 Produkthaftungshandbuch/*Foerste* § 24 Rn. 344 ff. und 354 ff.; OLG Hamm, BB 2007, 2367, 2368; LG Frankfurt a.M. BB 2007, 2368 f.

487 Ähnlich auch OLG Karlsruhe NJW-RR 1995, 594, 597; *Pieper*, BB 1991, 985, 988.

488 Vgl. BRHP/*Förster* § 823 Rn. 747.

489 So auch *Dietborn/Müller*, BB 2007, 2358, 2360; BRHP/*Förster* § 823 Rn. 747.

490 Staudinger/*J Hager* § 823 Rn. F25.

wichtigen Rechtsgütern erklären. Stellt der Hersteller nach Inverkehrbringen fest, dass das intelligente Medizinprodukt sich unerwartet fehlerhaft entwickelt und dadurch eine Gefahr darstellt, wird er regelmäßig zu einem Rückruf verpflichtet sein. Vorausgesetzt, eine Warnung der Endabnehmer ist nicht gleichsam Erfolg versprechend. Bei der Frage des Produktrückrufes ist jedoch auch der Grundsatz „in dubio pro reo" zu berücksichtigen. Es muss daher mit an Sicherheit grenzender Wahrscheinlichkeit feststehen, dass ein Rückruf die einzige Erfolg versprechende Maßnahme gewesen wäre. Mithin muss stets eine konkrete Einzelfallprüfung erfolgen.

Etwas anderes könnte sich jedoch daraus ergeben, dass es durch die neuartigen Systeme neue Möglichkeiten der Erfolgsabwendung gibt. Hierdurch könnte die Diskussion um die Verpflichtung zum Rückruf in Bezug auf die intelligenten Systeme in den Hintergrund gedrängt werden. Durch ihre Vernetzung entstehen neue Mittel zur Gefahrenabwehr, welche effektiver sind, aber ggf. auch mit weniger Aufwand und Kosten für den Hersteller einhergehen. Zu denken ist hierbei an eine Updatepflicht (aa) oder einen „digitalen Rückruf" mittels ferngesteuerter Produktstilllegung (bb). Diese neuartigen Formen der Gefahrenabwehr nach Inverkehrgabe sind im Folgenden noch eingehend zu untersuchen.

c.) Zu den neuartigen Erfolgsabwendungsmaßnahmen

Durch die Vernetzung der intelligenten Systeme wird es im Gegensatz zu herkömmlichen Produkten möglich sein, auch nachträglich Änderungen an dem Produkt vorzunehmen, ohne dass es den Herrschaftsbereich des Nutzers verlässt und/oder dieser hieran mitwirken muss. Zu denken ist hier insbesondere an das Aufspielen eines Updates durch den Hersteller oder sogar eine Abschaltung durch Fernzugriff.

(aa.) Pflicht zum Systemupdate

Eine Möglichkeit zur Fehlerbehebung und damit zur Gefahrabwendung stellt die Entwicklung und Durchführung eines Updates dar. Ob ein solches durch den Hersteller vorgenommen werden muss, hängt von verschiedenen Gesichtspunkten ab, die im Folgenden näher untersucht werden sollen.

(1) Vorteile und technische Voraussetzungen

Die Fehlerbehebung mittels Updates weist im Gegensatz zum Produktrückruf viele Vorteile auf. Letzterer ist hauptsächlich umstritten, da er mit einem erheblichen Aufwand, hohen Kosten und möglicherweise einem Imageverlust des Herstellers einhergeht. Dagegen ist die Entwicklung und Bereitstellung eines

Updates in der Regel weniger aufwendig, kostengünstiger, aber grundsätzlich effektiver, um die Gefahr zu beseitigen.[491] Dadurch, dass bei einem Systemupdate die Öffentlichkeit nicht informiert werden muss, ist die Gefahr eines Imageverlustes des Herstellers geringer als bei einer öffentlichen Warnung oder Rückrufaktion.[492]

Eine Pflicht zum Update setzt jedoch voraus, dass das vertriebene Produkt auch Updates empfangen und installieren kann. Da bereits bekannt ist, dass Programmierfehler unvermeidbar sind und in der Regel die Produkte eine längere Zeit in Betrieb bleiben sollen, kann zunächst davon ausgegangen werden, dass der Hersteller ohnehin die Möglichkeit zum Update in das Produkt einbaut. Zudem wird das Produkt durch seine Vernetzung auch an eine Internetverbindung angeschlossen sein, sodass hierüber das Update auch vorgenommen werden kann. Darüber hinaus wird teilweise angenommen, dass der Hersteller bereits bei der Konstruktion des Produktes die Möglichkeit zum Update berücksichtigen muss.[493] Diese Auffassung lässt jedoch unberücksichtigt, dass sich eine mögliche Pflicht zum Systemupdate unmittelbar aus der Produktbeobachtungspflicht ergibt und zumindest das Vorliegen eines Gefahrenverdachts voraussetzt. Soll nun aus der Pflicht zum Systemupdate auch eine erweiterte Fabrikationspflicht abgeleitet werden, wird die Produktbeobachtungspflicht bereits auf den Zeitpunkt vor dem Inverkehrbringen vorverlagert und erstreckt sich dann auf ein Produkt, bei dem möglicherweise noch gar kein Gefahrenverdacht besteht. Ein solcher systematischer Bruch lässt sich nur schwierig begründen. Zwar ist davon auszugehen, dass der Hersteller in der Regel eine Möglichkeit zum Systemupdate ohnehin vorsieht, von vorneherein verpflichtet ist er aufgrund seiner Produktbeobachtungspflicht jedoch nicht. Besteht also keine Möglichkeit, bei dem intelligenten Medizinprodukt ein Update aufzuspielen, muss auf die bisherigen Gefahrabwendungsmaßnahmen wie Produktrückruf oder Warnung der Verbraucher zurückgegriffen werden.

Nimmt man eine Pflicht zum Update an und ist ein solches bei dem jeweiligen Produkt auch möglich, hat der Hersteller während des Vorgangs

---

491 *Grünvogel/Dörrenbächer*, ZVertriebsR 2019, 87, 89; *Wagner*, AcP 217, 707, 756; *Gortan*, CR 2018, 546, 548 Rn. 9; *Wiebe*, NJW 2019, 625, 629; *Gomille*, JZ 2016, 76, 81; *Chibanguza* äußert sich zwar zurückhaltend gegenüber einer generellen Updatepflicht, nimmt sie jedoch im Zusammenhang mit Medizinprodukten an, vgl. Chibanguza/Kuß/Steege KI-Hdb/*Chibanguza* § 5 K Rn. 27 und § 4 E Rn. 15.; a.A. *Orthwein/Obst* CR 2009, 1, 3; *Spindler*, CR 2015, 766, 770.

492 *Wiebe*, NJW 2019, 625, 629.

493 MüKo BGB/*Wagner* § 823 Rn. 1008.

sicherzustellen, dass keine Gefahr von dem Produkt ausgeht oder Dritte von außen auf das System einwirken können. Schließlich können während des Aufspielens eines Updates unter Umständen neue Zugangsmöglichkeiten entstehen, durch die die Software oder das Update selbst abgefangen oder manipuliert werden.[494] Vor allem muss er jedoch sicherstellen, dass das Update dem aktuellen Stand der Wissenschaft und Technik entspricht, ähnlich wie bei seiner ursprünglichen Konstruktions- und Fabrikationspflicht. Schließlich besteht immer die Gefahr, dass durch die Überarbeitung des Systems neue Fehler entstehen. Kann während des Updates eine Gefahr dadurch entstehen, dass wesentliche Funktionen aktualisiert und nicht nutzbar sind, muss der Hersteller dafür sorgen, dass das System vorübergehend nicht oder nur eingeschränkt betriebsbereit ist.[495]

(2) Zumutbarkeit einer Updatepflicht

Wie jede Gefahrabwendungsmaßnahme, muss auch die Pflicht zu einem Update zumutbar und möglich sein, also auch im Verhältnis zu dem gefährdeten Rechtsgut und der drohenden Schadenshöhe stehen. Die Überarbeitung des Systems erscheint insbesondere vor dem Hintergrund zumutbar, dass der Hersteller im Rahmen seiner Konstruktions- und Fabrikationspflicht dazu verpflichtet ist, einen bereits bekannten Fehler zu beheben.[496] Wenn der Hersteller also ohnehin die Produkte überarbeiten muss, die noch nicht auf dem Markt sind, kann von ihm auch verlangt werden, dass er ein Update für bereits vertriebene Produkte zur Verfügung stellt. Der hierfür erforderliche Aufwand sowie die anfallenden Kosten erscheinen im Bereich des Zumutbaren, da bei Medizinprodukten in der Regel eine Gefahr für hochrangige Rechtsgüter besteht.[497] Eine möglicherweise innovationsfeindliche Wirkung auf den Markt durch erhöhte Verpflichtungen des Herstellers muss dabei hingenommen werden.[498] Gründe für eine Privilegierung sind nicht ersichtlich, außerdem muss sichergestellt sein, dass besonders neuartige Produkte so sicher wie möglich hergestellt werden.[499] Zudem ist dem Strafrecht eine solche Privilegierung fremd.

---

494 *Reusch*, BB 2019, 904 f.

495 *Reusch*, BB 2019, 904, 905.

496 Leupold/Wiebe/Glossner/*Leupold/Wiesner* IT-Recht Teil 9.6.4 Rn. 75; *Reusch*, BB 2019, 904, 909; *Wagner*, AcP 217, 707, 756; *Raue*, NJW 2017, 1841, 1844.

497 Chibanguza/Kuß/Steege KI-Hdb/*Chibanguza* § 4 E Rn. 15; *Spindler*, CR 2005, 741, 742; *Orthwein/Obst*, CR 2009, 1, 4.

498 a.A. *Wigger*, Automatisiertes Fahren und strafrechtliche Verantwortlichkeit wegen Fahrlässigkeit, S. 213.

499 *Wagner*, VersR 2020, 717, 718 f.

Die Bereitstellung eines Updates kann unzumutbar sein, wenn hierdurch unverhältnismäßig hohe Kosten entstehen würden oder der Fehler nicht behoben werden könnte. Handelt es sich beispielsweise um eine offene KI, die von den einzelnen Benutzerdaten lernt und ist der Fehler erst hierdurch entstanden, kann es sich um ein individuelles Problem handeln, welches aufgrund der komplexen Vorgänge des Systems nicht immer nachvollzogen werden kann.[500] Liegt ein solches Problem vor, ist auch die Zumutbarkeit der Entwicklung eines Updates fraglich. In diesem Fall besteht nicht unmittelbar die Verpflichtung, die gesamte Produktreihe im Rahmen der Konstruktions- und Fabrikationspflicht zu überarbeiten. Daher kann nicht erwartet werden, dass der Hersteller einen hohen personellen und technischen Aufwand betreibt, um ein einzelnes Produkt zu überarbeiten. Gerade aufgrund ihrer Funktionsweise ist die Entwicklung einer offenen KI oftmals nicht nachvollziehbar, was die Fehlerbehebung unter Umständen aufwendig und nicht immer möglich macht. In diesem Fall ist der Hersteller jedoch dazu verpflichtet, den Verwender des Produktes ausdrücklich zu warnen und/oder einen Rückruf vorzunehmen. Dies erscheint sachgerecht, da er nur mit dem Betroffenen Kontakt aufnehmen und so das Problem diskret und kostengünstig beseitigen kann.

(3) Problem der Zulassung von Medizinprodukten

Bei Medizinprodukten ergibt sich die Besonderheit, dass diese erst von der zuständigen Behörde zugelassen werden müssen. Aufgrund des Gefährdungspotenzial dieser Produkte ist der Hersteller zu komplexen Entwicklungs- und Freigabeprozessen verpflichtet.[501] Daher darf sich sein Produkt auch nur in dem von der Behörde zugelassenen Rahmen bewegen.[502] Sofern das Update dies gewährleistet, muss der Hersteller ein solches entwickeln und bereitstellen. Wird das System jedoch grundlegend verändert und überschreitet die durch die Zulassung gesetzten Grenzen, muss der Hersteller im Fall einer erheblichen Gefahr für hochrangige Rechtsgüter erst eine Freigabe durch die Behörden erwirken.[503] Je nach Schwere der ausgehenden Gefahr muss dann zusätzlich eine Warnung an den Verwender erfolgen und ggf. auch das System abgeschaltet werden.[504] Steht jedoch der Aufwand eines neuen Zulassungsverfahrens

500 *Lohmann,* Strafrecht im Zeitalter von Künstlicher Intelligenz, S. 219.
501 *Orthwein/Obst,* C&R 2009, 1, 4.
502 Chibanguza/Kuß/Steege KI-Hdb/*Chibanguza* § 4 E Rn. 32.
503 Vgl. *Gomille,* JZ 2018, 76, 81.
504 S. hierzu Kap. 2 C IV.

nicht im Verhältnis zu der drohenden Gefahr, muss der Hersteller auf die üblichen Wege der Gefahrenabwehr zurückgreifen.

(4) Durchführung des Updates durch den Hersteller
Der Hersteller ist also im Rahmen seiner Produktbeobachtungspflicht grundsätzlich dazu verpflichtet, sein System zu überarbeiten und ein Update zu entwickeln, um eine Gefahr von Rechtsgütern zu verhindern oder zu beseitigen. Nun bleibt die Frage, ob er seiner Pflicht gerecht wird, wenn er dem Nutzer das Update zur Verfügung stellt oder ob er darüber hinaus sicherstellen muss, dass es – ggf. auch gegen den Willen des Verwenders – auch tatsächlich installiert wird. Schließlich hängt die Effektivität der Gefahrabwendung primär von der Mitwirkung des Nutzers ab. Dieser muss das System regelmäßig auf Updates überprüfen und diese dann auch installieren. Auf den ersten Blick unterscheidet sich die Pflicht zum Update in dieser Hinsicht nicht von einem Produktrückruf oder einer Warnung. Auch in diesen Fällen kommt es darauf an, ob der Verwender dem Aufruf nachkommt oder die Warnung auch ernst nimmt. Im Rahmen der bisherigen Rechtsprechung zur Herstellerhaftung reicht es grundsätzlich aus, die Warnung auszusprechen oder das Produkt zurückzurufen. Wird dem nicht nachgekommen, liegt die Verantwortung zunächst beim jeweiligen Verwender. Er ist dann für Rechtsgutsverletzungen verantwortlich, die hierdurch entstehen. Erst, wenn der Hersteller Grund zur Annahme hat, dass das Update durch den Nutzer nicht durchgeführt wird und dadurch eine Gefahr für die Rechtsgüter Dritter entstehen, könnte der Hersteller zu weitergehenden Maßnahmen verpflichtet sein.[505]

Bei näherer Betrachtung ist jedoch festzustellen, dass sich beide Sachverhalte nur bedingt vergleichen lassen. Im Falle eines Updates ist der Nutzer bessergestellt, als wenn lediglich eine Warnung ausgesprochen oder das Produkt zurückgerufen wird. Schließlich verbleibt das System in seinem Herrschaftsbereich und wird dort aktualisiert und der Fehler behoben. In der Regel kann dieser Vorgang ohne oder mit geringer Mitwirkung durchgeführt werden. Bei einer Warnung behält der Nutzer das fehlerhafte Produkt, bei einem Rückruf muss er selbst aktiv werden und dem Aufruf nachkommen. Es ist also kein berechtigtes Interesse des Verwenders erkennbar, welchem die Durchführung des Updates durch den Hersteller entgegensteht, sofern der Datenschutz gewährleistet ist. Diese Maßnahme stellt zweifellos die effektivste Maßnahme zur Gefahrabwendung dar und erscheint unter den bereits genannten Gesichtspunkten auch

505 BGH NJW 2009, 1080, 1081; *Thürmann*, NVersZ 1999, 145, 146; *Burckhardt*, VersR 2007, 1601, 1603 ff.

zumutbar. Etwas anderes gilt nur, wenn der Hersteller keine Möglichkeit hat, das Update aufzuspielen, etwa weil das Produkt vom Netz genommen wurde. Dann wird es in der Regel ausreichend sein, das Update zu entwickeln und zur Verfügung zu stellen. Zudem muss er den Verwender hierüber in Kenntnis setzen und ggf. neu instruieren. Gleichzeitig sollte über die konkrete Gefahr und die Folgen eines unterlassenen Updates informiert werden. Ist er diesen Anforderungen gerecht geworden, hat er alles in seiner Macht Stehende getan, um seiner Sorgfaltspflicht gerecht zu werden.

Sofern eine Einwilligung des Nutzers für die Durchführung des Updates erforderlich ist, muss der Hersteller diese bereits bei Vertragsschluss auf zivilrechtlicher Ebene einholen. Hierzu könnte er beispielsweise einen Nutzungs- oder Pflegevertrag schließen oder in den AGB festlegen, dass der Nutzer das Produkt auf dem neusten Stand hält und dies regelmäßig überprüft.[506] Alternativ könnte, sofern dies möglich ist, die Einwilligung auch über die Betriebsoberfläche eingeholt werden. Wie bereits erläutert, muss der Hersteller sicherstellen, dass das Gerät auch ein Update erhalten kann. Dies gilt sowohl in tatsächlicher als auch in rechtlicher Hinsicht. Er muss daher bereits bei der Inverkehrgabe sicherstellen, dass die hierfür erforderlichen Anforderungen erfüllt werden.

(5) Zusammenfassung

Zusammenfassend lässt sich feststellen, dass der Hersteller eines intelligenten Medizinproduktes grundsätzlich dazu verpflichtet ist, ein Update zur Verfügung zu stellen und durchzuführen, wenn sich sein Produkt als fehlerhaft erweist. Angesichts der bedrohten Rechtsgüter und dem verhältnismäßig geringen (Mehr-)Aufwand ist eine solche Fehlerbehebungen nach den Grundsätzen des BGH zumutbar. Schließlich überwiegen die Vorteile dieser Lösung. Sofern ein Update also technisch möglich ist, kann von dem Hersteller ein solches auch verlangt werden, da es sich um eine kostengünstigere und zugleich effektivere Maßnahme zur Gefahrenabwehr handelt. Solange er das Produkt noch herstellt, wird er einer solchen Verpflichtung auch nachkommen müssen.[507] Wie beschrieben lässt sich die Zumutbarkeit eines Updates vor allem damit begründen, dass der Hersteller seine Produktlinie aufgrund der ihn betreffenden Konstruktions- und Fabrikationspflicht überarbeiten muss. Hat er den Vertrieb seines Produktes eingestellt, kann ein derartiger personeller

506 Vgl. *May/Gaden*, InTer 2018, 110, 111; *Orthwein/Obst*, CR 2009, 1, 3.

507 *Raue*, NJW 2017, 1841, 1844; Leupold/Wiebe/Glossner/*Leupold/Wiesner* IT-Recht Teil 9.6.4 Rn. 75; *Grünvogel/Dörrenbächer*, ZVertriebsR 2019, 87, 89; MüKo BGB/*Wagner* § 823 Rn. 1009.

und technischer Aufwand nicht mehr verlangt werden. In diesem Fall ist er zur Warnung der Nutzer oder zum Produktrückruf verpflichtet.

(bb.) Ferngesteuerte Produktstilllegung

Eine weitere Maßnahme, um den von dem Produkt ausgehenden Gefahren, wirksam begegnen zu können, wäre eine Produktstilllegung durch den Hersteller.[508] Hierzu ist erforderlich, dass er von außen auf das System zurückgreifen und via Fernzugriff das Produkt dauerhaft abschalten kann. Zweifellos ist dies die effektivste Maßnahme zur Gefahrenabwehr, stellt die Deaktivierung doch den Nichtgebrauch sicher, unabhängig von einer Mitwirkung des Nutzers. Außerdem lässt sich der Sillllegungsbefehl in der Regel kostenlos erteilen.[509] Jedoch wird hierdurch erheblich in die Rechte des Nutzers eingegriffen.[510] Schließlich ist das Gerät für ihn nach der Stilllegung nutzlos.

Der BGH hat sich bereits mit der Frage einer Fernabschaltung auseinandersetzen müssen.[511] Dabei kam es jedoch im Wesentlichen auf die Frage an, ob eine Klausel in den AGB eines Mietvertrages über eine Autobatterie, in welcher die Möglichkeit der Fernsperrung der Auflademöglichkeit im Falle einer außerordentlichen Kündigung des Vertrages, wirksam sein kann. Der BGH lehnte dies mit der Begründung ab, dass es sich bei dem Abschalten der Batterie um eine verbotene Eigenmacht im Sinne von § 858 Abs. 1 BGB handelt, da durch die Stilllegung das Produkt nicht mehr verwendet werden kann und somit einen Eingriff in die Sachherrschaft vorliegt. Auch wenn die Unterbindung der Weiterverwendung der Mietsache nach Vertragsende ein berechtigtes Interesse des Vermieters darstellt, steht dem das Interesse des Mieters gegenüber, die weitere Vertragserfüllung zu sichern, insbesondere in dem Fall, in dem die Wirksamkeit der Kündigung zwischen den Parteien streitig ist.

Die Ausführungen des BGH lassen sich jedoch nicht auf die vorliegende Problematik übertragen. Schließlich geht es in den vorliegenden Fällen nicht um die Stilllegung zur Durchsetzung zivilrechtlicher Ansprüche, sondern zur Abwendung von dem Produkt ausgehenden Gefahren. Doch ähnlich wie in dem Urteil des BGH muss eine Güterabwägung zwischen den Interessen und

---

508 MüKo BGB/*Wagner* § 823 Rn. 1011; *Regenfus*, JZ 2018, 79, 82; *Schrader*, DAR 2018, 314, 317.

509 Ebers/Heinze/Krügel/Steinrötter/*Ebers*, Künstliche Intelligenz und Robotik, § 3 Rn. 41.

510 MüKo BGB/*Wagner* § 823 Rn. 1011.

511 BGH NJW 2022, 3575 = BB 2022, 2895 (m. Anm. *Schwaab*).

Rechten des Verwenders sowie des Herstellers und den gefährdeten Rechtsgütern vorgenommen werden. Hierfür muss an die Grundsätze des Produktrückrufes angeknüpft werden. Mithin muss der Hersteller zunächst prüfen, ob ein milderes Mittel wie eine Warnung oder ein Update die Gefahr effizient beseitigen kann.[512] Und erst wenn dies nicht möglich ist, oder Grund zur Annahme besteht, dass sich eine erhebliche Zahl an Personen über die Anweisungen hinwegsetzen werden und dadurch eine Gefahr entsteht, ist eine ferngesteuerte Produktstilllegung zu überprüfen.[513]

Für die Abwägung ist zum einen die Eingriffsintensität entscheidend. Die Einstellung einzelner Funktionen ist dabei gegenüber einer vollständigen Stilllegung als ein milderes Mittel anzusehen. Außerdem muss zwischen einer vorübergehenden und einer dauerhaften Stilllegung unterschieden werden.[514] Kann durch eine vorübergehende Abschaltung des Systems der Zeitraum bis zur Überarbeitung des Fehlers überbrückt werden, ist diese Möglichkeit einer dauerhaften Stilllegung vorzuziehen.[515]

Sollte der Fall eintreten, dass eine Produktstilllegung notwendig ist, muss der Hersteller sicherstellen, dass hierdurch keine neue Gefahr für Leib oder Leben der Nutzer entsteht. Besonders Medizinprodukte werden in sensiblen Bereichen eingesetzt und lassen sich unter Umständen nicht ohne Weiteres abschalten. Auf jeden Fall müssen die Betroffenen rechtzeitig über die Abschaltung informiert werden.

Die Produktstilllegung geht mit erheblichen Rechtsunsicherheiten für den Herstellers einher. Diese entstehen insbesondere dadurch, dass er sich im Falle eines unrechtmäßigen Eingriffs haftbar macht.[516] Zudem bedeutet sie eine erhebliche Beschränkung der Rechte des Verwenders. Daher kommt insbesondere eine dauerhafte Stilllegung nur dann in Betracht, wenn eine erhebliche und konkrete Gefahr für Leib und Leben der Anwender oder Dritter besteht

---

512 *Regenfus*, JZ 2018 79, 83; *Grünvogel/Dörrenbächer*, ZVertriebsR 2019, 87, 90 f.;

513 Vgl. BGH NJW 2009, 1080, 1081; *Thürmann*, NVersZ 1999, 145, 146; *Burckhardt*, VersR 2007, 1601, 1603 ff.; so auch MüKo BGB/*Wagner* § 823 Rn. 1011; *Grünvogel/Dörrenbächer*, ZVertriebsR 2019, 87, 90 f.; Leupold/Wiebe/Glossner/*Leupold/Wiesner* IT-Recht Teil 9.6.4 Rn. 76.

514 *Grünvogel/Dörrenbächer*, ZVertriebsR 2019, 87, 91.

515 Vgl. Leupold/Wiebe/Glossner/*Leupold/Wiesner* IT-Recht Teil 9.6.4 Rn. 76; *Grünvogel/Dörrenbächer*, ZVertriebsR 2019, 87, 91.

516 Zur Frage der zivilrechtlichen Haftung bei einer unrechtmäßigen Produktstilllegung s. *Grünvogel/Dörrenbächer*, ZVertriebsR 2019, 87, 90 ff.

und keine andere Maßnahme dies verhindern kann.[517] Daher kann eine pauschale Pflicht zur Produktstilllegung nicht ohne Weiteres angenommen werden und hängt stets von den Umständen des Einzelfalls ab.

V. Zusammenfassung

Die strafrechtliche Produzentenhaftung führt demnach zu umfangreichen Anforderungen und Pflichten, die erfüllt werden müssen. Dabei betreffen diese sowohl den Zeitpunkt des Inverkehrbringens des intelligenten Medizinproduktes, wonach der Hersteller demnach eine ordnungsgemäße Konstruktion, Fabrikation und Instruktion sicherstellen muss, aber auch den Zeitpunkt nach dem Inverkehrbringen, sodass der Hersteller sein Produkt beobachten und entsprechende Gefahrabwendungsmaßnahmen ergreifen muss, sollte er eine Gefahr durch sein Produkt feststellen.

Bei der Konstruktion seines Produktes hat der Hersteller den aktuellen Stand der Wissenschaft und Technik zu beachten, der besonders aufgrund des aktuellen Fortschrittes der Forschung einem stetigen Wandel unterliegt. Der Hersteller muss beachten, dass er eine ausreichende Trainingsgrundlage verwendet, die sich speziell für das gewünschte Einsatzgebiet eignet und die erforderliche Qualität aufweist. Er hat die Herstellung der einzelnen Produkte zu überwachen, indem er die verwendeten Rohstoffe, das Verfahren als solches, beispielsweise die Übertragung der Software sowie die ordentliche Verpackung seines Produktes, regelmäßig und sichtprobenartig kontrolliert. Zuletzt hat er auch eine eindeutige, sinnvolle und verständliche Instruktion auch hinsichtlich eines naheliegenden Fehlgebrauchs zu erteilen. Die inhaltlichen Anforderungen an die Instruktion werden zudem durch die MP-VO weiter konkretisiert.

Weitreichende Änderungen werden sich auch im Rahmen der Produktbeobachtungspflicht ergeben, die sich weiter verschärfen und damit mit erhöhten Anforderungen verbunden sind. Durch die spezifische Funktionsweise intelligenter Medizinprodukte besteht zudem unter Umständen die Pflicht der integrierten Produktbeobachtung. Außerdem verpflichtet die MP-VO den Hersteller zu der Einrichtung eines Qualitätsmanagements. Neben den bereits bekannten Gefahrabwendungsmaßnahmen wie der Konstruktionsänderung, dem Vertriebsstopp sowie einer Warn- und Rückrufpflicht, kann dem Hersteller je nach Sachverhalt auch die Bereitstellung und Durchführung eines Systemupdates

---

517 *Regenfus*, JZ 2018 79, 83; MüKo BGB/*Wagner* § 823 Rn. 1011; *Grünvogel/Dörrenbächer*, ZVertriebsR 2019, 87, 90 f.; Leupold/Wiebe/Glossner/*Leupold/Wiesner*, IT-Recht Teil 9.6.4 Rn. 76.

oder die ferngesteuerte Produktstilllegung auferlegt werden. Dies liegt unter anderem daran, dass durch die Vernetzung der Systeme und aufgrund ihrer typischen Funktionsweise neue Gefahren, aber auch neue Handlungsmöglichkeiten entstehen.

D. Diskriminierungsfreie Produkte als Teil der strafrechtlichen Sorgfaltspflicht?

Auch wenn automatisierte Entscheidungen den Anschein erwecken, neutral und objektiv zu sein, besteht ein hohes Risiko für potenzielle Diskriminierungen marginalisierter Minderheiten. Schließlich wird diese Technik in einer Gesellschaft produziert, in der es regelmäßig zu der Benachteiligungen bestimmter Personengruppen kommt, sodass es sehr wahrscheinlich ist, dass sich diese Tendenzen auch in der Technik wiederfinden werden.[518] Mehrfache Untersuchungen automatisierter Entscheidungen haben aufgezeigt, dass Algorithmen oftmals die bestehenden Diskriminierungen und Verzerrungen aufweisen und teilweise noch verstärken.[519] Auch die Europäische Kommission hat bereits in ihrem Vorschlag für eine Verordnung zur Festlegung harmonisierter Vorschriften für KI die Verhinderung potenzieller Ungleichbehandlungen in ihre Erwägungsgründe mit aufgenommen.[520] Eine besondere Gefahr tritt unter anderem aufgrund der Inhärenz und der Komplexität der Datenverarbeitung einer Künstlichen Intelligenz auf, sodass mögliche Benachteiligungen besonders intransparent sind.[521]

Schon jetzt bestehen in der herkömmlichen Medizin wesentliche Unterschiede in den Erfahrungen von Männern gegenüber Frauen und diversen Menschen als Patienten. So wird Frauen wesentlich häufiger abgesprochen, dass sie ihre körperlichen Symptome richtig deuten können und sie sind vermehrt gewaltvollen Übergriffen durch Ärzte und Pflegern ausgesetzt.[522] Auch in den bereits bestehenden Datensätzen kommt es bislang zu einer Überrepräsentation

---

518 *Baumgartner/Ernst*, Gender 2023, 11, 14.

519 *Hänel* in: Loh/Grote, Medizin-Technik-Ethik, 87, 102; *Funer* in: Loh/Grote, Medizin-Technik-Ethik, 59, 61; *Lobe* in: Hilgendorf/Tiz, Vom richtigen Umgang mit den „Anderen“, 147, 150; *Schneider*, Zeitschrift für medizinische Ethik 2021, 327, 329; *Beck*, ZRP 2019, 185.

520 Vgl. Erwägungsgründe 33, 35 und 36 AIA-E.

521 *Schneider*, Zeitschrift für medizinische Ethik 2021, 327, 331; *Hagendorff*, Österreichische Zeitschrift für Soziologie, 53, 55.

522 *Hänel* in: Loh/Grote, Medizin-Technik-Ethik, 87, 93.

von erwachsenen, weißen Männern, wohingegen Frauen, Kinder, ältere Menschen und Personen aus verschiedenen Ethnien im Verhältnis unterrepräsentiert sind.[523] Wenn also intelligente Systeme die Tendenz aufweisen, bereits bestehende Ungleichbehandlungen aufzugreifen oder zu verstärken, besteht die Gefahr, dass sich dieses Ungleichgewicht in der medizinischen Behandlung und Forschung auch weiter verfestigt.

Es kann in allen Phasen von der Datenerhebung über die Entwicklung bis zur Anwendung des intelligenten Medizinproduktes in bestimmten Praxiskontexten zu einer Diskriminierung bestimmter Patientengruppen kommen.[524] Die Folgen einer solchen Ungleichbehandlung können Behandlungsfehler, eine Unterbehandlung oder eine Überbehandlung der Betroffenen sein.[525] Nachfolgend sollen daher die Gefahren untersucht werden, die durch eine mögliche Diskriminierung durch intelligente Medizinprodukte entstehen können und ob sich die Sorgfaltspflicht des Herstellers auch darauf bezieht, diese Risiken zu verringern oder auszuschließen.

I. Diskriminierung

Zunächst ist erforderlich, dass der Begriff der Diskriminierung näher betrachtet wird, um einen Ausgangspunkt für die nachfolgende Untersuchung zu bilden.

1. Begriffsbestimmung

Der Begriff der Diskriminierung wird oftmals unterschiedlich definiert. In der EU und der Bundesrepublik Deutschland versteht man unter dem Begriff die „*benachteiligende, ungerechtfertigte Ungleichbehandlung von Personen in Anknüpfung an ein geschütztes Merkmal*".[526] Andere definieren sie als „*ungerechtfertigte oder gesellschaftlich unerwünschte Benachteiligung in Handlungen, Praktiken oder gegebenenfalls durch algorithmische Systeme erfolgte Maßnahme […], die Personen aufgrund der Zuordnung bestimmter Merkmale und bzw. oder der Zugehörigkeit zu bestimmten Gruppen zuteil wird*"[527] oder nehmen sie bei „*einer ungerechtfertigten Ungleichbehandlung von Gleichem oder einer*

---

523 *Schneider*, Zeitschrift für medizinische Ethik 2021, 327, 331.
524 *Schneider*, Zeitschrift für medizinische Ethik 2021, 327, 331
525 *Schneider*, Zeitschrift für medizinische Ethik 2021, 327, 331.
526 *Orwat*, Diskriminierungsrisiken durch Verwendung von Algorithmen, S. 24.
527 *Schneider*, Zeitschrift für medizinische Ethik 2021, 327, 328.

ungerechtfertigten Gleichbehandlung von Ungleichen […]“[528] an. Allen Definitionen ist gemein, dass es für das Vorliegen einer Diskriminierung auf die Ungleichbehandlung bestimmter Merkmale ankommt, für die es keine sachliche Rechtfertigung gibt. Das GG und das AGG haben bereits besonders schützenswerte Merkmale festgelegt. So darf niemand aufgrund seines Geschlechts, seiner Abstammung, seiner Rasse, seiner Sprache, seiner Heimat und Herkunft, seines Glaubens, seiner religiösen oder politischen Anschauungen, seiner Behinderung, seines Alters oder seiner sexuellen Identität benachteiligt werden, vgl. Art. 3 Abs. 3 GG, § 1 AGG.

Ebenso gibt es die statistische Diskriminierung. Diese liegt vor, „*wenn Personen statistische Gruppenmerkmale zugeordnet werden, die für sie als Individuum aber nicht zutreffen*“[529]. Auch bei dieser Form der Diskriminierung kann zwischen unmittelbarer und mittelbarer Ungleichbehandlung unterschieden werden.[530] Erstere ist gegeben, wenn etwa ein vermeintlicher Zusammenhang zwischen Frauen und psychosomatischen Symptomen angenommen wird und sie daher von bestimmten Untersuchungen ausgeschlossen werden. Letztere liegt vor, wenn eine scheinbar neutrale Variable eine Korrelation zu einem geschützten Merkmal aufweist.[531] Dies wäre der Fall, wenn zwar nicht nach dem Merkmal „Hautfarbe“ unterschieden wird, aber Kriterien wie Wohnort oder durchschnittliches Einkommen herangezogen werden, bei denen unter Umständen aus sozioökonomischen Gründen bereits eine Benachteiligung marginalisierter Personengruppen vorliegt.

Für das Vorliegen einer Diskriminierung kommt es mithin primär darauf an, wann eine gerechtfertigte und wann eine ungerechtfertigte Ungleichbehandlung bzw. Gleichbehandlung vorliegt. Knüpft man hierfür an die Regelungen des GG an, kommt für eine Rechtfertigung der Ungleichbehandlung bzw. Gleichbehandlung zunächst jede vernünftige Erwägung, also jeder anerkannte sachliche Grund in Betracht.[532] Eine Ungleichbehandlung kann auch aus sachunabhängigen, normativen Gründen erfolgen, etwa weil sich die Gesellschaft dazu entschlossen hat, Personen mit bestimmten Merkmalen besonders zu

---

528 *Beck*, Künstliche Intelligenz und Diskriminierung – Herausforderung und Lösungsansätze, S. 7.

529 *Heesen/Reinhardt/Schelenz* in: Bauer/Kechaja/Engelmann/Haug, Diskriminierung und Antidiskriminierung, 129, 132.

530 *Orwat*, Diskriminierungsrisiken durch Verwendung von Algorithmen, S. 28.

531 *Orwat*, Diskriminierungsrisiken durch Verwendung von Algorithmen, S. 28.

532 Jarass/Pieroth/*Jarass* GG Art. 3 Rn. 19; *Orwat*, Diskriminierungsrisiken durch Verwendung von Algorithmen, S. 24.

schützen.[533] Wann ein sachlicher Grund vorliegt, bestimmt sich je nach den Umständen des Einzelfalls.

2. *Unterscheidung nach Merkmalen als notwendiges Kriterium in der Medizin*

Auch wenn sich in vielen Bereichen eine Unterscheidung nach bestimmten Merkmalen wie ethnische Herkunft oder Geschlecht verbietet, ist es in der Medizin und Gesundheitsversorgung zwangsläufig erforderlich, dass für die Diagnoseermittlung und Therapieentscheidungen an bestimmte Merkmale angeknüpft wird. Hierunter können auch Merkmale wie Geschlecht, Alter oder Herkunft fallen, sofern sich diese auf mögliche Krankheitsbilder auswirken können. So gibt es Erkrankungen, wie Endometriose, die nur Frauen oder Personen mit Uterus betreffen, sodass in diesem Fall das Merkmal „biologisches Geschlecht“ für eine Diagnose von großer Bedeutung ist. Diese Unterscheidungen beruhen in der Regel auf empirisch validierten, statistischen Wahrscheinlichkeiten, wodurch unter anderem das jeweilige Risiko für die Entwicklung einer Erkrankung ermittelt werden kann.[534] Auch für die Funktionsweise von Künstlicher Intelligenz ist unerlässlich, dass diese anhand von bestimmen Kriterien Unterscheidungen vornimmt, z. B. wenn es um die Mustererkennung von pathologischem und gesundem Gewebe geht.[535] Dies muss aber nicht zwangsläufig eine Diskriminierung darstellen. Zu unterscheiden ist daher zwischen diskriminierenden Erfahrungen, die Patienten im Gesundheitsbereich erleben, weil sie z. B. eine Behinderung, eine andere ethnische Zugehörigkeit haben oder sich in anderer Weise von der Mehrheitsgesellschaft abheben und dem Bereich der Medizin, der sich gerade mit der Auswirkung dieser Merkmale auf die Gesundheit des Patienten beschäftigt.[536]

Daher ist davon auszugehen, dass eine Diskriminierung nur dann vorliegt, wenn eine Ungleichbehandlung nicht mehr valide oder medizinisch relevant ist.[537] Wann dies der Fall ist, ist schwierig zu beurteilen. Die biologischen

---

533 *Funer* in: Loh/Grote, Medizin-Technik-Ethik, 59, 64; *Schneider*, Zeitschrift für medizinische Ethik 2021, 327, 329.

534 *Funer* in: Loh/Grote, Medizin-Technik-Ethik, 59, 66.

535 *Schneider*, Zeitschrift für medizinische Ethik 2021, 327, 328; *Hagendorff*, Österreichische Zeitschrift für Soziologie, 53, 55.

536 *Baumgartner* in: Bauer/Kechaja/Engelmann/Haug, Diskriminierung und Antidiskriminierung, 148, 155.

537 *Schneider*, Zeitschrift für medizinische Ethik 2021, 327, 334.

Unterschiede zwischen den Geschlechtern spielen in der Medizin eine weit größere Rolle als bislang angenommen. Lange ging die medizinische Forschung davon aus, dass der männliche und weibliche Körper abgesehen von den Geschlechtsorganen gleich ist.[538] Mittlerweile wurde jedoch festgestellt, dass diese Annahme falsch ist und erhebliche Unterschiede zwischen den Geschlechtern bei der Wirkung von Medikamenten, bei kardiovaskulären Krankheiten sowie Autoimmunerkrankungen bestehen.[539] Geschlechtliche Unterschiede finden sich auch in jedem Gewebe, den Zellen und dem Organsystem des menschlichen Körpers.[540] Auch die jeweiligen Symptome von bestimmten Krankheiten können sich je nach Geschlecht anders äußern. So ist bereits bekannt, dass Frauen andere Anzeichen eines Herzinfarktes haben, als Männer.[541] Würden diese Unterschiede bei der Entwicklung eines intelligenten Medizinproduktes keine Berücksichtigung finden, würde eine ungerechtfertigte Gleichbehandlung und damit eine Diskriminierung vorliegen.[542] Bei dem Einsatz intelligenter Systeme in der Gesundheitsversorgung wird es daher zwangsläufig zu der Unterscheidung anhand bestimmter Kriterien kommen. Dies ist nicht zu beanstanden, solange ein medizinischer Grund für eine solche Ungleichbehandlung vorliegt.

II. Unvollständige Datensätze und ihre Folgen

In allen Phasen bei der Entwicklung und Anwendung eines intelligenten Medizinproduktes kann es zu der Diskriminierung bestimmter Patientengruppen kommen.[543] Dieses Risiko besteht vorwiegend aufgrund der Funktionsweise eines intelligenten Systems. Wie bereits in Kapitel 1 beschrieben, findet es innerhalb eines bestimmten Datensatzes Korrelationen, aufgrund derer eine Vorhersage oder eine Entscheidung getroffen wird, unabhängig davon, ob die Daten ggf. verzerrt sind.[544] Daher bringen diskriminierende Datensätze ein hohes Gefährdungspotenzial mit sich.

---

538 *Dijkstra/Verdonk/Lagro-Jansen,* Medical Education 2008, 1021.

539 *Beery/Zucker,* Neuroscience and Biobehavioral Reviews 35 (2011) 565, 566.

540 *Beery/Zucker,* Neuroscience and Biobehavioral Reviews 35 (2011) 565, 566; *Criado-Perez,* Unsichtbare Frauen S. 268.

541 *Baumgartner* in: Bauer/Kechaja/Engelmann/Haug, Diskriminierung und Antidiskriminierung, 148, 155.

542 *Funer* in: Loh/Grote, Medizin-Technik-Ethik, 59, 78.

543 *Schneider,* Zeitschrift für medizinische Ethik 2021, 327, 331

544 *Gössel,* in: Gössel, Diskriminierungsfreie KI, 3, 7.

1. *Entstehung von Diskriminierungsrisiken*

Diskriminierungsrisiken entstehen besonders durch die beabsichtigte oder unbeabsichtigte Über- oder Unterrepräsentation bestimmter Personengruppen in den zum Training verwendeten Datensätzen oder wenn sie dort überhaupt nicht vorkommen.[545] Dies kann zum einen daher kommen, dass sich die Daten auf Umstände beziehen, in denen eine Ungleichbehandlung tatsächlich besteht bzw. bestand oder diese aus frei zugänglichen Quellen gewonnen werden, die von der betroffenen Personengruppe kaum oder gar nicht genutzt werden.[546] Aber auch dadurch, dass bereits die Technikentwickler unbeabsichtigt diskriminierende Vorannahmen in das System einbauen oder es so konzipieren, dass soziale Benachteiligungen auftreten oder verstärkt werden.[547] Auch bei der Validierung von den Trainingsdaten durch eine fachkundige Person können die vorhandenen Vorurteile zu einer falschen Bezeichnung der Daten führen oder durch die Programmierung eines Systems, das vorrangig das Ergebnis der Gesundheitsversorgung maximieren soll.[548]

Zu bedenken ist außerdem, dass Datensätze niemals vollständig sein können, da sie in der Regel aus der Erhebung von Stichproben stammen, bei denen von einer ausreichenden Universalisierbarkeit und Repräsentanz ausgegangen wird.[549] Dennoch bilden sie oftmals nicht die tatsächlichen Verhältnisse unserer Gesellschaft ab. Vielmehr kommt es in den bereits bestehenden medizinischen Datensätzen zu einer Überrepräsentation von erwachsenen, weißen Männern, wohingegen Frauen, Kinder, ältere Menschen und Personen aus verschiedenen ethnischen Gruppen im Verhältnis unterrepräsentiert sind.[550] Daher besteht bei der Verwendung solcher Daten die Gefahr einer Falschbehandlung marginalisierter Personengruppen und die Verfestigung bestehender Ungleichbehandlungen.[551]

---

545 *Orwat*, Diskriminierungsrisiken durch Verwendung von Algorithmen, S. 79.

546 *Orwat*, Diskriminierungsrisiken durch Verwendung von Algorithmen, S. 80 f.

547 *Hagendorff*, Österreichische Zeitschrift für Soziologie, 53, 56 f; *ders.* in: Rath/Krotz/Karmasin, Maschinenethik, 121, 124; *Schneider*, Zeitschrift für medizinische Ethik 2021, 327, 331; *Gössel* in: Gössel, Diskriminierungsfreie KI, 3, 9.

548 *Funer* in: Loh/Grote, Medizin-Technik-Ethik, 59, 71; *Schneider*, Zeitschrift für medizinische Ethik 2021, 327, 332.

549 *Funer* in: Loh/Grote, Medizin-Technik-Ethik, 59, 69; *Mühlböck/Taupitz*, AcP 221 (2021), 179, 184.

550 *Schneider*, Zeitschrift für medizinische Ethik 2021, 327, 331.

551 *Funer* in: Loh/Grote, Medizin-Technik-Ethik, 59, 70.

2. *Hintergrund unvollständiger Datensätze*

Die Hintergründe dieser lückenhaften Datensätze sind komplex und vielschichtig. So haben unter anderem Forschende einen leichteren Zugang zu Personengruppen mit dem gleichen sprachlichen, sozioökonomischen oder biografischen Hintergrund.[552] Die Unterrepräsentanz von Frauen in medizinischen Datensätzen liegt aber auch daran, dass sie lange Zeit von klinischen Studien vollständig ausgeschlossen wurden.[553] Des Weiteren ging die medizinische Forschung lange davon aus, dass es keine wesentlichen Unterschiede zwischen dem männlichen und weiblichen Körper gibt, sodass beispielsweise bis in die 1980er Jahre keinerlei Daten hinsichtlich der Diagnose und Therapie von Herzinfarkten bei Frauen erhoben wurden.[554] Auch andere marginalisierte Gruppen sind in medizinischen Datensätzen unterrepräsentiert. Das kann zum einen daran liegen, dass manche Personengruppen einen geringen Anteil der Bevölkerung darstellen oder daran, dass sozioökonomisch schlechter gestellte Menschen oftmals seltener zum Arzt gehen und/oder gar nicht erst krankenversichert sind.[555] Dies wirkt sich wiederum in der Diversität der bestehenden Datengrundsätze aus.

Dennoch ist eine diverse Datengrundlage für die Funktionsweise der Künstlichen Intelligenz unerlässlich. Zwar fehlen oftmals relevante Daten von marginalisierten Minderheiten, jedoch kann eine Übertragung der bisherigen Erkenntnisse, die sich vor allem aus der Forschung mit weißen Männern ergeben, unter Umständen zu Fehl- oder Nichtdiagnosen führen. So kam beispielsweise eine Überprüfung der bislang verwendeten Risikoklassifizierungen bei koronaren Erkrankungen wie dem Framingham-Risk-Score (FRS) oder dem European Score zu dem Ergebnis, dass diese bei Patienten mit anderer ethnischer Herkunft nur unzureichend funktionieren, da sie in einer vorwiegend weißen Gesellschaft entwickelt wurden.[556] Mithin kann heute nicht mehr ohne weiteres davon ausgegangen werden, dass der Körper eines weißen Mannes

---

552 *Heesen/Reinhardt/Schelenz* in: Bauer/Kechaja/Engelmann/Haug, Diskriminierung und Antidiskriminierung, 129, 136.

553 *Dijkstra/Verdonk/Lagro-Jansen*, Medical Education 2008, 1021, 2022.

554 *Grande*, Bundesgesundheitsbl-Gesundheitsforsch-Gesundheitsschutz 2008, 36; *Dijkstra/Verdonk/Lagro-Jansen*, Medical Education 2008, 1021.

555 *Baumgartner* in: Bauer/Kechaja/Engelmann/Haug, Diskriminierung und Antidiskriminierung, 148, 156.

556 *Gijsbert/Groenewegen/Hoefer* et al., Race/Ethnic Differences in the Associations of the Framingham Risk Factors with Carotid IMT and Cardiovascular Events, S. 3.

genauso funktioniert, wie der einer Frau oder einer Person mit anderer ethnischer Herkunft.[557]

Auch heute werden oftmals keine gleichwertigen Daten von Frauen und Männern gesammelt, analysiert und ihre Unterschiede in Zusammenhang mit dem beforschten Untersuchungsgegenstand gesetzt.[558] Dies hat zur Folge, dass häufig die Ergebnisse solcher Studien unbesehen auf den weiblichen Körper übertragen werden, unabhängig davon, ob diese tatsächlich zutreffen.[559] Ergebnisse von Studien, die vorwiegend mit männlichen Probanden durchgeführt wurden, dominieren daher weiterhin die einschlägige Fachliteratur.[560] Da bei der Entwicklung von intelligenten Medizinprodukten in der Regel auf diese Datensätze zurückgegriffen wird, besteht die Gefahr, dass der Algorithmus vorwiegend an Daten weißer, erwachsener Männer trainiert wird.[561] Fehlende oder nicht gemessene Daten können zwangsläufig von einem Algorithmus nicht berücksichtigt werden, sodass das errechnete Ergebnis für die nicht repräsentierte Person unter Umständen keinerlei Nutzen hat, da es weniger zuverlässig oder sogar unzutreffend sein kann.[562]

Daher ist zwangsläufig erforderlich, dass bei der Konstruktion des intelligenten Medizinproduktes darauf geachtet wird, dass das System mit einer ausreichend diversen Datengrundlage trainiert wird und die bestehenden Ungleichheiten berücksichtigen kann. Nur so kann sichergestellt werden, dass marginalisierte Patientengruppen nicht zu Schaden kommen.

III. Bisherige Beobachtungen

Die diskriminierenden Tendenzen intelligenter Systeme konnten bereits mehrfach beobachtet werden. Ihr Einsatz führte bei der Auswahl von Bewerbern um einen Arbeitsplatz oder der Einstufung der Kreditwürdigkeit zu Diskriminierungen von schwarzen Personen.[563] Auch wurde die Rückfallwahrscheinlichkeit schwarzer Angeklagter durch das System COMPAS („*Correctional Offender Management Profiling for Alternative Sanctions*“) im Vergleich zu

557 S. Kap. 2 D I 2.

558 *Singh/Bandewar/Singer*, BMC International Health and Human Rights 2009.

559 *Dijkstra/Verdonk/Lagro-Jansen*, Medical Education 2008, 1021.

560 *Beery/Zucker*, Neuroscience and Biobehavioral Reviews 35 (2011) 565, 568.

561 *Schneider*, Zeitschrift für medizinische Ethik 2021, 327, 331.

562 *Funer* in: Loh/Grote, Medizin-Technik-Ethik, 59, 70; *Baumgartner/Ernst*, Gender 2023, 11, 15.

563 *Funer* in: Loh/Grote, Medizin-Technik-Ethik, 59, 61; *Rebstadt et al*, HMD 59 (2022), 495.

weißen Angeklagten fast doppelt so häufig falsch eingestuft.[564] Die Bedeutung der Trainingsdaten bei der Konstruktion einer Künstlichen Intelligenz zeigt auch der Google Bilderkennungsalgorithmus oder der Microsoft Chatbot „Tay". Da ersterer mit Bildern trainiert wurde, die vorwiegend weiße Personen zeigten, wies der Algorithmus das Bild eines Afroamerikaners der Kategorie „Gorillas" zu.[565] Der Chatbot dagegen musste vom Netz genommen werden, da dieser von Nutzern der Plattform „4chan" mit rassistischen, sexistischen und antisemitischen Inhalten konfrontiert wurde und daher bereits nach wenigen Stunden rassistische und volksverhetzende Kommentare hinterließ.[566] Dies verdeutlicht nur, dass die Wirkungsweise von intelligenten Systemen im erheblichen Umfang von der Qualität der eingegebenen Daten abhängig ist.

Ähnliche Beobachtungen wurden bereits bei intelligenten Systemen gemacht, die im Bereich der Gesundheitsversorgung eingesetzt wurden. So sollen Bilderkennungsalgorithmen bereits jetzt Melanome auf der Haut erkennen, jedoch ist ihre Zuverlässigkeit bei Patienten mit schwarzer Haut zweifelhaft.[567] Dies liegt vorwiegend daran, dass der Algorithmus hauptsächlich mit Bildern einer bestimmten ethnischen Bevölkerung trainiert wurde und aufgrund der unterschiedlichen Erscheinungsbilder zu Fehlentscheidungen tendieren kann.[568] Ein weiteres Beispiel ist eine KI, die anhand von Stimmdiagnostik Alzheimer erkennen und diagnostizieren sollte und welche Pausen, Fehler oder Unsicherheiten in der Aussprache als Hinweise auf einen beginnenden, kognitiven Verfall interpretierte.[569] Auch hier wurde das System hauptsächlich mit englischen Muttersprachlern trainiert.[570] Zuletzt zeigte auch eine Studie von *Obermeyer et al.*[571], dass das intelligente System, welches in den USA zur Identifizierung von Patienten mit einem besonderen Pflegebedarf eingesetzt wird, Afroamerikaner seltener für die Aufnahme in das besondere „Care Management-Programm"

564 *Kreuter/Kern/Schenk* in: Dössel/Schäffter/Rutert, KI in der Medizin, 98, 101; *Steege*, MMR 2019, 715, 716.

565 *Lobe* in: Hilgendorf/Tiz, Vom richtigen Umgang mit den „Anderen", 147, 150; *Steege*, MMR 2019, 715, 716.

566 *Beck*, KI und Diskriminierung, S. 6; *Lobe* in: Hilgendorf/Tiz, Vom richtigen Umgang mit den „Anderen", 147, 152; *Hagendorff*, Österreichische Zeitschrift für Soziologie, 53, 59; *Hagendorff* in: Rath/Krotz/Karmasin, Maschinenethik, 121, 123.

567 S. hierzu ausführlich *Wen et al.*, Lancet Digit Health 2022, e64–74.

568 *Haenssle*, Forum 2020, 109, 113; *Baumgartner/Ernst*, Gender 2023, 11, 19 f.

569 *Schneider*, Zeitschrift für medizinische Ethik 2021, 327, 337.

570 *Schneider*, Zeitschrift für medizinische Ethik 2021, 327, 337.

571 *Obermeyer/Powers/Vogeli/Mullainathan*, Science 366 (2019), 447 ff.

vorgeschlagen hat, obwohl oftmals die gleiche Krankheitsschwere vorlag.[572] Zurückzuführen ist dies darauf, dass die Trainingsdaten unter anderem auf früheren Kosten im Gesundheitssystem beruhten, die verzerrt waren.[573] Aufgrund verschiedener Faktoren wurde in den USA weniger Geld für Afroamerikaner ausgegeben, sodass das System auf ein niedrigeres Pflegerisiko geschlossen hat.[574]

Diese Beispiele verdeutlichen, dass bereits jetzt systemische Diskriminierungen von intelligenten Systemen aufgegriffen und teilweise noch verstärkt werden. Dies gilt unabhängig von ihrem jeweiligen Einsatzgebiet. Zwar werden sie in der Gesundheitsversorgung noch nicht flächendeckend eingesetzt, doch treten bereits jetzt ernstzunehmende Gefahren für marginalisierte Personengruppen auf. Damit ist es wahrscheinlich, dass sich dieses Problem nur verstärken wird, wenn vermehrt intelligente Medizinprodukte zugelassen und angewendet werden. Die Folgen können Fehldiagnosen oder Fehlbehandlungen sein, die sich in Gesundheits- und Körperverletzungen oder sogar dem Tod eines Patienten niederschlagen können. Wie sich dies auf den strafrechtlichen Sorgfaltsmaßstabs des Herstellers eines intelligenten Medizinproduktes auswirken kann, soll im Folgenden untersucht werden.

IV. Konkretisierung der strafrechtlichen Sorgfaltspflicht

Zusammenfassend lässt sich feststellen, dass diskriminierende Tendenzen eines intelligenten Medizinproduktes eine konkrete Gefahr für Leib, Leben oder Gesundheit des Patienten darstellen können. Die Frage ist nur, ob von dem Hersteller die Verhinderung solcher Diskriminierungen verlangt werden kann und ob er für hierdurch entstandene Rechtsgutsverletzungen in strafrechtlicher Hinsicht einstehen muss. Im Folgenden soll untersucht werden, woraus sich entsprechende Pflichten ergeben und in welchem Umfang mögliche Gefahrabwendungsmaßnahmen verlangt werden können.

---

572 *Obermeyer/Powers/Vogeli/Mullainathan*, Science 366 (2019), 447; *Schneider*, Zeitschrift für medizinische Ethik 2021, 327, 334; *Orwat*, Diskriminierungsrisiken durch Verwendung von Algorithmen, S. 53.

573 *Obermeyer/Powers/Vogeli/Mullainathan*, Science 366 (2019), 447; *Schneider*, Zeitschrift für medizinische Ethik 2021, 327, 334; *Orwat*, Diskriminierungsrisiken durch Verwendung von Algorithmen, S. 53.

574 *Obermeyer/Powers/Vogeli/Mullainathan*, Science 366 (2019), 447; *Schneider*, Zeitschrift für medizinische Ethik 2021, 327, 334; *Orwat*, Diskriminierungsrisiken durch Verwendung von Algorithmen, S. 53.

1. MP-VO als Anknüpfungspunkt

Bereits die MP-VO konkretisiert die Sorgfaltspflicht des Herstellers, sodass sich aus ihr eine Pflicht zur Verhinderung von Diskriminierungsrisiken ergeben kann.[575] Schließlich müssen Medizinprodukte gem. Anhang I Abschnitt 1 S. 1 MP-VO so ausgelegt und hergestellt werden, dass sie sich unter normaler Verwendungsbedingungen für ihre Zweckbestimmung eignen. Zweckbestimmung bezeichnet gem. Art. 2 Nr. 12 MP-VO die Verwendung, für die ein Produkt entsprechend den Angaben des Herstellers auf der Kennzeichnung, in der Gebrauchsanweisung oder dem Werbe- oder Verkaufsmaterial bzw. den Werbe- oder Verkaufsangaben und seinen Angaben bei der klinischen Bewertung bestimmt ist. Bereits hieraus ergibt sich, dass sich das Produkt für alle vorgesehenen Anwendungsfelder eignen muss, mithin auch für alle im Vorfeld festgelegten Patientengruppen. Wann dies der Fall ist, bestimmt sich nach dem Stand der Wissenschaft und Technik. Wie auch bei der Durchführung von klinischen Studien kann und muss der Hersteller daher Ein- und Ausschlusskriterien festlegen, sodass eindeutig definiert ist, für welche Personengruppe das jeweilige Produkt bestimmt ist.[576] Über die jeweiligen Kriterien hat der Hersteller den Verwender ausdrücklich und sorgfältig zu instruieren, vgl. Anhang I Abschnitt 23 MP-VO.

2. Strafrechtliche Produzentenhaftung als Anknüpfungspunkt

Neben der MP-VO können gegebenenfalls auch die Grundsätze der strafrechtlichen Produzentenhaftung herangezogen werden. Wie bereits erläutert, entstehen diskriminierende Tendenzen eines intelligenten Systems hauptsächlich durch eine unzureichende Datengrundlage.[577] Ihre Ursache liegt daher in der Regel bei einer fehlerhaften Konstruktion des Produktes. Schließlich gehört es zu der Konstruktionspflicht des Herstellers sicherzustellen, dass eine ausreichend diverse Datengrundlage für das Training verwendet wird.[578] Des Weiteren besteht eine Handlungspflicht, wenn ihm nach der Inverkehrgabe seines Produktes bekannt wird, dass aufgrund von diskriminierenden Entscheidungen der KI eine Gefahr für Leib, Leben oder Gesundheit der Patienten, der

575 S. Kap. 2 B I 3.

576 *Dössel* in: Dössel/Schäffter/Rutert, KI in der Medizin, 16, 24.

577 S. Kap. 2 D II.

578 S. Kap. 2 C III 1 a.

Anwender oder Dritte bestehen.[579] Ergreift er keine entsprechenden Maßnahmen, liegt ein Verstoß gegen die Sorgfaltspflicht des Herstellers vor.

Mithin kann prinzipiell an die Grundsätze der strafrechtlichen Produzentenhaftung und insbesondere an die Konstruktionspflicht sowie die Produktbeobachtungspflicht des Herstellers angeknüpft werden, wobei berücksichtigt werden muss, dass nicht jede diskriminierende Entscheidung der KI auch einen Sorgfaltsverstoß des Herstellers darstellt, auch wenn sie zu einer Rechtsgutsverletzung geführt hat. Es ist davon auszugehen, dass aufgrund der statistischen Vorgehensweise der intelligenten Produkte ein diskriminierendes Verhalten mit an Sicherheit grenzender Wahrscheinlichkeit auftreten wird.[580] Nimmt man an, dass dies für eine strafrechtliche Verantwortlichkeit bereits ausreicht, droht eine Ausuferung der strafrechtlichen Haftung und möglicherweise eine Hemmung des technologischen Fortschrittes.[581] Außerdem ist in Übereinstimmung mit der Rechtsprechung davon auszugehen, dass der Hersteller eines Produktes dessen vollumfängliche Ungefährlichkeit nicht gewährleisten kann und muss.[582] Vor dem Hintergrund, dass der Einsatz von intelligenten Medizinprodukten aufgrund ihrer großen Vorteile wünschenswert ist, wäre eine ausufernde, strafrechtliche Verantwortlichkeit als Ergebnis nicht hinnehmbar. Eine Eingrenzung des Sorgfaltsmaßstabs in Bezug auf Diskriminierungsrisiken ist daher geboten.

Maßgeblich für einen Sorgfaltsverstoß sind dabei im Wesentlichen zwei Gesichtspunkte. Zum einen muss sich an dem aktuellen Stand der Wissenschaft orientiert werden.[583] Ist bereits allgemein bekannt, dass sich eine Krankheit je nach Geschlecht unterschiedlich äußern kann, muss der Hersteller dies bei der Konstruktion seines Produktes entsprechend berücksichtigen.[584] Zum anderen muss auch die Wahrscheinlichkeit des Eintrittes einer

---

579 Zur Produktbeobachtungspflicht und den hieraus resultierenden Handlungspflichten s. Kap. 2 C IV.

580 S. Kap. 2 D II.

581 *Beck* in: Hilgendorf, Autonome Systeme und neue Mobilität, 117, 129; Ebers/Heinze/Krügel/Steinrötter/*Beck*, Künstliche Intelligenz und Robotik, § 7 Rn. 48.

582 BGH NJW 2006, 2326; NJW 2010, 1967; NJW 2018, 2956, 2957.

583 MüKo BGB/*Wagner* § 823, Rn. 970; Staudinger/*Oechsler*, § 3 ProdHaftG Rn. 108; *Sander/Hollering*, NStZ 2017, 193, 198.

584 So müsste beispielsweise eine KI zur Erkennung von Herzinfarkten die Symptome von Frauen berücksichtigen, da diese oftmals von denen der Männer abweichen können, vgl. *Baumgartner* in: Bauer/Kechaja/Engelmann/Haug, Diskriminierung und Antidiskriminierung, 148, 155.

diskriminierungsbedingten Rechtsgutsverletzung berücksichtigt werden. Je naheliegender eine mögliche Gefahr für bestimmte Patientengruppen ist, umso eher ist bei einer Nichtberücksichtigung von einem Sorgfaltsverstoß auszugehen.

3. Regelungen der AIA-E

Auch mit Blick auf die AIA-E wird es zu einer Konkretisierung der Herstellerpflichten kommen, die sich auch auf die Verhinderung von Diskriminierungen durch die KI beziehen werden. So wird bei Hochrisikoanwendungen, zu denen auch intelligente Medizinprodukte zählen, die Verwendung von Trainingsdaten angeordnet, die eine hohe Qualität aufweisen, um Risiken und diskriminierende Ereignisse so gering wie möglich zu halten, vgl. Abschnitt 1.2. AIA-E. Zu diesem Zweck sollen mögliche relevante, repräsentative und vollständige Datensätze für das Training der Künstlichen Intelligenz verwendet und geeignete Daten-Governance und Datenverwaltungsverfahren umgesetzt werden, vgl. Erwägungsgrund 44 AIA-E. Der europäische Gesetzgeber hat demnach das Diskriminierungsrisiko durch intelligente Systeme im Blick und möchte den Herstellern entsprechende Sorgfaltspflichten auferlegen.

4. Maßnahmen zur Verhinderung von Diskriminierungen durch intelligente Medizinprodukte

Des Weiteren ist zu berücksichtigten, dass der Hersteller nur zu dem Ergreifen derjenigen Maßnahmen verpflichtet ist, die zur Vermeidung von diskriminierungsbedingten Gefahren erforderlich und zumutbar sind.[585] Im Folgenden soll untersucht werden, ob bereits Methoden für die Verhinderung oder Aufdeckung von diskriminierenden Algorithmen zur Verfügung stehen.

a.) Systembezogene Lösungsansätze

Mit diesem Thema beschäftigen sich bereits wissenschaftliche Forschungsgemeinschaften aus Vertretern der Informatik und der IT-branche, wie die „DADM“ („*discrimination-aware data-mining*“) oder die „FAT ML“ („*fairness,*

585 Vgl. BGH NJW 2009, 1669; NJW 2009, 2952, 2954; Ebers/Heinze/Krügel/Steinrötter/*Eichelberger*, Künstliche Intelligenz und Robotik, § 5 Rn. 21; s. hierzu Kap. 2 D IV 4.

accountability and transparency machine learning").[586] Der Stand der bisherigen Forschung zu diesem Thema lässt sich in drei Kategorien einteilen[587]:

Erstens, „pre processing". Hierunter fallen Methoden, die Datensätze so bereinigen sollen, dass kein diskriminierender Output entstehen kann.[588]
Zweitens, „in-processing". Dabei sollen Algorithmen verhindert werden, die diskriminierende Ergebnisse berechnen.[589]
Drittens, „post-processing". Diese Methoden zielen darauf ab, dass die durch den Trainingsprozess entwickelten Maschinenlernmodelle so modifiziert werden, dass technische Diskriminierung verhindert werden kann.[590] Ob diese Maßnahmen bereits ausreichend wirksam sind, ist allerdings noch fraglich.

(aa.) Bereinigung der Datengrundlage („pre-processing")

Die Bereinigung von Trainingsdaten, durch die sensible Informationen wie Geschlecht, Ethnizität, sexuelle Orientierung, politische Überzeugung etc. gar nicht erst gespeichert werden, kann zwar dazu geeignet sein, dass der Algorithmus bereits von Anfang an keine diskriminierenden Tendenzen entwickelt.[591] Der Nachteil einer solchen Lösung besteht jedoch darin, dass hierdurch die Qualität und Nützlichkeit der mit einem solchen Trainingssatz entwickelten Systeme abnehmen kann.[592] Ebenso ist besonders im medizinischen Bereich

---

586 *Hagendorff,* Österreichische Zeitschrift für Soziologie, 53, 60; *Kashid/Kulkarni/Patankar,* International Journal of Data Science 2017, 70 ff.

587 S. *Hajian/Domingo-Ferrer* in: Custers/Calders/Schermer/Zarsky, Discrimination and Privacy in the Information Society, 241, 247; *Barredo Arrieta et al.,* Information Fusion 58 (2020), 82, 104; *Hagendorff,* Österreichische Zeitschrift für Soziologie, 53, 61.

588 So z.B. *Kamiran/Calders/Pechenizkiy* in: Custers/Calders/Schermer/Zarsky, Discrimination and Privacy in the Information Society, 223, 229 ff.

589 *Hajian/Domingo-Ferrer* in: Custers/Calders/Schermer/Zarsky, Discrimination and Privacy in the Information Society, 241, 247; *Calders/Verwer,* Data Mining and Knowledge Discovery 2010, 277 ff.

590 *Hajian/Domingo-Ferrer* in: Custers/Calders/Schermer/Zarsky, Discrimination and Privacy in the Information Society, 241, 247; *Hagendorff,* Österreichische Zeitschrift für Soziologie, 53, 61.

591 *Hagendorff,* Österreichische Zeitschrift für Soziologie, 53, 62.

592 *Hajian/Domingo-Ferrer* in: Custers/Calders/Schermer/Zarsky, Discrimination and Privacy in the Information Society, 241, 243; *Hagendorff,* Österreichische Zeitschrift für Soziologie, 53, 60.

die Unterscheidung nach Merkmalen ein erforderliches Mittel für die Diagnosestellung.[593] Ein Diagnosesystem, welches gelernt hat, gerade nicht nach Kriterien wie Geschlecht, Herkunft, Alter etc. zu unterscheiden, wäre bei einer Diagnosefindung möglicherweise unbrauchbar. Zuletzt verhindert die Streichung bestimmter Merkmale eine diskriminierende Entscheidung des intelligenten Systems in vielen Fällen nicht. Dies lässt sich anhand des bereits geschilderten Systems „COMPAS" verdeutlichen. Das System sollte zwar nicht nach der Hautfarbe der Angeklagten differenzieren, jedoch die sozialen Netzwerke, das Bestehen eines Arbeitsverhältnisses, das angegebene Einkommen, die Wohnsituation etc. in die Prognoseberechnung einbeziehen.[594] Bei diesen Merkmalen besteht allerdings von vorneherein eine systematische Benachteiligung der schwarzen Bevölkerung in Amerika, sodass es auch ohne das Merkmal der ethnischen Herkunft zu einer Diskriminierung durch KI kam.[595] Auch die Benachteiligung schwarzer Personen bei der Berechnung des Pflegebedarfs entstand nicht unmittelbar durch das Merkmal der ethnischen Herkunft, sondern daher, dass im amerikanischen Gesundheitssystems in der Vergangenheit weniger Gesundheitsausgaben für Patienten dieser Personengruppe vorgenommen wurden.[596] Dies verdeutlicht nur, dass die Diskriminierung marginalisierter Personengruppen oftmals nicht unmittelbar aus den Daten ergibt, sondern auf komplexe und systemische Vorgänge innerhalb einer Gesellschaft zurückzuführen sind. Die Effektivität einer solchen Maßnahme ist daher fraglich.

(bb.) Algorithmus zur explorativen Datenanalyse („in-processing")

Eine weitere Möglichkeit wäre die Entwicklung und der Einsatz eines Algorithmus, der Datensätze nach Mustern durchsucht, welche sich potenziell als diskriminierend herausstellen könnten.[597] Dies setzt jedoch wieder voraus, dass sich die Diskriminierung auch unmittelbar aus den verwendeten Datensätzen

---

593 S. Kap. 2 D I 2.

594 *Heesen/Reinhardt/Schelenz* in: Bauer/Kechaja/Engelmann/Haug, Diskriminierung und Antidiskriminierung, 129, 133; *Hagendorff*, Österreichische Zeitschrift für Soziologie, 53, 58; *ders.* in: Rath/Krotz/Karmasin, Maschinenethik, 121, 125.

595 *Orwat*, Diskriminierungsrisiken durch Verwendung von Algorithmen, S. 66 f.; *Steege*, MMR 2019, 715, 716; *Hagendorff*, Österreichische Zeitschrift für Soziologie, 53, 59.

596 *Obermeyer/Powers/Vogeli/Mullainathan*, Science 366 (2019), 447; *Schneider*, Zeitschrift für medizinische Ethik 2021, 327, 334; *Orwat*, Diskriminierungsrisiken durch Verwendung von Algorithmen, S. 53.

597 *Hagendorff*, Österreichische Zeitschrift für Soziologie, 53, 61.

ergibt.[598] Der Vorteil einer solchen Methode liegt darin, dass der Hersteller durch die Verwendung eines solchen Algorithmus nicht selbst die Trainingsdaten überprüfen oder ein Dritter in die oftmals betriebsgeheimen Vorgänge Einsicht nehmen muss. Problematisch im medizinischen Bereich ist jedoch, dass Daten hinsichtlich bestimmter Personengruppen häufig fehlen oder ungeprüft auf alle Patienten angewendet werden. Demnach ergibt sich die Diskriminierung nicht immer unmittelbar aus dem verwendeten Datensatz. Es ist fraglich, ob ein Algorithmus diese komplexen und oftmals unterschwelligen Diskriminierungsrisiken überhaupt erkennen könnte.

(cc.) Überwachung durch Dritte („post-processing“)

Zuletzt könnte ein weiterer organisatorischer Ansatz darin bestehen, dass das Datenverarbeitungsmanagement von einer Drittorganisation oder einer Behörde übernommen wird.[599] Dies setzt jedoch voraus, dass einer solchen Organisation auch tatsächlich entsprechende Möglichkeiten zur Verfügung stehen, um diskriminierende Tendenzen der Künstlichen Intelligenz aufzudecken. Zudem handelt es sich hierbei um einen Ansatz, der unabhängig von den Handlungsmöglichkeiten des einzelnen Herstellers beschlossen werden muss und sich daher nur mittelbar auf den strafrechtlichen Sorgfaltsmaßstab auswirkt.

b.) Weitere Lösungsansätze

Die systembezogenen Lösungsansätze sind mithin bisher nicht ausreichend erforscht, um eine zuverlässige Lösung für die Verhinderung von diskriminierenden Tendenzen einer KI darstellen zu können. Jedoch gibt es zahlreiche, zum Teil organisatorische Maßnahmen, die dem Hersteller für diesen Zweck zur Verfügung stehen. So kann er insbesondere sein Produkt auf mögliche Diskriminierungsrisiken untersuchen und so gefährdete Personengruppen identifizieren.[600] Schließlich muss er bereits aufgrund seiner Konstruktionspflicht sicherstellen, dass die verwendeten Daten möglichst vollständig, repräsentativ und korrekt sind.[601] Hierfür kann er die Datengrundlage beispielsweise auf Über- oder Unterrepräsentation bestimmter Personengruppen durchsuchen.[602]

---

598 *Hagendorff*, Österreichische Zeitschrift für Soziologie, 53, 61.

599 *Tutt*, Administrative Law Review 2017, 83, 111 ff.; *Beck*, ZRP 2019, 185.

600 *Barredo Arrieta et al.*, Information Fusion 58 (2020), 82, 105; *HEG-KI*, Ethikleitlinien für eine vertrauenswürdige KI (2019), S. 38.

601 *Funer* in: Loh/Grote, Medizin-Technik-Ethik, 59, 81.

602 *Rebstadt et al.* HMD 59 (2022), 495, 502.

Während der Konstruktion des intelligenten Medizinproduktes sind außerdem anhand im Vorfeld festgelegter Kriterien Algorithmen zu wählen, die das Risiko diskriminierender Entscheidungen verringern oder ausschließen.[603] Erforderlich wird außerdem die regelmäßige Kontrolle und Evaluierung während der Testphase und nach der Inverkehrgabe sein, um diskriminierende Tendenzen so früh wie möglich erkennen zu können.[604] Ein recht vielversprechender Ansatz hierfür kann die Bildung unterschiedlicher Kontrollgruppen mit Probanden verschiedener Geschlechter, ethnischer Herkunft etc. sein, um herauszufinden, ob das System in Bezug auf alle Nutzer gleichbleibend verlässlich funktioniert und ob es Maßnahmen gibt, die eine mögliche Ungleichbehandlung verhindern können.[605] Zuletzt ist auch die Erklärbarkeit und Nachvollziehbarkeit der Entscheidung des Systems ein wichtiger Ansatzpunkt zur Verhinderung von ungewollten Diskriminierungen. So kann beispielsweise durch Heatmaps oder andere Erklärmodelle besser nachvollzogen werden, anhand welcher Kriterien und Merkmale die KI zu ihrer Entscheidung gelangt ist, sodass diskriminierende Tendenzen besser erkannt und verhindert werden können.[606]

Ob der Hersteller entsprechende Maßnahmen ergreifen muss, hängt jedoch immer von den Umständen des Einzelfalls ab. Es muss stets überprüft werden, ob die jeweiligen Maßnahmen tatsächlich eine Diskriminierung durch die KI verhindert hätten und ob derart umfangreiche Maßnahmen noch zumutbar sind, mithin die Summe der erwarteten Schäden nicht übersteigen.[607]

5. *Fazit*

Sowohl aus der MP-VO als auch aus der Konstruktionspflicht des Herstellers lässt sich dessen Pflicht zur Verhinderung von diskriminierungsbedingten Gefahren ableiten. Die strafrechtliche Beurteilung einer aus einem solchen Verstoß resultierenden Rechtsgutsverletzung richtet sich dann nach den bereits vorgestellten Grundsätzen.[608] Zu prüfen ist also, ob der Hersteller bei der Konstruktion seines Produktes den aktuellen Stand der Wissenschaft und Technik nicht eingehalten hat, beispielsweise indem er wissenschaftlich anerkannte und

---

603 *Heinrichs*, AI and Society 37 (2022), 143, 139.

604 *Funer* in: Loh/Grote, Medizin-Technik-Ethik, 59, 81.

605 *Funer* in: Loh/Grote, Medizin-Technik-Ethik, 59, 81.

606 Zu der Erklärbarkeit automatisierter Entscheidungen s. Kap. 1 C I.

607 Zu den Anforderungen an die Zumutbarkeit entsprechender Maßnahmen s. Kap. 2 B III 3.

608 S. hierzu ausführlich Kap. 2 B I 3. und Kap. 2 C III 1.

relevante Unterschiede zwischen den Geschlechtern nicht ausreichend berücksichtigt und/oder er ihm mögliche und zumutbare Maßnahmen zur Verhinderung von naheliegenden Diskriminierungen durch sein Produkt nicht ergriffen hat.[609]

V. Zusammenfassung

Durch bisherige Annahmen und Verzerrungen in den Datensätzen besteht eine konkrete Gefahr der Diskriminierung von Patienten bei der Verwendung intelligenter Medizinprodukte. Dies kann zu Fehldiagnosen und Fehlbehandlungen führen und eine Rechtsgutsverletzung von Leib, Leben und Gesundheit zur Folge haben. Die Sorgfaltspflichten des Herstellers umfassen die fehlerfreie Konstruktion des intelligenten Medizinproduktes, damit gewährleistet ist, dass es sich für die vorgesehene Zweckbestimmung eignet. Daher hat er vor und nach der Konstruktion sowie der Inverkehrgabe seines Produktes darauf zu achten, dass das Produkt wie vorgesehen funktioniert. Darunter fällt auch, dass er mögliche Fehlbehandlungen aufgrund diskriminierender Entscheidungen des Systems von marginalisierten Patientengruppen im Blick behält und entsprechende Gegenmaßnahmen einleitet. Hat er den aktuellen Stand der Wissenschaft nicht beachtet und keine Maßnahmen zur Verhinderung einer naheliegenden Diskriminierung ergriffen, liegt ein strafrechtlich relevanter Sorgfaltsverstoß vor.

E. Begrenzung der strafrechtlichen Sorgfaltspflicht: Vertrauensgrundsatz

Die Grenze des Sorgfaltsmaßstabs des Herstellers könnte der Vertrauensgrundsatz darstellen. Dieser wurde ursprünglich im Straßenverkehr entwickelt und besagt, dass derjenige, der sich sorgfaltsgemäß verhält, darauf vertrauen darf, dass andere dies auch tun, solange nicht konkrete Anhaltspunkte gegen eine solche Annahme sprechen.[610] Ob sich dieser Grundsatz auch auf Sachverhalte außerhalb des Straßenverkehrs erstrecken kann, ist noch nicht abschließend

---

609 Zu den Anforderungen an die Zumutbarkeit entsprechender Maßnahmen s. Kap. 2 B III 3.

610 Schönke/Schröder/*Sternberg-Lieben/Schuster* StGB § 15 Rn. 148 m.w.N; *Roxin/Greco*, AT I § 24 Rn. 21; LK-StGB/*Vogel/Bülte* § 15 Rn. 224.

entschieden worden, dennoch ist seine Anwendung beispielsweise im Rahmen von ärztlichen Heilbehandlungen bereits anerkannt.[611]

I. Vertrauensgrundsatz bei arbeitsteiligem Zusammenwirken

Zunehmend wird sich auch für eine Anwendung bei arbeitsteiligen Zusammenwirken im Rahmen der strafrechtlichen Produzentenhaftung ausgesprochen.[612] Da in einem Herstellerunternehmen in der Regel nicht nur eine Person für die Entwicklung des intelligenten Medizinproduktes verantwortlich sein wird, sondern vielmehr ein ganzes Team zusammenarbeitet, darf sich nach dem Vertrauensgrundsatz jedes Teammitglied, das sich selbst verkehrsgerecht verhält, auch auf ein rechtmäßigen Handeln der anderen vertrauen.[613] Eine konkrete Handlungspflicht besteht nur dann, wenn ein anderer erkennbar sorgfaltswidrig handelt.[614] Dies gilt jedoch vor allem auf horizontaler Ebene, mithin dann, wenn es sich um Arbeitnehmer mit vergleichbarem Ausbildungs- und Wissensstand handelt und der Fehler auch innerhalb ihres zugewiesenen Tätigkeitsfeldes entstanden ist.[615] Des Weiteren dürfen aber auch weisungsgebundene Mitarbeiter auf eine ordnungsgemäße Weisung vertrauen und Vorgesetzte grundsätzlich auf die ordnungsgemäße Ausführung ihrer Weisung.[616]

II. Begrenzung der Sorgfaltspflicht durch den Einfluss des Arztes

Ebenso ist zu berücksichtigen, dass der Eintritt und Umfang des Schadens gerade bei den vorliegenden Konstellationen auch von den Sorgfaltsvorkehrungen des Arztes abhängen können. Nicht zuletzt ist auch der Patient dazu verpflichtet, sich selbst zu schützen und eigene Sicherheitsmaßnahmen bezüglich erkennbarer Gefahrenquellen zu ergreifen.[617] Er muss sich also an die von dem Hersteller oder dem Arzt vorgegebenen Anwendungsvorgaben halten und das Produkt gemäß seiner Zweckbestimmung verwenden.

---

611 BGH NJW 1980, 649, 650.; *Roxin/Greco*, AT I § 24 Rn. 25; LK-StGB/*Vogel/Bülte* § 15 Rn. 232; näher *Duttge*, ZIS 2011, 349 ff.

612 *Duttge*, ZIS 2011, 349, 350 ff.; Schönke/Schröder/*Sternberg-Lieben/Schuster* § 15 Rn. 151.

613 *Haagen/Lohmann* in: Hartmann, KI & Recht Kompakt, 257, 265; *Schuster*, DAR 2019, 6, 9; *Sander/Hollering*, NStZ 2017, 193, 198.

614 *Sander/Hollering*, NStZ 2017, 193, 198.

615 BGH NJW 1999, 1779, 1780; *Fischer*, StGB § 222 Rn. 10a.

616 Schönke/Schröder/*Sternberg-Lieben/Schuster* StGB § 15 Rn. 217.

617 BGH NJW 2008, 3775, 3776 Rn. 10; MüKo BGB/*Wagner* § 823 Rn. 480.

Der Hersteller eines intelligenten Medizinproduktes darf mithin so lange darauf vertrauen, dass der Arzt oder der Patient ihrer Pflicht zur Abwendung von Gefahren oder Schädigungen gerecht werden, wie er sich selbst sorgfaltsgerecht verhält.[618] Die Frage ist nur, wo die Sorgfaltspflicht des Herstellers endet und die des Arztes beginnt. Welche Anforderungen an den Betreiber eines Medizinproduktes zu stellen sind, regelt die MPBetreibV. Verwendet oder betreibt der Arzt ein (intelligentes) Medizinprodukt, muss er den dort geregelten Vorgaben gerecht werden.[619] Gem. § 3 MPBetreibV besteht die Pflicht des Arztes, ein sicheres und ordnungsgemäßes Anwenden des genutzten Medizinproduktes zu gewährleisten. Außerdem darf er es gem. § 4 Abs. 1 MPBetreibV nur im Rahmen der vorgegebenen Zweckbestimmung, den Vorgaben der MP-VO sowie den allgemeinen Regeln der Technik betreiben oder anwenden. Gem. § 4 Abs. 2 MPBetreibV darf das Produkt nur durch eine Person angewendet oder betrieben werden, welche die hierfür erforderliche Ausbildung oder Kenntnis und Erfahrung verfügt. Zusätzlich ist gem. § 4 Abs. 3 MPBetreibV eine Einweisung erforderlich, es sei denn, das Produkt ist selbsterklärend oder bereits bei einem baugleichen Medizinprodukt erfolgt. Des Weiteren besteht die Pflicht des Arztes, sich von der Funktionsfähigkeit und dem ordnungsgemäßen Zustand des Produktes zu überzeugen und die Gebrauchsanweisung sowie die sonstigen beigefügten sicherheitsbezogenen Informationen und Instandhaltungshinweise zu beachten, vgl. § 4 Abs. 6 MPBetreibV. Wie weit die Überprüfungspflicht des Arztes gehen darf, ist fraglich. Der BGH hat beispielsweise entschieden, dass es nicht zum Aufgabenkreis des behandelnden Arztes gehört, komplizierte technische Geräte zu überprüfen und sie fortwährend zu überwachen:

> *„Die Verwendung nichtärztlicher Hilfspersonen ist aus der modernen Medizin und insbesondere aus dem heutigen Klinikwesen nicht wegzudenken. In all diesen Bereichen ist dem Arzt ein persönliches Tätigwerden im Einzelfall teils aus Gründen der wirtschaftlichen Arbeitsteilung nicht zumutbar, teils auch wegen der Grenzen seiner fachlichen Kenntnisse gar nicht möglich. […] Ein persönliches Eingreifen des Arztes ist vielmehr grundsätzlich nur zu fordern, wo die betreffende Tätigkeit gerade dem Arzte*

618 BGH NJW 1980, 649, 650.; *Roxin/Greco,* AT I § 24 Rn. 25; LK-StGB/*Vogel/Bülte* § 15 Rn. 232; näher *Duttge,* ZIS 2011, 349 ff.

619 Gem. § 2 Abs. 2 S. 1 MPBetreibV Betreiber eines Medizinproduktes jede natürliche oder Juristische Person, die für den Betrieb der Gesundheitseinrichtung verantwortlich ist, in der das Medizinprodukt durch dessen Beschäftigte betrieben oder angewendet wird. Gem. § 2 Abs. 3 MPBetreibV ist Anwender, wer ein Medizinprodukt im Anwendungsbereich dieser Verordnung am Patienten einsetzt.

eigene Kenntnisse und Kunstfertigkeiten voraussetzt. [...] Deshalb spricht derzeit alles dafür, daß sich die Sorgfaltspflicht des verantwortlichen Arztes dadurch erschöpfte, die fachliche und charakterliche Zuverlässigkeit der mit der Prüfung betrauten Hilfskraft zu überwachen, und zu gewährleisten, daß sie sich der mit ihrer Tätigkeit verbundenen hohen Verantwortung bewußt blieb.“[620]

Daraus folgt, dass zwar gem. § 4 Abs. 6 MPBetreibV eine Pflicht des Arztes besteht, sich von der Funktionsfähigkeit des Produktes zu überzeugen, diese beinhaltet jedoch keine umfangreiche Prüfung des Produktes. Besonders intelligente Medizinprodukte können komplizierte technische Geräte im Sinne der zitierten Entscheidung des BGH darstellen und ihre Überprüfung weitreichende Kompetenzen im Bereich der Informatik erfordern. Von einem Arzt können derartige Kenntnisse gerade nicht verlangt werden. Vielmehr ist davon auszugehen, dass sich die in § 4 Abs. 5 MPBetreibV festgelegte Pflicht primär auf das dem Arzt Mögliche und Zumutbare beschränkt. In diesem Rahmen muss er sich – möglicherweise auch anhand der vom Hersteller zur Verfügung gestellten Informationen – von der Funktionsfähigkeit des intelligenten Medizinproduktes überzeugen.

Anhand der dargestellten Sorgfaltspflichten des Arztes und des Herstellers lassen sich verschiedene Verantwortungsbereiche voneinander abgrenzen. Der Hersteller hat vorwiegend die ordnungsgemäße Konstruktion, Fabrikation und Produktüberwachung zu gewährleisten. Zwar muss er einen naheliegenden Fehlgebrauch des Arztes oder des Patienten so weit wie möglich bei der Konstruktion berücksichtigen[621], jedoch trägt in der Regel der behandelnde Arzt die Verantwortung für die ordnungsgemäße Anwendung am Patienten. Hierfür muss er eine ausführliche, den Anforderungen der MP-VO entsprechende Instruktion und Einweisung von dem Hersteller erhalten. Daher darf einerseits der pflichtgemäß handelnde Arzt oder Patient darauf vertrauen, dass das Medizinprodukt ordnungsgemäß konstruiert sowie fabriziert wurde, die Instruktion vollständig sowie zutreffend ist und das Produkt hinsichtlich einer möglichen Gefahr ausreichend überwacht wird. Andererseits darf der Hersteller aber auch darauf vertrauen, dass sein Produkt im Rahmen der festgelegten Zweckbestimmung entsprechend seines Anwendungsfeldes verwendet und seinen Instruktionen Folge geleistet wird. Er hat also nur für die Rechtsgutsverletzungen strafrechtlich einzustehen, die auch seinem Verantwortungsbereich zugerechnet werden können.

---

620 BGH NJW 1975, 2245, 2246.

621 S. Kap. 2 C III 1 b.

III. Vertrauensgrundsatz gegenüber dem Zulieferer

Der Vertrauensgrundsatz kann sich aber auch auf das Verhältnis des Herstellers zu seinen Zulieferern erstrecken. Gerade bei der Programmierung von intelligenten Medizinprodukten werden große Datensätze benötigt, die in der Regel von einem Datenzulieferer bezogen werden. Der Hersteller darf mithin prinzipiell auf die ordnungsgemäße Arbeit seines Vertragspartners vertrauen.[622] Dies ist auch sachgerecht. Schließlich wird es sich bei dem Datenzulieferer in der Regel um einen fachlich geschulten Dienstleister handeln, der in der Lage ist, die Richtigkeit der Daten zu validieren oder validieren zu lassen. Hauptsächlich beschränkt sich die Sorgfaltspflicht des Herstellers daher primär auf die ordnungsgemäße Auswahl des Datenlieferanten.[623] Dennoch muss beachtet werden, dass die Datengrundlage einen erheblichen Einfluss auf die Funktionsweise der Künstlichen Intelligenz hat. Wie bereits dargestellt, führt eine unzureichende Qualität zu einem schlechteren System.[624] Außerdem bestehen erhebliche Diskriminierungsgefahren, wenn nicht ausreichend auf die Diversität der Datengrundlage geachtet wird.[625] Angesichts dieser enormen Bedeutung kann dem Hersteller zugemutet werden, zumindest stichpunktartig die Daten auf Vollständigkeit und Qualität hin zu überprüfen.[626] Eine vollständige Durchsicht kann dagegen nicht erwartet werden, da es sich in der Regel um eine große Menge an Daten handelt, die nur mit einem unverhältnismäßig hohen Aufwand überprüft werden können. Zudem darf dabei nicht außer Acht gelassen werden, dass es sich bei einem Datenlieferanten um einen Fachmann handelt, der vermutlich über mehr Kenntnisse in diesem Bereich verfügt als der Hersteller selbst. Zudem kann nicht davon ausgegangen werden, dass dem Hersteller überhaupt ausreichend geschultes Personal für die Durchsicht der gesamten Datenmenge zur Verfügung steht. Verhält er sich mithin selbst sorgfaltsgemäß und die Stichprobenkontrolle hat nichts weiter ergeben, kann

622 Schönke/Schröder/*Sternberg-Lieben/Schuster* StGB § 15 Rn. 217.

623 BGH VersR 1978, 559, 560; OLG Nürnberg BeckRS 2013, 6837; BeckOGK-BGB/*Spindler* § 823 Rn. 697; MüKo BGB/*Wagner* § 823 Rn. 927; *Kullmann*, NZV 2002, 1, 5.

624 S. Kap. 1 B III.

625 S. Kap. 2 D II.

626 Auch der Produzent eines herkömmlichen Produktes ist zu der stichprobenartigen Kontrolle der gelieferten Einzelteile verpflichtet, vgl. OLG Düsseldorf, NJW 1978, 1693; OLG Saarbrücken NJW-RR 1988, 611; OLG Oldenburg NJW-RR 2005, 1338 f.; MüKo BGB/*Wagner* § 823 Rn. 927.

und darf er auf die ordnungsgemäße Zusammenstellung der Daten durch den Datenzulieferer vertrauen.

F. Zusammenfassung

Auch wenn der tatsächliche Sorgfaltsmaßstab des Produzenten eines intelligenten Medizinproduktes stets vom Einzelfall abhängen wird, lassen sich einige Grundpflichten herausarbeiten, die es bei der Konstruktion, Fabrikation, Instruktion und nach der Inverkehrgabe des Produktes zu beachten gilt. Für die Ermittlung des Sorgfaltsmaßstabs können viele verschiedene Ansätze herangezogen werden. So lassen sich bereits weitreichende Pflichten aus der MP-VO ableiten, die sich auch auf den strafrechtlichen Sorgfaltsmaßstab auswirken. Demnach muss sich ein intelligentes Medizinprodukt für den gewählten Zweck eignen und den Anforderungen der MP-VO entsprechen. Es muss sicher und wirksam sein und darf weder den klinischen Zustand und die Sicherheit des Patienten, noch die Sicherheit und Gesundheit eines Anwenders oder eines Dritten gefährden. Weitere und spezifischere Anforderungen, die von den jeweiligen Eigenschaften des Produktes abhängen, finden sich in Anhang I MP-VO. Zuletzt muss der Hersteller mit dem Produkt ein Konformitätsbewertungsverfahren durchführen, eine CE-Kennzeichnung erhalten und anbringen sowie eine Konformitätserklärung abgeben. Je nach Klassifizierung des Produktes müssen außerdem die zuständige Bundesoberbehörde und die Ethikkommission hinzugezogen werden.

Des Weiteren muss der Hersteller sein intelligentes Medizinprodukt so sicher wie möglich machen, wobei er diejenigen Maßnahmen zu ergreifen hat, die sich im Rahmen des Zumutbaren bewegen. Dabei sind die Anforderungen recht hoch anzusetzen, da bei dem Einsatz eines intelligenten Medizinproduktes in der Regel Leib, Leben und Gesundheit, mithin hochrangige Rechtsgüter gefährdet sind. Eine Garantie für die Unbedenklichkeit muss der Hersteller dagegen nicht abgegeben, da nicht jede in Betracht kommende Gefahr im Vorfeld absehbar und damit zu verhindern ist. Wurde das Produkt bereits durch die zuständige Behörde zugelassen, liegt ein Indiz für die Erfüllung der bestehenden Sorgfaltspflichten vor.

Aber auch auf die bestehenden zivilrechtlichen Grundsätze der Produkthaftung kann unter Beachtung der wesentlichen Unterschiede der Rechtsgebiete zurückgegriffen werden. Dadurch ergeben sich weitreichende neue Anforderungen und Pflichten, die sowohl die Konstruktion, die Fabrikation und die Instruktion des Produktes betreffen, als auch dessen Beobachtung nach der Inverkehrgabe sowie das Ergreifen der erforderlichen

Gefahrabwendungsmaßnahmen. Daneben muss der Hersteller eines intelligenten Medizinproduktes sicherstellen, dass sein System keine diskriminierenden Tendenzen aufweist. Hierfür sind die vorgestellten Maßnahmen zu ergreifen, sofern deren Aufwand zumutbar ist.

Drittes Kapitel - Tatbestandliche Problemfelder im Rahmen der strafrechtlichen Produzentenhaftung

Neben der Bestimmung einer strafrechtlichen Sorgfaltspflicht werden sich im Kontext mit intelligenten Medizinprodukten auch weitere Probleme auf der Tatbestandsebene ergeben. Dies gilt insbesondere aufgrund der kritischen Eigenschaften der KI, wie ihrer Unvorhersehbarkeit, ihrer autonomen Funktionsweise sowie der mangelnden Erklärbarkeit ihrer Entscheidungen. Hierdurch stellen sich neue Fragen im Rahmen der Kausalität, der objektiven Zurechnung oder des Unterlassens.

A. Kausalität

Voraussetzung für eine strafrechtliche Verantwortlichkeit des Herstellers ist stets, dass die Pflichtverletzung, mithin in der Regel der Produktfehler, kausal für den Verletzungserfolg des Verwenders oder eines Dritten gewesen ist. Besonders im Rahmen der strafrechtlichen Produzentenhaftung kann der Kausalitätsnachweis Schwierigkeiten bereiten.[627] Denn anders als im Zivilrecht verbietet der „in dubio pro reo" Grundsatz eine Beweislastumkehr im Strafrecht.[628]

Zur Ermittlung des Kausalzusammenhangs verwenden die Rechtsprechung und die herrschende Lehre die Äquivalenztheorie, nach welcher jede Bedingung als ursächlich anzusehen ist, die nicht hinweggedacht werden kann, ohne dass der Erfolg entfiele.[629] Kann dies von vorneherein nicht mit an Sicherheit grenzender Wahrscheinlichkeit festgestellt werden, hat der Hersteller den Eintritt des Taterfolges strafrechtlich nicht zu verantworten.[630] Unproblematisch ist auch der Fall, in dem die Kausalität wissenschaftlich nachgewiesen werden

---

627 Vgl. BGH NJW 1990, 2560 ff.; NJW 1995, 2930 ff; LG Aachen, JZ 1971, 507 ff.; *Kaufmann*, JZ 1971, 569 ff.

628 *Kuhlen* in: Achenbach/Ransiek/Rönnau, Handbuch Wirtschaftsstrafrecht 2. Teil 1. Kapitel Rn. 49.

629 BGHSt 1, 332, 333; 2, 20, 24; 39, 195, 197; 45, 270, 294 f.; *Roxin/Greco*, AT I, § 11 Rn. 6; Schönke/Schröder/*Eisele* StGB Vor. §§ 13 ff. Rn. 73a; *Fischer*, StGB vor § 13 Rn. 21.

630 Produkthaftungshandbuch/*Winkelbauer* § 81 Rn. 47.

kann, mithin feststeht, dass der Taterfolg eine unmittelbare Folge des Produktfehlers ist.[631] Die Äquivalenztheorie stößt dagegen dann an ihre Grenzen, wenn die Wirkungsweise der vermeintlichen Ursache unbekannt ist.[632]

I. Generalisierte oder konkrete Kausalität

Bereits in der Vergangenheit hatte sich die Rechtsprechung mit der Kausalität zwischen Tathandlung und Taterfolg im Rahmen der strafrechtlichen Produzentenhaftung auseinanderzusetzen. Zu nennen ist hier unter anderem das *Contergan*-Verfahren[633], in welchem untersucht werden musste, ob der Wirkstoff Thalidomid ursächlich für die Fehlbildungen der Leibesfrucht war. Aber auch im viel besprochenen *Lederspray*-Urteil[634] ging es um die Frage, ob die verwendeten Silikonöle für Lungenschäden der Verwender verantwortlich waren und im *Holzschutzmittel*-Fall[635] um den Zusammenhang zwischen den Wirkstoffen PCP und Lindan mit einer Dysregulation des Immunsystems. Allen drei Fällen ist gemein, dass die Ursache der schädigenden Wirkung des Produktes nicht zweifelsfrei erklärt werden konnte.

Dieses Problem wird sich auch im Zusammenhang mit intelligenten Medizinprodukten stellen, sofern kein lokales oder globales Modell die Entscheidungsfindung des Systems im Nachhinein erklärbar machen kann.[636] Da aktuell jedoch viele Erklärungsansätze noch an ihre Grenzen stoßen, muss davon ausgegangen werden, dass die Hintergründe einer durch das System gestellten Fehldiagnose oftmals nicht nachvollzogen werden können. Es kommt daher im Rahmen der Kausalität vorrangig darauf an, ob der Nachweis einer konkreten oder einer generellen Kausalkette ausreicht.

1. *Entwicklung der Rechtsprechungslinie*

Wie bereits erläutert, stand der BGH dem Problem des Kausalitätsnachweises im Rahmen der *Lederspray*-Entscheidung[637] gegenüber. Es konnte keine naturwissenschaftliche Erklärung für die konkrete gesundheitsschädliche Wirkung des Ledersprays gefunden werden.[638] Der Gerichtshof entschied, dass es auf

631 Produkthaftungshandbuch/*Winkelbauer* § 81 Rn. 48.
632 Schönke/Schröder/*Eisele* StGB vor §§13 ff. Rn. 74.
633 LG Aachen, JZ 1971, 507 ff.; *Kaufmann*, JZ 1971, 569, 573 ff.
634 BGH NJW 1990, 2560 ff.
635 BGH NJW 1995, 2930 ff.
636 S. hierzu Kap. 1 C I.
637 BGH NJW 1990 2560 ff.
638 BGH NJW 1990, 2560, 2562.

eine solche nicht ankommt, wenn alle anderen Ursachen für die Gesundheitsschädigungen zweifelsfrei ausgeschlossen werden können:

> *„Ist in rechtsfehlerfreier Weise festgestellt, daß die – wenn auch nicht näher aufzuklärende- inhaltliche Beschaffenheit des Produkts schadensursächlich war, so ist zum Nachweis des Ursachenzusammenhangs nicht noch weiter erforderlich, daß festgestellt wird, warum diese Beschaffenheit schadensursächlich werden konnte, was also nach naturwissenschaftlicher Analyse und Erkenntnis letztlich der Grund dafür war."*[639]

Demnach lockert der BGH die Grundsätze der Äquivalenzformel und stellt darauf ab, ob andere Ursachen statistisch ausgeschlossen werden können.

Eine weitere Lockerung nahm der Gerichtshof dann im Rahmen seiner *Holzschutzmittel*-Entscheidung vor.[640] Er entschied, dass eine zweifelsfreie Mitursächlichkeit des Produktes an der Gesundheitsschädigung ausreicht, um einen Kausalzusammenhang anzunehmen[641]:

> *„Ein Ursachenzusammenhang zwischen einer Holzschutzmittelexposition und einer Erkrankung ist nicht etwa nur dadurch nachweisbar, daß entweder die Wirkungsweise der Holzschutzmittelinhaltsstoffe auf den menschlichen Organismus naturwissenschaftlich nachgewiesen oder alle anderen möglichen Ursachen einer Erkrankung aufgezählt und ausgeschlossen werden. Ein Ausschluß anderer Ursachen kann vielmehr - ohne deren vollständige Erörterung - auch dadurch erfolgen, daß nach einer Gesamtbewertung der naturwissenschaftlichen Erkenntnisse und anderer Indiztatsachen die - zumindest - Mitverursachung des Holzschutzmittels zweifelsfrei festgestellt wird."*[642]

Aus den Ausführungen des BGH folgt, dass der Nachweis einer Kausalkette in zweierlei Gestalt erfolgen kann: *Erstens,* durch einen naturwissenschaftlichen Beweis der Ursache und *zweitens,* durch den Ausschluss aller anderer in Betracht kommenden Ursachen.[643] Dabei hält er eine feststehende Mitursächlichkeit für ausreichend, um eine Kausalkette anzunehmen. Mithin entschied er sich für die Annahme einer generellen Kausalität, sodass es nicht darauf ankommt, wie genau das Produkt seine schädigende Wirkung entfaltet hat, sondern nur darauf, dass keine anderen Ursachen den Erfolg herbeigeführt haben.

---

639 BGH NJW 1990, 2560, 2562; zust. *Kuhlen,* JZ 1994, 1142, 1145 f.; *Roxin/Greco,* AT I, § 11 Rn. 17; LK StGB/*Walter* vor §§ 13 ff. Rn. 80; abl. *Kühne,* NJW 1997, 1951, 1953; NK-StGB/*Puppe* vor §§ 13 ff Rn. 86.

640 BGH NJW 1995, 2930 ff.

641 BGH NJW 1995, 2930 ff; a.A.: *Kühne,* NJW 1997, 1951, 1953; *Roxin/Greco,* AT I § 11 Rn. 18; *Volk,* NStZ 1996, 105, 109.

642 BGH NJW 1995, 2930, 2932.

643 *Bode* in: FS 50 Jahre BGH, 515, 520; *Volk,* NStZ 1996, 105, 108.

2. *Kritik der Literatur*

Volk[644] sieht in den dargestellten Ausführungen des BGH eine Änderung des Begriffs der Kausalität hin zu einer „[...] *Lehre vom plausiblen Zusammenhang [...]*". Durch den Ausschluss anderer Ursachen bestehe die Gefahr, dass der Kausalzusammenhang mehr oder weniger von einer statistischen Wahrscheinlichkeit abhängig gemacht wird.[645] Schwierigkeiten ergeben sich auch dadurch, dass nur die im Zeitpunkt der Verhandlung bekannten Ursachen betrachtet und ggf. anschließend ausgeschlossen werden können.[646] Zudem ist dies eigentlich nur dann möglich, wenn die Wirkungsweise des Produktes bekannt ist und daher keine anderen erfolgsverursachenden Umstände mehr in Betracht kommen.[647] Ob ein solches Vorgehen im Einklang mit dem „in dubio pro reo" Grundsatz steht, ist fraglich.[648] Schließlich wird so dem vermeintlichen Täter zugemutet, eine andere plausible Kausalitätserklärung vorzubringen, um den vom Gericht aufgestellten Verdacht zu entkräften.[649]

Gegen die Auffassung des BGH könnten zudem wichtige Prozessgrundsätze sprechen. Bei einem solchen Vorgehen droht die Gefahr einer willkürlichen oder wissenschaftlich nicht fundierten Entscheidung, die sich außerhalb des durch § 261 StPO gesetzten Rahmens der richterlichen Überzeugungsbildung befindet.[650] Dies gilt umso mehr, wenn es keinen wissenschaftlichen Konsens hinsichtlich eines Kausalzusammenhangs gibt. Daher wird vereinzelt gefordert, dass beispielsweise bei chemischen Produkten die schädigenden Stoffe konkret ermittelt und benannt werden können.[651]

Andere von der Literatur teilweise vertretene Ansätze vermögen das vorliegende Problem jedoch ebenfalls nicht zu lösen. Auch die zum Teil vertretene Lehre der gesetzmäßigen Bedingung[652] stößt dann an ihre Grenzen, wenn der Auslöser der schädigenden Wirkung des Produktes wissenschaftlich nicht erklärt werden kann. Schließlich setzt auch diese Auffassung voraus, dass

644 *Volk*, NStZ 1996, 105, 109.
645 *Roxin/Greco*, AT I § 11 Rn. 18; *Volk*, NStZ 1996, 105, 109.
646 Schönke/Schröder/*Eisele* StGB vor §§13 ff. Rn. 75a; *Kühne*, NJW 1997, 1951, 1953; *Samson*, StV 1991, 182, 183.
647 *Roxin/Greco*, AT I § 11 Rn. 17.
648 Produkthaftungshandbuch/*Winkelbauer* § 81 Rn. 53.
649 NK-StGB/*Puppe* vor §§ 13 ff. Rn. 84.
650 Produkthaftungshandbuch/*Winkelbauer* § 81 Rn. 53.
651 NK-StGB/*Puppe* vor §§ 13 ff. Rn. 85.
652 Z.B. *Erb*, JuS 1994, 449, 452; *Hilgendorf*, NStZ 1994, 561, 564 f.; *Roxin/Greco*, AT I § 11 Rn. 15.

sich der Erfolgseintritt durch Naturgesetze auf die Handlung zurückführen lässt.[653] Ebendies setzt auch die Kenntnis der naturwissenschaftlichen Kausalzusammenhänge voraus.[654] Daher ist sie in den Fällen, in denen die schädliche Wirkung eines Produktes nicht wissenschaftlich nachvollziehbar ist, wenig hilfreich. Die Naturgesetze, die zur Schädigung der Produktnutzer geführt haben, stehen gerade nicht fest.

3. Fazit

Die Heranziehung andere Kausalitätstheorien kann das Problem also nicht lösen. Daher wird ein Rückgriff auf die Grundsätze der Äquivalenztheorie erforderlich sein. Die Annahme einer konkreten Kausalität erscheint jedoch im Hinblick auf den immer weiter fortschreitenden Stand der Wissenschaft und Technik unzureichend. Ähnlich wie bei komplexen chemischen Produkten ist auch die Wirkungsweise von intelligenten Produkten oftmals nicht im Einzelnen nachvollziehbar. Ist eine Entscheidung einer KI nicht belegbar und daher die Kausalkette in ihren Einzelheiten nicht nachweisbar, besteht die Gefahr von Strafbarkeitslücken.

a.) Ausschluss anderer Verursachungsbeiträge

Das Vorstehende gilt zumindest für die Sachverhalte, in denen alle anderen Ursachen für die Gesundheitsschädigung bereits ausgeschlossen werden konnten. Dies lässt sich an einem einfachen Beispiel erläutern: Erkennt eine fiktive KI zur Erkennung von Brustkrebs einen bösartigen Tumor nicht, wodurch die Patientin die erforderliche Therapie nicht erhält und mit der Zeit unter immer stärkeren Schmerzen leidet, ist die Ursache dieser Gesundheitsverletzung klar zu bestimmen. Hätte die KI den Krebs erkannt und richtig eingeordnet, wäre die eben geschilderte Situation nicht entstanden. Mithin steht fest, dass andere Ursachen ausgeschlossen werden können. Weshalb genau die KI diese Entscheidung getroffen hat, kann nicht immer nachvollzogen werden.[655] In einem solchen Fall erscheint es jedoch nicht sachgemäß, einen Kausalzusammenhang abzulehnen, nur weil der konkrete Vorgang der KI nicht erklärt werden kann. Dies steht auch nicht im Widerspruch zu der Struktur des Strafrechts. So muss beispielsweise auch nicht festgestellt werden, welche konkrete Stichverletzung

---

653 LK-StGB/*Walter*, Vor §§ 13 ff Rn. 73; *Rengier*, Strafrecht AT § 13 Rn. 12; Schönke/Schröder/*Eisele* StGB Vor §§ 13 ff. Rn. 75; *Roxin/Greco*, AT § 11 Rn. 15.

654 MüKo StGB/*Freund* Vor §§ 13 Rn. 334.

655 Zu den Erklärungsansätzen automatisierter Entscheidungen s. Kap. 1 C I.

bei einem Opfer zum Tode geführt hat, solange feststeht, dass der Täter allein handelte.[656]

Auch ein Verstoß gegen § 261 StPO muss nicht befürchtet werden. Das Gericht darf zwar im Rahmen seiner freien richterlichen Überzeugungsbildung bei seiner Entscheidung nicht gegen allgemein anerkannte Erfahrungssätze verstoßen.[657] Dennoch wird dem Gericht teilweise eingeräumt, bei naturwissenschaftlich umstrittenen Fragen zu einer Entscheidung zu gelangen, sofern er sich die hierfür erforderliche Sachkunde durch einen Sachverständigen eingeholt hat.[658] Zwar darf dies nicht unbeschränkt gelten, da gerade bei Sachverhalten, in denen es keinen wissenschaftlichen Konsens gibt, nicht davon auszugehen ist, dass ein Gericht die erforderliche Kompetenz für die Klärung dieser wissenschaftlichen Frage hat. Für den Fall, dass jedoch kein wissenschaftlich ernst zu nehmender Zweifel an dem Kausalzusammenhang besteht, muss dem Gericht die Möglichkeit eingeräumt werden, zu einer Entscheidung kommen.[659] Dies steht daher nicht im Widerspruch zu dem durch § 261 StPO zugestandenen Rahmen.

Das Vorliegen einer hinreichend ausgeprägten Korrelation zwischen Verwendung des Produktes einerseits und Schädigungen bei dem Nutzer oder Dritten andererseits, kann also ein ausreichendes Indiz für das Vorliegen einer Kausalkette darstellen. Schließlich muss berücksichtigt werden, dass es bei immer komplexer werdenden Produkten fast unmöglich sein wird, eine monokausale Ursache konkret bestimmen zu können. Dabei muss auch das berechtigte Interesse an einer strafrechtlichen Verfolgung von Produktfehlern nach Eintritt eines Schadensfall Berücksichtigung finden. Wer ein hochkomplexes und neuartiges Produkt auf den Markt bringt, muss für die entstehenden Fehler und Gefahren, Verantwortung übernehmen. Es erscheint daher sinnvoll und geboten, einen Kausalzusammenhang zwischen dem Medizinprodukt und der Gesundheitsschädigung anzunehmen, wenn andere Ursachen mit an Sicherheit grenzender Wahrscheinlichkeit ausgeschlossen werden können.

---

656 *Roxin/Greco*, AT I § 11 Rn. 17.

657 *Roxin/Greco*, AT I § 11 Rn. 16.

658 BGH NJW 1995, 2930, 2932; NK-StGB/*Puppe* §§ Vor 13 ff. 87.

659 LK-StGB/*Walter* §§ Vor 13 ff Rn. 80; *Roxin/Greco*, AT I § 11 Rn. 16; *Kuhlen* in: Achenbach/Ransiek/Rönnau, Handbuch Wirtschaftsstrafrecht, 2. Teil, 1. Kapitel Rn. 51 f.

b.) Mitursächlichkeit bei der Erfolgsherbeiführung

Schwieriger zu beurteilen ist die Frage, wenn lediglich eine Mitursächlichkeit feststeht und andere Ursachen für die Erfolgsherbeiführung gerade nicht ausgeschlossen werden können. Die Anwendung der Äquivalenzformel ist dann fraglich. Eine Mitverursachung bedeutet nicht zwangsläufig, dass der Taterfolg nicht auch ohne das fehlerhafte Produkt durch die anderen Begleitumstände eingetreten wäre. Daher kann unter Umständen der Produktfehler hinweggedacht werden, ohne dass auch der Taterfolg entfiele. Es besteht daher besonders die Gefahr, dass das Vorliegen eines Ursachenzusammenhangs nur noch von einer statistischen Wahrscheinlichkeit abhängig gemacht wird.[660]

Möglicherweise kann aber in einem solchen Fall auf die Grundsätze der alternativen oder kumulativen Kausalität zurückgegriffen werden. Kumulativ kausal sind zwei oder mehrere voneinander unabhängige Tathandlungen, wenn erst durch ihr Zusammenwirken der Erfolg herbeigeführt wird.[661] Dies ist etwa der Fall, wenn A und B dem C unabhängig voneinander Gift verabreichen, welche erst durch ihr Zusammenwirken tödlich wirken. Alternative Kausalität liegt dagegen vor, wenn zwei oder mehrere Bedingungen völlig unabhängig voneinander den Erfolg herbeiführen.[662] Anders als bei dem Beispiel zu der kumulativen Kausalität geben hier zwei oder mehrere Täter unabhängig voneinander eine tödliche Dosis Gift. Mithin kann jeder Tatbeitrag hinweggedacht werden, ohne dass der konkrete Erfolg – der Tod des Opfers – entfiele. Für diesen Fall wurde die Äquivalenzformel wie folgt modifiziert: „*Von mehreren Bedingungen, die zwar alternativ aber nicht kumulativ hinweggedacht werden können, ohne dass der Erfolg entfiele, ist jede für den Erfolg ursächlich.*“[663] Das Zusammenwirken mehrerer Erfolgsursachen ist dem Strafrecht mithin nicht fremd und führt nicht zwangsläufig zu dem Ausschluss der Kausalität.

Kann also eine Mitverursachung eines Produktfehlers zweifelsfrei festgestellt werden, liegt auch ein Kausalzusammenhang vor. Wie bereits festgestellt, kommt es dabei nicht auf die Einzelheiten der Entscheidungsfindung des intelligenten Medizinproduktes an, sondern nur darauf, dass dieses fehlerhaft war.

---

660 Vgl. *Volk*, NStZ 1996, 105, 108.

661 Lackner/Kühl/*Heger* Vor § 13 Rn. 11; Schönke/Schröder/*Eisele* StGB Vor §§13 ff Rn. 83.

662 *Kindhäuser/Zimmermann*, Strafrecht AT § 10 Rn. 31; *Rengier*, Strafrecht AT § 13 Rn. 26.

663 *Roxin/Greco*, Strafrecht AT I § 11 Rn. 26; *Rengier*, Strafrecht AT § 13 Rn. 28; *Wessels/Beulke/Satzger*, Strafrecht AT § 6 Rn. 230.

Für den Fall, dass der Produktfehler erst zusammen mit anderen Ursachen den Taterfolg herbeigeführt hat, liegt ein Fall der kumulativen Kausalität vor. Hätte er für sich genommen bereits zu der Rechtsgutsverletzung geführt und sind weitere Umstände hinzugetreten, kann auf die angepasste Äquivalenzformel, die im Rahmen der alternativen Kausalität entwickelt wurde, zurückgegriffen werden.

II. Gremienentscheidungen

Im Rahmen der strafrechtlichen Produzentenhaftung kommt es häufig dazu, dass mehrere Personen den Erfolgseintritt herbeigeführt haben. Besonders in größeren Unternehmen liegt die Entscheidungsbefugnis über die Einführung eines Produktes auf den Markt oder dessen Rückruf meist bei mehreren Personen. Dann aber kann die Ermittlung der Kausalität zwischen Tathandlung und Erfolg Schwierigkeiten bereiten. Wurde der Beschluss zur Markteinführung oder gegen eine Gefahrabwendungsmaßnahme mit nur einer Mehrheitsstimme verabschiedet, ist die Kausalkette unproblematisch. In diesem Fall kann keine Stimme hinweggedacht werden, ohne, dass der Erfolg entfällt. Anders liegt der Fall, wenn ein überwiegender Mehrheitsbeschluss vorliegt. Folgt man der herrschenden Meinung und wendet die Äquivalenztheorie an, könnte sich dann jeder Abstimmende darauf berufen, dass seine Stimme hinweggedacht werden kann, ohne dass der Erfolg entfällt. Der Beschluss wäre dann auch bei einer Enthaltung oder Gegenstimme zustande gekommen, sodass der Erfolg weiterhin in seiner konkreten Gestalt eingetreten wäre.

1. Sorgfaltswidrige Abstimmung

Gerade bei sorgfaltswidrigen Abstimmungen kann die Annahme einer Kausalkette Schwierigkeiten bereiten. Der BGH hat im Rahmen seiner Lederspray-Entscheidung auf die Grundsätze der Mittäterschaft abgestellt, da er in dem Beschluss gegen den Produktrückruf eine gemeinsame Missachtung der ihnen obliegenden Schadensabwendungspflicht sah.[664] Der Vorteil dieser Lösung ist, dass dann alle Tathandlungen gemeinsam für den Eintritt des Taterfolges kausal sein müssen.[665] Problematisch ist dagegen, dass es nach herrschender Meinung keine mittäterschaftliche Begehung eines Fahrlässigkeitsdeliktes gibt

---

664 BGH NJW 1990, 2560, 2566.

665 *Satzger*, JURA 2014, 186, 193; *Rotsch* in: 10 Jahre ZIS, 233, 251; hierzu ausführlich *Roxin*, AT II § 25 Rn. 211 ff.

und bei einer geheimen Abstimmung der gemeinsame Tatentschluss mehr als fraglich ist, da die Teilnehmenden bis zu endgültigen Abstimmung über das Verhalten der anderen im Unklaren sind.[666] Die Anwendung der Grundsätze der alternativen oder kumulativen Kausalität bietet sich dagegen nicht an. Anders als bei den üblichen Fällen der kumulativen Kausalität kann jeder Tatbeitrag für sich – also jede abgegebene Stimme – hinweggedacht werden, ohne dass der Taterfolg entfällt.[667] Auch der Rückgriff auf die alternative Kausalität vermag das Problem nicht zu lösen. Zwar führen alle Stimmen zusammen für den Eintritt des Taterfolges, betrachtet man jede Stimme einzeln, sind diese für sich genommen noch nicht für die Herbeiführung des Beschlusses in der Lage.[668] Daher verbindet ein Ansatz beide Grundsätze miteinander, sodass hinsichtlich der Stimme, die über die Mehrheit des Beschlusses entscheidet, kumulative Kausalität vorliegt und bezüglich der weiteren, „überschüssigen" Stimmen alternative Kausalität, da sie zwar einzeln, aber nicht zusammen mit den weiteren Stimmen hinweggedacht werden können.[669] Zuletzt gibt es auch die Möglichkeit, das Problem der Mehrfachkausalität über die sog. „INUS-Bedingung"[670] zu lösen. Demnach muss die abgegebene Stimme Bestandteil einer hinreichenden Mindestbedingung gewesen sein.[671]

2. *Sorgfaltsgemäße Abstimmung und Enthaltung*

Unproblematisch erscheinen dagegen die Fälle, in denen ein oder mehrere Verantwortliche gegen die Einführung des Produktes auf dem Markt oder für die Vornahme eines Rückrufes gestimmt haben. Wer sich rechtmäßig verhält, hat sich nicht strafbar gemacht, insbesondere kann ihm das rechtswidrige Verhalten der anderen nicht im Rahmen der Mittäterschaft zugerechnet werden.[672]

---

666 Hierzu ausführlich Schönke/Schröder/*Heine/Weißer* StGB Vor § 25 ff Rn. 110 ff.; MüKo StGB/*Joecks/Scheinfeld* § 25 Rn. 291 ff.; SK-StGB/*Jäger* Vor § 1 Rn. 88.

667 MüKo StGB/*Freund* Vor § 13 Rn. 346.

668 *Satzger*, JURA 2014, 186, 193; SK-StGB/*Jäger* Vor § 1 Rn. 88; MAH WirtschaftsStrafR/*Knauer/Kämpfer* § 3 Rn. 62.

669 S. hierzu ausführlich *Satzger*, JURA 2014, 186, 193.

670 Akronym für „insufficient but non-redundant part of an unnecessary but sufficient condition", vgl. *Mackie*, The Cement of the Universe: A Study of Causation, 1980, S. 62.

671 NK-StGB/*Puppe* Vor §§ 13 ff Rn. 108; *Fleischer*, BB 2004, 2645, 2647; *Röckrath*, NStZ 2003, 641, 643.

672 *Kuhlen* in: Achenbach/Ransiek/Rönnau, Handbuch des Wirtschaftsstrafrechts 2. Teil, 1. Kapitel Rn. 58; MAH WirtschaftsStrafR/*Knauer/Kämpfer* § 3 Rn. 70; Produkthaftungshandbuch/*Winkelbauer* § 82 Rn. 29.

Dies gilt auch für den Fall einer Stimmenenthaltung, da sich auch dann nicht dem gemeinsamen Tatentschluss angeschlossen wird.[673] Vorausgesetzt, das gesamten Gremium trifft eine gemeinschaftliche Gefahrabwendungspflicht. Liegt darüber hinaus bei jedem Einzelnen eine individuelle Garantenpflicht, reicht eine einfache Gegenstimme nicht aus, um einer strafrechtlichen Verantwortung zu entgehen.[674] Vielmehr muss derjenige alles Zumutbare und ihm Mögliche tun, um den Erfolg abzuwenden.[675]

Auch eine Stimmenthaltung kann unter Umständen eine kausale Bedingung für den Erfolgseintritt darstellen. Beispielsweise, wenn ein Gremium erst ab einer gewissen Anzahl an Anwesenden beschlussfähig ist.[676] Dann setzt auch derjenige, der sich enthält, nach den eben genannten Lösungsmodellen auch bei einer Stimmenthaltung eine kausale Ursache durch seine reine Anwesenheit, unabhängig davon, wie viele Mitglieder des Gremiums anwesend sind.[677] Eine Strafbarkeit begründet die reine Teilnahme und Stimmenthaltung dagegen nicht. Schließlich handelt es sich bei der Teilnahme an einer Abstimmung um ein berufstypisches und sozial adäquates Verhalten, welches keine rechtlich relevante Gefahr für ein geschütztes Rechtsgut darstellt.[678] An die bloße Anwesenheit bei einer pflichtwidrigen Abstimmung kann daher noch kein strafrechtlicher Vorwurf geknüpft werden. Sofern keine individuelle Handlungspflicht besteht, stellt auch die Stimmenthaltung an sich kein strafrechtlich relevantes Verhalten dar.[679] Schließlich bringt der Abstimmende damit zum Ausdruck, sich dem Willen der anderen gerade nicht anzuschließen und stimmt damit dem gemeinsamen Tatplan auch nicht zu.[680] Er hat auch nicht zu der Begründung einer Mindestursache beigetragen, zudem kann sein Verhalten hinweggedacht werden, ohne dass der Taterfolg entfällt.

3. *Zusammenfassung*

Um einer strafrechtlichen Verantwortlichkeit zu entgehen, ist die Geschäftsleitung des Herstellerunternehmens eines intelligenten Medizinproduktes daher

---

673 MAH WirtschaftsStrafR/*Knauer/Kämpfer* § 3 Rn. 75.
674 MAH WirtschaftsStrafR/*Knauer/Kämpfer* § 3 Rn. 73.
675 MAH WirtschaftsStrafR/*Knauer/Kämpfer* § 3 Rn. 73.
676 *Satzger,* JURA 2014. 186, 194.
677 *Satzger,* JURA 2014. 186, 194.
678 *Satzger,* JURA 2014. 186, 194.
679 MAH WirtschaftsStrafR/*Knauer/Kämpfer* § 3 Rn. 75.
680 *Satzger,* JURA 2014. 186, 194.

zu der Ergreifung aller zumutbaren Erfolgsabwendungsmaßnahmen verpflichtet. Dementsprechend müssen die einzelnen Verantwortlichen im Rahmen einer Beschlussfassung sich für eine solche aussprechen. Stimmen sie dennoch dagegen, wird in der Regel der Eintritt des Taterfolges billigend in Kauf genommen, sodass die Kausalität entweder über die Mittäterschaft, die INUS-Bedingung oder die Verbindung von alternativer und kumulativer Kausalität konstruiert werden kann.[681] Nur, wer pflichtgemäß abstimmt oder sich bei der Beschlussfassung enthält, hat keinen Kausalbeitrag zur Erfolgsherbeiführung gesetzt, sofern keine individuelle Garantenpflicht zur aktiven Gefahrenabwehr bestand.

B. Objektive Zurechnung

Wie bereits dargestellt, soll durch die Äquivalenztheorie ermittelt werden, ob die Handlung des Täters auch kausal für den Eintritt des Taterfolges geworden ist. Die Lehre der objektiven Zurechnung soll demgegenüber eine Art Korrektiv bilden, um die ausufernde Äquivalenztheorie einzugrenzen.[682] Die Rechtsprechung löst das Problem der Zurechnung bisher in der Regel über die Ursächlichkeit oder den subjektiven Tatbestand beziehungsweise im Fall eines Fahrlässigkeitsdeliktes über die objektive Vorhersehbarkeit.[683] Die hL greift dagegen auf die Lehre der objektiven Zurechnung zurück.[684] Demnach muss die Tathandlung nicht nur kausal für den Erfolg sein, dieser muss vielmehr dem Täter auch objektiv zugerechnet werden. Dies ist nur dann der Fall, wenn

681 A.A. *Rotsch,* 10 Jahre ZIS, 233 ff.; er lehnt die Annahme einer Kausalität zwischen Stimmabgabe und Taterfolg grundsätzlich ab und begründet stattdessen die strafrechtliche Verantwortung mit der Nichtverhinderung der Durchsetzung des Beschlusses, mithin einem Unterlassen.

682 Grundlegend *Roxin*, FS Honig, 133 ff.; zusammenfassend *Frisch,* JuS 2011, 116 ff.; SSW-StGB/*Kudlich* Vor §§ 13 Rn. 53; Lackner/Kühl/*Kühl* StGB § 15 Rn. 41; LK-StGB/*Walter* Vor §§ 13 ff. Rn. 89.

683 Vgl. BGH NJW 1955, 1077, 1078; NJW 1960, 1261; NJW 1966, 1871, 1872, wobei sich die Rechtsprechung mittlerweile der Lehre der objektiven Zurechnung weiter annähert vgl. BGH NJW 2006, 522, 528 m. Anm. *Ransiek* S. 814 ff.

684 *Roxin/Greco*, AT I § 11 Rn. 44 ff.; MüKo StGB/*Freund* Vor § 13 Rn. 350; Schönke/Schröder/*Eisele* StGB Vor §§ 13 ff. Rn. 92; *Baumann/Weber/Mitsch/Eisele,* AT § 10 Rn. 64; a.A. *Hirsch,* FS Lenckner, S. 119 ff.

die Tathandlung eine rechtlich missbilligte Gefahr geschaffen oder erhöht hat und sich diese im konkreten Taterfolg niederschlägt.[685]

I. Erlaubtes Risiko

Die erste Voraussetzung für die objektive Zurechnung des Taterfolges ist mithin die Schaffung einer rechtlich missbilligten Gefahr. An dieser Voraussetzung fehlt es bereits dann, wenn sich die Tathandlung im Rahmen des erlaubten Risikos bewegt. Dies ist dann der Fall, wenn zwar ein rechtlich relevantes Risiko geschaffen wird, das Verhalten jedoch losgelöst vom Einzelfall generell erlaubt ist.[686] Wer sich beispielsweise im Straßenverkehr verkehrsgerecht verhält, schafft bereits keine rechtlich missbilligte Gefahr. Unter den Begriff des erlaubten Risikos fallen daher insbesondere sozialadäquate Handlungen, mithin Verhaltensweisen, die legal sind und toleriert werden oder sich im Rahmen des allgemeinen Lebensrisikos bewegen.[687] Wann dies der Fall ist, bestimmt sich nach einer Globalabwägung, die losgelöst vom Einzelfall vorgenommen werden muss.[688]

Das erlaubte Risiko wird im Hinblick auf den Einsatz intelligenter Systeme in der Gesundheitsversorgung eine große Rolle spielen. Auch, wenn sie in der Regel langwierige Testphasen sowie Konformitätsverfahren durchlaufen, wird mit Fehldiagnosen oder Fehlbehandlungen durch die KI zu rechnen sein. Dadurch wird es zwangsläufig zu der Verletzung wichtiger Rechtsgüter, wie Leben, Gesundheit und körperliche Unversehrtheit kommen. Die neuartige Funktionsweise der intelligenten Systeme, ihre Unkontrollierbarkeit und die Unvorhersehbarkeit ihrer Entscheidungen könnte zu einem hohen Strafverfolgungsrisiko des Herstellers führen, was wiederum die Hemmung des technischen Fortschrittes auslösen könnte.[689] Vor dem Hintergrund der großen Vorteile des Einsatzes intelligenter Medizinprodukte in der Gesundheitsversorgung ist fraglich, ob eine erhöhte Haftung des Herstellers als

---

685 SK-StGB/*Jäger* Vor §§ 1 Rn. 96; LK-StGB/*Walter* Vor §§ 13 ff. Rn. 89; *Fischer* Vor § 13 Rn. 25; MüKo StGB/*Freund* Vor § 13 Rn. 350; Schönke/Schröder/*Eisele* StGB Vor §§ 13 ff. Rn. 92.

686 *Roxin/Greco*, AT I § 11 Rn. 66; SSW-StGB/*Kudlich* Vor §§ 13 ff. Rn. 58.

687 Schönke/Schröder/*Eisele* StGB Vor §§ 13 ff. Rn. 93; *Rengier*, Strafrecht AT § 13 Rn. 51; hierzu ausführlich *Rönnau* JuS 2011, 311 ff.

688 *Roxin/Greco*, AT I § 11 Rn. 66; *Hilgendorf* in: Hilgendorf, Autonome Systeme und neue Mobilität, 143, 171.

689 *Beck* in: Hilgendorf, Autonome Systeme und neue Mobilität, 117, 129; Ebers/Heinze/Krügel/Steinrötter/*Beck*, Künstliche Intelligenz und Robotik, § 7 Rn. 48.

Ergebnis hinnehmbar und wünschenswert ist. Berechtigterweise stellt sich also die Frage, ob die strafrechtliche Haftung des Herstellers auf ein angemessenes Maß begrenzt werden muss.

1. Einschränkung des erlaubten Risikos bei der Gefährdung von wichtigen Rechtsgütern?

Hierfür ist zunächst zu klären, ob das Recht eine Gefährdung von Leib und Leben überhaupt tolerieren darf. Da diese Rechtsgüter einen hohen Stellenwert in der Rechtsordnung haben und besonders schützenswert sind, könnte das erlaubte Risiko in diesen Fällen von vorneherein ausgeschlossen sein. Mit Blick auf Art. 2 Abs. 2 S. 3 GG lässt sich jedoch feststellen, dass auch das Grundgesetz keinen absoluten Schutz dieser Rechtsgüter gewährleistet.[690] Dies zeigt beispielsweise auch die Entscheidung des Bundesverfassungsgerichts zum Einsatz von Kernkraftwerken[691], aber auch Regelungen wie § 5 Abs. 1 Nr. 1 BImSchG oder § 9 Abs. 2 Nr. 3 AtG. Aus der Entscheidung des BVerfG und den eben genannten Regelungen folgt, dass gewisse Risiken für Leib und Leben von der Gesellschaft hingenommen werden müssen, sofern der Nutzen bestimmter Anlagen oder Einrichtungen als recht hoch angesehen wird und eine Rechtsgutsverletzung nach dem aktuellen Stand der Wissenschaft und Technik unwahrscheinlich erscheint. In solchen Fällen kann und darf die Rechtsordnung eine Gefährdung dieser Rechtsgüter durchaus hinnehmen. Daher sind die Grundsätze des erlaubten Risikos in Bezug auf intelligente Medizinprodukte nicht von vorneherein ausgeschlossen, auch wenn es durch sie unter Umständen zu einer Gefährdung von Leib, Leben oder Gesundheit kommen kann.

2. Ermittlung des erlaubten Risikos bei intelligenten Medizinprodukten

Für die Frage, ob die Verwendung von intelligenten Medizinprodukten in der Gesundheitsversorgung Teil des erlaubten Risikos sein soll, muss eine umfassende Güterabwägung vorgenommen werden. Dabei ist zum einen zu berücksichtigen, dass derartige Produkte eine sicherere und zuverlässigere Patientenversorgung versprechen, sodass bereits von der Gesellschaft tolerierte Risiken reduziert werden sollen. Dem gegenüber steht jedoch, dass weder der Hersteller noch die Zulassungsbehörde absolute Sicherheit des Produktes

690 Vgl. *Wigger*, Automatisiertes Fahren und strafrechtliche Verantwortlichkeit wegen Fahrlässigkeit, S. 219.

691 BVerfG NJW 1979, 359, 361 ff.

gewährleisten können, da es besonders im Zusammenhang mit selbstlernenden Systemen unmöglich ist, alle denkbaren Probleme vorherzusehen und somit zu verhindern.[692] Von dem Einsatz Künstlicher Intelligenz in der Gesundheitsversorgung kann und darf daher keine risikolose Therapie und Diagnostik erwartet werden. Entscheidend ist also ein öffentlicher Diskurs darüber, welche Risiken vor dem Hintergrund der Vorteile intelligenter Systeme von der Gesellschaft hingenommen werden müssen und wo die Grenzen für das erlaubte Risiko liegen sollen.[693] Bestenfalls sollten für diese Debatte hauptsächlich objektive Kriterien herangezogen werden, wie die Höhe des drohenden Schadens, die Wahrscheinlichkeit seines Eintrittes, die Frage der Beherrschbarkeit des Systems für den Nutzer sowie die technischen Möglichkeiten zur Risikominimierung bzw. Prävention, aber auch der Aufwand entsprechender Maßnahmen, das Verhalten der Endverbraucher, Erfahrungswerte aus vergleichbaren Risikokonstellationen und Schäden, die durch eine Nichtverwendung des Produktes entstehen könnten.[694]

Da bisher nur teilautonome Systeme durch das Rechtssystem zugelassen wurden, lässt sich zu diesem Zeitpunkt ein erlaubtes Risiko für vollautonome Systeme kaum ermitteln.[695] Sofern ein intelligentes Medizinprodukt jedoch über die erforderliche Zulassung durch die zuständige Behörde verfügt, wird sich das Verhalten des Herstellers in der Regel im Rahmen des erlaubten Risikos bewegen. Dies gilt jedoch nur unter der Prämisse, dass er seine Sorgfaltspflichten eingehalten und das Produkt übereinstimmend mit dem aktuellen Stand der Wissenschaft und Technik hergestellt hat. Unter Umständen bleibt ein Fehler des Produktes bei der Zulassung durch die Behörde unentdeckt, sodass lediglich davon ausgegangen werden kann, dass sie die Einhaltung eines gewissen Mindeststandards und nicht die vollkommene Unbedenklichkeit des

692 Vgl. *Schuster* in: Beck/Kusche/Valerius, Digitalisierung, Automatisierung, KI und Recht, S. 387, 398.

693 *Hilgendorf* in: Hilgendorf, Autonome Systeme und neue Mobilität, 143, 171; Ebers/Heinze/Krügel/Steinrötter/*Beck*, Künstliche Intelligenz und Robotik, § 7 Rn. 50; *Lohmann*, Strafrecht im Zeitalter von Künstlicher Intelligenz, S. 195.

694 Kaulartz/Braegelmann/*Peters*, Rechtshandbuch AI und ML, Kap. 12 Rn. 25; Ebers/Heinze/Krügel/Steinrötter/*Beck*, Künstliche Intelligenz und Robotik, § 7 Rn. 50; *Hilgendorf* in: Hilgendorf, Autonome Systeme und neue Mobilität, 143, 171.

695 Kaulartz/Braegelmann/*Peters*, Rechtshandbuch AI und ML, Kap. 12 Rn. 21; Ebers/Heinze/Krügel/Steinrötter/*Beck*, Künstliche Intelligenz und Robotik, § 7 Rn. 48; *Beck* in: Hilgendorf, Autonome Systeme und neue Mobilität, 117, 130.

Produktes bescheinigen kann.[696] Zudem muss berücksichtigt werden, dass sich eine offene KI auch nach der Durchführung des Konformitätsbewertungsverfahrens anhand der Verwendungsdaten weiterentwickelt, sodass der Hersteller sein Produkt stets im Auge behalten muss. Die Zulassung durch die Behörde kann daher nur ein starkes Indiz für die Annahme des erlaubten Risikos darstellen. Kommt es zu Fehlentwicklungen und der Hersteller hat hiervon Kenntnis, bewegt sich der Vertrieb weiterer Produkte nicht mehr in dem zugelassenen Rahmen und kann daher auch nicht mehr Teil des erlaubten Risikos sein.

3. *Fazit*

Die Rechtsfigur des erlaubten Risikos wird auch bei der strafrechtlichen Produzentenhaftung weiterhin eine wichtige Rolle spielen. Hieran ändert auch der Einsatz von Künstlicher Intelligenz nichts. Neu ist jedoch, dass die Gesellschaft noch festlegen muss, ob der Nutzen intelligenter Systeme als derart hoch anzusehen ist, dass etwaige Gefahren für Leib und Leben der Beteiligten von der Rechtsordnung unter bestimmten Voraussetzungen hingenommen werden sollen. Je niedriger die Eintrittswahrscheinlichkeit und je höher der Nutzen der Systeme ist, umso eher kann davon ausgegangen werden, dass sich die Herstellung, der Vertrieb und die Nutzung intelligenter Medizinprodukte im Rahmen des erlaubten Risikos bewegt. Dies ist jedoch nur solange der Fall, wie die Herstellung und der Vertrieb des Produktes und die hierdurch entstehenden Risiken erforderlich sind, um die bereits akzeptierten Gefahren zu verringern oder den gesellschaftlichen Nutzen zu erfüllen.[697] Jede Handlung, die hierüber hinausgeht, bleibt vorwerfbar und strafrechtlich relevant. Sofern sich mithin die Gesellschaft darauf einigt, dass unter bestimmten Voraussetzungen der Einsatz intelligenter Medizinprodukte erlaubt sein soll, muss der Hersteller seine Produkte dennoch so gestalten, dass die Gefahren für alle Beteiligten nach dem aktuellen Stand der Wissenschaft und Technik so gering wie möglich sind. Kommt es dann trotz der Einhaltung aller relevanten Sorgfaltsanforderungen zu der Schädigung eines Patienten, des Nutzers oder eines Drittens, kann dem Hersteller dieser Erfolg nicht mehr objektiv zugerechnet werden.

---

696 *Kuhlen* in: Achenbach/Ransiek/Rönnau, Handbuch Wirtschaftsstrafrecht, 2. Teil, 1. Kapitel Rn. 36.

697 *Hilgendorf* in: Hilgendorf, Autonome Systeme und neue Mobilität, 143, 172.

II. Realisierung der Gefahr im Erfolg

Neben der Schaffung einer rechtlich relevanten Gefahr muss sich eben diese auch in dem Taterfolg realisieren.

1. Objektive Vorhersehbarkeit des Kausalverlaufs und des Erfolgseintrittes

Sowohl im Rahmen der Vorsatzdelikte als auch der Fahrlässigkeitsdelikte muss der Eintritt des Taterfolges bzw. der Kausalverlauf für den Täter auch objektiv vorhersehbar gewesen sein.[698] Dies ist dann der Fall, „*wenn der Täter bei der Erfüllung seiner Sorgfaltspflichten unter Zugrundelegung der für seinen Verkehrskreis üblicherweise vorauszusetzenden Erkenntnismöglichkeiten den Eintritt der Rechtsgutsverletzung jedenfalls als reale Gefahr hätte erkennen können*“.[699] Bei atypischen Kausalverläufen, die außerhalb jeglicher Lebenserfahrung und dem gewöhnlichen Verlauf liegen, ist die objektive Vorhersehbarkeit daher abzulehnen.[700] Wie auch das *Contergan-Verfahren*[701] zeigt, spielt hierfür unter anderem der aktuelle Stand der Wissenschaft und Technik eine entscheidende Rolle. Ist in der Wissenschaft nicht bekannt, dass ein bestimmtes Verhalten den entsprechenden Erfolg auslösen kann, ist dies für den Täter auch nicht objektiv vorhersehbar.[702] Es fehlt dann an dem entscheidenden Kriterium der Erkennbarkeit. Diese Problematik wird künftig bei dem Einsatz intelligenter Medizinprodukte von Bedeutung sein, vorrangig dann, wenn ein Verstoß gegen die Konstruktions-, Fabrikations- und Instruktionspflicht vorliegt. Im Rahmen der Produktbeobachtungspflicht wird dem Hersteller die Fehlleistung seins Produktes in der Regel bekannt sein, sodass er auch eine Verletzung von Rechtsgütern vorhersehen kann.

a.) Intransparenz als Zurechnungsproblem

Besonders neuronale Netze zeichnen sich durch ihre Intransparenz aus, was ex ante zu einer eingeschränkten Vorhersagbarkeit führt und ex post zu einer

---

698 Wobei die Kritiker der Lehre der objektiven Zurechnung und die Rechtsprechung dieses Kriterium im Vorsatz verorten wollen, s. hierzu bspw. BGH NJW 1955, 1077, 1078; NJW 1960, 1261; NJW 1966, 1871, 1872.

699 SSW-StGB/*Momsen* § 15 Rn. 74; LK-StGB/*Vogel/Bülte* § 15 Rn. 250.

700 BGH NJW 1952, 1184; SSW-StGB/*Kudlich* Vor §§ 13 ff. Rn. 61; SK-StGB/*Jäger* Vor § 1 Rn. 108.

701 LG Aachen, JZ 1971, 507 ff.

702 Vgl. LG Aachen, JZ 1971, 507, 518.

eingeschränkten Erklärbarkeit.[703] Anders, als die bisher bekannte, klassisch determinierte Software, die noch steuerbar und kontrollierbar war, zeichnet sich die KI durch ihre Unberechenbarkeit aus.[704] Zudem agiert sie mit ihrer Umwelt und den eingegebenen Daten, sodass ihre Entscheidungsfindung vorwiegend von den jeweiligen Umwelteinflüssen und den von ihr absolvierten Lernzyklen abhängig ist.[705] Die intelligenten Medizinprodukte sollen primär flächendeckend eingesetzt werden, sodass sie mit einer Vielzahl von Einzelfällen konfrontiert sein werden. Diese Sachverhalte kann der Hersteller unmöglich bei der Herstellung seines Produktes umfassend und abschließend berücksichtigen.[706] Daher ist im Einzelfall auch nicht vorhersehbar, wie sich das System verhalten wird, auch wenn der Hersteller bei der Konstruktion des Systems die verwendeten Entscheidungsregeln festgesetzt hat. Auch im Nachhinein wird sich kaum feststellen lassen, weshalb das System die entsprechende Entscheidung getroffen hat.[707] Dadurch entstehen neue Zurechnungsprobleme. Um diese zu lösen, muss zunächst untersucht werden, in welchem Umfang der Täter den Kausalverlauf und den Taterfolg vorhersehen muss.

b.) Problemaufriss

Zum einen könnte der Taterfolg dem Hersteller nur dann zugerechnet werden, wenn er den Kausalverlauf und den Eintritt des Taterfolges konkret vorhersehen konnte. Dies würde zu dem Ergebnis führen, dass eine strafrechtliche Verantwortung regelmäßig ausgeschlossen sein wird, da es aufgrund der Vielzahl an möglichen Sachverhalten kaum oder nur schwierig vorherzusehen ist, wie

---

703 *Zech*, ZfPW 2019, 198, 202; *Beck*, Journal for Robotics and Autonomous Systems 86 (2016), 138, 139; *dies.*, ZIS 2020, 41, 46; *Yuan*, RW 2018, 477, 497; s. auch Kap. 1 C I.

704 *Lohmann*, Strafrecht im Zeitalter von Künstlicher Intelligenz, S. 160.

705 Ebers/Heinze/Krügel/Steinrötter/*Ebers*, Künstliche Intelligenz und Robotik, § 3 Rn. 24.

706 Das Problem lässt sich auch anhand des *Aschaffenburg-Falles* verdeutlichen. Ein Spurhalteassistent steuerte den Wagen eines bewusstlosen Fahrers zurück auf die Fahrbahn und kollidierte mit einer jungen Familie, wobei die Mutter und die beiden Kinder getötet wurden. Dieser Sachverhalt war für den Automobilhersteller in seinen Einzelheiten nicht vorhersehbar. Auch die Staatsanwaltschaft stellt fest, dass der Spurhalteassistent das Risiko eines Unfalles nicht erhöhte, sondern das Unfallgeschehen in schicksalhafter Weise verlagerte, s. hierzu: *Hilgendorf*, FS Fischer, 99, 104; *ders.* DRiZ 2018, 66, 69.

707 *Zech*, ZfPW 2019, 198, 202; Ebers/Heinze/Krügel/Steinrötter/*Beck*, Künstliche Intelligenz und Robotik, § 7 Rn. 6; zur Erklärbarkeit automatisierter Entscheidungen S. Kap. 1 C I.

sich das System entscheiden wird und ob durch diese Entscheidung eine Person zu Schaden kommt.[708] Stellt man dagegen allein auf die Vorhersehbarkeit abstrakter Risiken ab, weil der Hersteller eines derart komplexen und autonomen Produktes grundsätzlich mit Fehlleistungen und damit einhergehenden Rechtsgutsverletzungen rechnen muss, besteht die Gefahr einer Überschreitung des Anwendungsbereichs von Strafnormen.[709] Beide Lösungsansätze erscheinen auf den ersten Blick nur wenig überzeugend. Einerseits besteht die Gefahr einer Strafbarkeitslücke, sofern man annimmt, dass es auf die Vorhersehbarkeit konkreter Risiken ankommt, andererseits besteht jedoch ein hohes Strafbarkeitsrisiko für den Hersteller, was zu einer Hemmung des technischen Fortschrittes führen könnte.[710]

c.) Fazit

Die Rechtsprechung hält es bislang nicht für erforderlich, dass der Täter den Taterfolg objektiv in all seinen Einzelheiten voraussehen konnte, solange die Auswirkungen der Sorgfaltspflichtverletzung in Art, Umfang und Ausmaß erkennbar waren.[711] Daher ist keine detaillierte Analyse des Tatgeschehens erforderlich.[712] Es reicht somit aus, wenn der Hersteller die abstrakte Gefährlichkeit seines Produktes vorhersehen konnte. Zwar entsteht hierdurch ein hohes Strafbarkeitsrisiko für den Hersteller, jedoch kann dies durch die Rechtsfigur des erlaubten Risikos eingegrenzt werden.[713] Für die abstrakte Sichtweise spricht außerdem, dass die Herstellung und der Vertrieb entsprechender Produkte ein statistisches, abstraktes Risiko begründen, da die Systeme durch ihre Autonomie und Komplexität gefährlicher werden.[714] Zudem bewegt sich das

---

708 *Wigger,* Automatisiertes Fahren und strafrechtliche Verantwortlichkeit wegen Fahrlässigkeit, S. 215; Ebers/Heinze/Krügel/Steinrötter/*Beck*, Künstliche Intelligenz und Robotik, § 7 Rn. 40; *Lohmann,* Strafrecht im Zeitalter von Künstlicher Intelligenz, S. 158 f.

709 Ebers/Heinze/Krügel/Steinrötter/*Beck*, Künstliche Intelligenz und Robotik, § 7 Rn. 40; *Haagen/Lohmann* in: Hartmann, KI & Recht Kompakt, 257, 291.

710 *Beck,* ZIS 2020, 41, 46; Ebers/Heinze/Krügel/Steinrötter/*Beck*, Künstliche Intelligenz und Robotik, § 7 Rn. 40; *Haagen/Lohmann* in: Hartmann, KI & Recht Kompakt, 257, 291.

711 BGH, NJW 1958, 1980, 1981; 1994, 205; *Fischer,* StGB § 15 Rn. 20; Lackner/Kühl/*Kühl* StGB § 15 Rn. 46.

712 *Yuan,* RW 2018, 477, 497.

713 Vgl. *Wigger,* Automatisiertes Fahren und strafrechtliche Verantwortlichkeit wegen Fahrlässigkeit, S. 216.

714 *Beck*, ZIS 2020, 41, 46.

Produkt in dem von dem Hersteller gesetzten Rahmen, sodass er auch einen Überblick über die Wahrscheinlichkeit eines Schadenseintrittes haben wird. Schließlich hat er im Vorfeld entschieden, welche Modellmuster das System verwenden soll.[715] Wird ein Produkt auf den Markt gebracht, welches autonome und unvorhergesehene Entscheidungen trifft, muss schlichtweg mit allem gerechnet werden.[716] Um jedoch eine ausufernde strafrechtliche Verantwortlichkeit zu vermeiden, sollten im Rahmen der abstrakten Vorhersehbarkeit auch Aspekte wie die Wahrscheinlichkeit, die Größe und die Konkretheit des Schadens im Einzelfall berücksichtigt werden.[717] Je unwahrscheinlicher ein Schaden des Patienten, des Nutzers oder eines Dritten durch das intelligente Medizinprodukt ist, umso weniger kann davon ausgegangen werden, dass der Hersteller den Kausalverlauf und den Erfolgseintritt vorhersehen konnte.

2. Schutzzweckzusammenhang

Der Taterfolg ist nur dann objektiv zurechenbar, wenn dieser auch innerhalb des Schutzbereiches der verletzten Verhaltensnorm liegt.[718] Handelt der Täter pflichtwidrig und verwirklicht hierdurch nicht das verbotene, sondern ein anderes Risiko, kann der Erfolg nicht zugerechnet werden.[719] Durch Auslegung muss also ermittelt werden, ob die verletzte Sorgfaltsnorm gerade dem Schutz des infrage stehenden Rechtsguts vor dem entstehenden Risiko dienen soll.[720]

In den Erwägungsgründen der MP-VO hat der Verordnungsgeber festgelegt, dass die Regelungen ein hohes Niveau an Sicherheit und Gesundheitsschutz gewährleisten sowie innovationsfreundlich wirken sollen.[721] Dafür werden hohe Standards für die Qualität und Sicherheit der Medizinprodukte festgelegt, um allgemeine Sicherheitsbedenken hinsichtlich derartiger Produkte

---

715 *Rulands*, MedR 2021, 813, 817.

716 *Beck*, Journal for Robotics and Autonomous Systems 86 (2016), 138, 140; *Wigger*, Automatisiertes Fahren und strafrechtliche Verantwortlichkeit wegen Fahrlässigkeit, S. 215.

717 Ebers/Heinze/Krügel/Steinrötter/*Beck*, Künstliche Intelligenz und Robotik, § 7 Rn. 40; *Haagen/Lohmann* in: Hartmann, KI & Recht Kompakt, 257, 291; *Beck*, ZIS 2020, 41, 46.

718 Schönke/Schröder/*Eisele* StGB Vor. §§ 13 ff. Rn. 95.

719 Schönke/Schröder/*Eisele* StGB Vor. §§ 13 ff. Rn. 95; BeckOK StGB/*Kudlich* § 15 Rn. 55.

720 SK-StGB/*Jäger* Vor § 1 Rn. 129; ausführlich *Degener*, Die Lehre vom Schutzzweckzusammenhang der Norm und die strafgesetzlichen Erfolgsdelikte, S. 147 ff.

721 Vgl. Erwägungsgrund 1 VO (EU) 2017/745.

auszuräumen.[722] Die Regelungen wie die Beaufsichtigung durch die benannten Stellen, Konformitätsverfahren, klinische Prüfungen und Bewertungen, sowie Vigilanz und Marktüberwachung dienen der Verbesserung von Gesundheit und Sicherheit.[723] Hieraus lässt sich mithin ableiten, dass die Regelungen der MP-VO grundsätzlich vor Verletzungen der Rechtsgüter Leben, Gesundheit und körperlicher Unversehrtheit schützen sollen. Verstößt der Hersteller pflichtwidrig gegen die dort geschriebenen Regelungen, liegt der Taterfolg in der Regel auch innerhalb des Schutzbereichs der Norm. Etwas anderes gilt ggf. nur bei einer Verletzung von Dokumentations- und Transparenzpflichten, da derartige Vorschriften in der Regel nur zur Beweissicherung und nicht zur Verhinderung von Verletzungen Dritter dienen.[724]

3. Abgrenzung nach Verantwortungsbereichen

Die objektive Zurechnung des Taterfolges kann sich in den vorliegenden Fallkonstellationen als schwierig erweisen, da bis zu dem Eintritt der Rechtsgutsverletzung zahlreiche Entscheidungen verschiedener Akteure sowie durch das System selbst getroffen werden.[725] So könnte das Verhalten des intelligenten Medizinproduktes, des behandelnden Arztes oder des Patienten selbst einen Einfluss auf den Ausgang des Tatgeschehens haben und auf den vom Hersteller verursachten Erfolg einwirken. Im Folgenden wird daher geprüft, inwieweit dies die objektive Zurechnung ausschließen kann.

a.) Dazwischentreten des intelligenten Medizinproduktes

Intelligente Medizinprodukte zeichnen sich besonders dadurch aus, dass sie eigenständige Entscheidungen treffen und auch selbstständig dazulernen sollen. Besonders dann, wenn das System dazu gedacht ist, die ärztliche Tätigkeit in einem bestimmten Bereich vollständig zu ersetzen, liegt ein hoher Grad an Eigenständigkeit vor, sodass geprüft werden muss, ob im Falle einer Fehldiagnose oder Fehlbehandlung, eine Schädigung des Patienten überhaupt noch dem Hersteller zugerechnet werden kann. In einem solchen Fall hat die KI eine entscheidende Ursache für den Verletzungserfolg gesetzt.

---

722 Vgl. Erwägungsgrund 2 VO (EU) 2017/745.

723 Vgl. Erwägungsgrund 4 MP-VO.

724 *Yuan*, RW 2018, 477, 501.

725 *Beck*, ZIS 2020, 41, 45.

Adressat einer Strafnorm kann bislang nur ein Mensch sein.[726] Dies verdeutlicht bereits der Gesetzeswortlaut aber auch der Umstand, dass es in Deutschland bislang kein Unternehmensstrafrecht gibt.[727] Da es keine anderen Strafrechtssubjekte gibt, kann sich eine KI nicht strafbar machen. Gleichwohl kann sie als autonome Maschine tatbestandsmäßig und rechtswidrig handeln, wobei eine strafrechtliche Verfolgung an der fehlenden Schuldfähigkeit scheitert.[728] Für das Durchbrechen des Zurechnungszusammenhangs ist hauptsächlich entscheidend, dass ein eigenverantwortliches Verhalten des Dritten oder des Opfers vorliegt.[729] Bisher wurde dies nur bei menschlichen Verhalten angenommen. Da die intelligenten Systeme jedoch einen gewissen Grad an Autonomie vorweisen, ist zu prüfen, ob der Zurechnungszusammenhang auch dann ausgeschlossen sein kann, wenn ein Dazwischentreten einer Künstlichen Intelligenz vorliegt. Dies wäre dann denkbar, wenn das System, ähnlich wie eine natürliche Person, eigenverantwortlich agieren kann.

Dafür muss untersucht werden, welche Voraussetzungen an das eigenverantwortliche Handeln zu stellen sind. Im Rahmen der eigenverantwortlichen Selbstgefährdung bei Drogenkonsum entschied der BGH, dass ein solches dann vorliegt, wenn der Konsument vollständige Kenntnis von dem bestehenden Risiko hat, sowie die Fähigkeit, das riskante Verhalten in seiner ganzen Tragweite und Bedeutung zu erfassen und abzuwägen und das Vorhandensein der Fähigkeit, das eigene Verhalten entsprechend der Einsicht und die Bedeutung des Risikos zu steuern.[730] Bei Selbsttötungen bzw. der Teilnahme an einer solchen liegt Eigenverantwortlichkeit vor, wenn der Suizident autonom handelt, also die nötige Urteilskraft besitzt, um die Bedeutung und Tragweite seiner Entscheidung verstandesmäßig zu überblicken.[731] Mithin setzt ein eigenverantwortliches Handeln die kognitive Fähigkeit voraus, das Gesamtgeschehen zu überblicken und in gewisser Weise auch die Möglichkeit zu Selbstreflexion. Zudem kann und darf kein Dritter auf die Entscheidung direkten Einfluss nehmen und diese „steuern". Eben an dieser Voraussetzung fehlt es bei den intelligenten Medizinprodukten. Sicher arbeiten sie auf eine gewisse Art eigenständig, jedoch werden die hierfür erforderlichen Rahmenbedingungen

726 *Wessels/Beulke/Satzger*, Strafrecht AT Rn. 132.

727 S. hierzu ausführlich *Lohmann*, Strafrecht im Zeitalter von Künstlicher Intelligenz, S. 82 ff.

728 *Woltmann*, Der soziale Roboter, S. 201.

729 Schönke/Schröder/*Sternberg-Lieben/Schuster* StGB § 15 Rn. 171.

730 BGH NStZ 1985, 25, 26 m.w.N.; MüKo StGB/ *Oğlakcıoğlu* BtMG § 30 Rn. 154.

731 MüKo StGB/*Schneider*, Vor § 211 Rn. 32; MüKo StGB/*Hardtung* § 222 Rn. 23.

durch einen Menschen gesetzt.[732] Auch wenn die Entscheidung im konkreten Einzelfall nicht durch einen Dritten, sondern durch das System getroffen wird, sind die Entscheidungsmuster und -modelle vorgegeben. Es fehlt also an einem autonomen Willen der KI. Bislang ist außerdem davon auszugehen, dass sie lediglich die an sie gestellten Aufgaben erfüllt und daher keinen Überblick über das Gesamtgeschehen und die Auswirkungen ihrer Entscheidungen hat.[733] Es fehlt daher an der nötigen Fähigkeit zu einem eigenverantwortlichen Handeln, sodass ihr Verhalten nicht mit einem Dazwischentreten eines Dritten gleichgesetzt werden kann.

Im Übrigen sprechen nicht nur dogmatische Gründe gegen die Annahme einer Eigenverantwortlichkeit der KI, vielmehr bestehen auch rechtspolitische Bedenken. Würde man die objektive Zurechnung aufgrund eines eigenverantwortlichen Dazwischentretens des Systems annehmen, hätte dies zur Folge, dass unter Umständen niemand für die entstandene Rechtsgutsverletzung strafrechtlich zur Verantwortung gezogen werden kann. Wie bereits festgestellt, kann die KI selbst kein taugliches Handlungssubjekt sein. Zudem besteht so die Gefahr, dass das Vertrauen der Gesellschaft in die Sicherheit derartiger Systeme stark beschädigt werden könnte.[734] Angesichts der Vorteile, die der Einsatz intelligenter Medizinprodukte verspricht, wäre ein solches Ergebnis nicht hinnehmbar.

Mithin kann der Hersteller sich nicht darauf berufen, dass das intelligente Medizinprodukt das Tatgeschehen derart beeinflusst hat, dass ihm der Taterfolg nicht mehr zugerechnet werden kann.

b.) Dazwischentreten des Arztes oder des Patienten

Die intelligenten Medizinprodukte sind dazu gedacht, Teil der ärztlichen Heilbehandlung zu sein oder diese in bestimmten Bereichen vollständig zu ersetzen. Kommt es dabei zu einem Diagnose- oder Therapiefehler, bleibt zu prüfen, ob der behandelnde Arzt derart in das Tatgeschehen eingegriffen hat, dass der Taterfolg dem Hersteller nicht mehr zuzurechnen ist. Auch ein Verhalten des Patienten kann den Ausgang des Geschehens beeinflussen, etwa durch Nichtbeachtung der Instruktionsanweisungen oder Fehlgebrauch des Systems. In solchen Fällen könnte eine objektive Zurechnung des Taterfolges abzulehnen sein.

---

732 *Yuan*, RW 2018. 477, 501.

733 Ebers/Heinze/Krügel/Steinrötter/*Niederée/Nejdel*, Künstliche Intelligenz und Robotik, § 2 Rn. 112.

734 *Lohmann*, Strafrecht im Zeitalter von Künstlicher Intelligenz, S. 198.

(aa.) Behandlungsfehler

Grundsätzlich muss jeder für das eigene Fehlverhalten einstehen, sodass die Verantwortung des Täters dort endet, wo die Verantwortung eines anderen beginnt.[735] Daraus folgt, dass ein deliktisches Eingreifen eines Dritten in der Regel die objektive Zurechnung ausschließt.[736] Von diesem Grundsatz gibt es jedoch zahlreiche Ausnahmen.[737] Relevant ist in den vorliegenden Fällen aber vor allem die Frage, ob bei einem ärztlichen Kunstfehler der Taterfolg dem Täter überhaupt noch zugerechnet werden kann oder ob sich dann bereits eine neue Gefahr verwirklicht hat. Um dies zu beantworten, kommt es im ersten Schritt vorwiegend darauf an, ob überhaupt ein Behandlungsfehler vorliegt, wenn sich der Arzt auf das (fehlerhafte) Ergebnis des intelligenten Medizinproduktes verlässt.

(1) Fehlfunktion als Behandlungsfehler

Unter einem Behandlungsfehler versteht man den Verstoß gegen den fachärztlichen Standard, mithin jede ärztliche Maßnahme, die nach dem Stand der medizinischen Wissenschaft unsachgemäß ist.[738] Grundsätzlich liegt zwar die Behandlungshoheit bei dem behandelnden Arzt, jedoch müssen die Besonderheiten der intelligenten Medizinprodukte vorliegend zwingend berücksichtigt werden. Schließlich sollen sie aufgrund ihrer Zweckbestimmung ein bedeutsamer Teil der menschlichen Entscheidungsfindung werden.[739] Dies gilt insbesondere dann, wenn das intelligente Medizinprodukt die Behandlung des Arztes nicht nur unterstützen, sondern vollständig ersetzen soll. In beiden Fällen ist davon auszugehen, dass die Entscheidung des Arztes im Wesentlichen von dem Ergebnis des intelligenten Medizinproduktes abhängen wird. Ihr Sinn und Zweck liegt schließlich darin, ärztliche Defizite auszugleichen und zuverlässiger vorzugehen. Würde man das falsche Ergebnis des intelligenten Medizinproduktes dem Arzt als Behandlungsfehler zurechnen, bedeutet dies im Umkehrschluss, dass er jede automatisierte Entscheidung eigenständig auf seine Richtigkeit hin überprüfen muss.[740] Dies erscheint nicht zumutbar, da von einem Arzt keine derart weitgehenden Kompetenzen erwartet werden

735 OLG Rostock NStZ 2001, 199, 200; LK-StGB/*Walter* Vor §§ 13 ff. Rn. 103.

736 LK-StGB/*Walter* Vor §§ 13 ff. Rn. 103.

737 S. hierzu ausführlich *Roxin/Greco*, AT I § 11 Rn. 137 ff.; LK-StGB/*Walter* Vor §§ 13 Rn. 104 ff.

738 *Ulsenheimer*, Arztstrafrecht in der Praxis, Kap. 1 Teil 1 Rn. 146.

739 *Beck*, ZIS 2020, 41, 45.

740 Vgl. *Beck*, ZIS 2020, 41, 46.

können. Je komplexer das System ist, umso unwahrscheinlicher ist es, dass das Vorgehen der KI überhaupt erklärt oder nachvollzogen werden kann. Ein Hinterfragen des Ergebnisses ist dann fast unmöglich. Zudem ist davon auszugehen, dass eine Überprüfung der Entscheidung durch den Arzt einen erheblichen Zeitaufwand bedeuten würde, der konträr zu dem Ziel einer effizienteren Gesundheitsversorgung stehen würde. Handelt es sich bei dem Produkt um eine Diagnosesoftware muss zudem beachtet werden, dass nicht jeder Diagnosefehler des Arztes bereits einen Kunstfehler darstellt.[741]

Kommt es aufgrund der Entscheidung des Medizinproduktes zu einer fehlerhaften Diagnose oder Therapie, liegt daher grundsätzlich kein Kunstfehler des Arztes vor, sodass der Taterfolg dem Hersteller weiterhin zugerechnet werden kann. Es verwirklicht sich weiterhin das von dem Hersteller geschaffene Risiko, sodass der Taterfolg seinem Verantwortungsbereich zugeordnet werden kann.

(2) Erkennbarkeit der Fehlfunktion

Etwas anderes könnte nur dann gelten, wenn die Fehlfunktion für den Arzt erkennbar gewesen ist, dieser jedoch aufgrund von Unachtsamkeit oder mangels Erfahrung den Fehler nicht erkennt und/oder keine weiteren Maßnahmen ergreift. Wie dieses Problem zu lösen ist, ist in der Rechtswissenschaft umstritten. Einer Ansicht nach kann der Taterfolg dem Erstverursacher bei leichten und mittleren Kunstfehlern weiterhin zugerechnet werden, da mit solchen gerechnet werden muss, sodass eine Entlastung nur dann infrage kommt, wenn ein grober Behandlungsfehler vorliegt.[742] Einer anderen Ansicht nach muss geprüft werden, ob sich das vom Täter gesetzte Risiko verwirklicht oder ein von dem Arzt neu gesetztes Risiko.[743] Das bedeutet, dass Behandlungsfehler, die in einem unmittelbaren Zusammenhang zu der Verletzung des Opfers stehen, zugerechnet werden können, andere Risiken, wie ein Fehler bei der Narkose, dagegen nicht. Gegen diese Auffassung spricht aber hauptsächlich, dass eine Abgrenzung der Risiken in der Regel schwierig sein dürfte. Schließlich bestehen sämtliche Behandlungs- und Operationsrisiken nur aufgrund der Ausgangsverletzung durch den Ersttäter.[744] Für die erste Ansicht spricht außerdem, dass ärztliche Behandlungsfehler nie vollständig ausgeschlossen werden können,

---

741 OLG Rostock, BeckRS 2013, 6061; OLG Koblenz, NJOZ 2006, 3047, 2048; *Ulsenheimer/Gaede*, Arztstrafrecht in der Praxis, Kapitel 1 Teil 1 Rn. 152–169.

742 BGHSt 31, 76, 100; NStZ 2009, 92, 93; OLG Celle NJW 1958, 271; *Baumann/Weber/Mitsch/Eisele* AT § 10 Rn. 146 ff.; a.A. OLG Stuttgart, JZ 1980, 618, 621.

743 *Roxin/Greco*, AT I § 11 Rn. 142.

744 SK-StGB/*Wolter* Vor § 1 Rn. 134.

sodass mit ihnen gerechnet werden kann, da sie innerhalb des gewöhnlichen Verlaufs der Dinge liegen.[745] Auf den Vertrauensgrundsatz darf sich der Täter gerade nicht berufen, da er selbst pflichtwidrig handelte.[746] Solange der Fehler der Künstlichen Intelligenz nicht derart evident war, dass ein grob fahrlässiges Vorgehen des Arztes vorliegt, kann dem Hersteller der Taterfolg daher weiterhin zugerechnet werden.

(bb.) Sonstiges Fehlverhalten

Nach der Rechtsprechung des BGH endet die Pflicht des Herstellers dort, „*wo die Verwendung des Erzeugnisses, die zum Schaden führen kann, […] mit dem die Herstellung bestimmenden Produktzweck überhaupt nichts mehr zu tun hat.*“[747] Dies gilt zumindest solange, wie sich die missbräuchliche Nutzung des Produktes nicht bereits manifestiert hat.[748] Daraus folgt, dass die Verletzung oder Tötung eines Patienten dem Hersteller dann nicht mehr zugerechnet werden kann, wenn ein Fehlgebrauch oder Missbrauch des intelligenten Medizinproduktes durch den Arzt oder den Patienten selbst vorliegt. Dann handelt es sich um eine eigenverantwortliche Selbst- oder Fremdgefährdung, welche die Zurechnung ausschließt.[749] Derjenige, der sich selbst oder einen Dritten trotz besseren Wissens eigenverantwortlich einer Gefahr aussetzt, muss auch die hierdurch entstehenden Schäden hinnehmen oder die Verantwortung für diese übernehmen.[750] Dies gilt zumindest solange, wie der Hersteller seiner Pflicht zur Instruktion gerecht geworden ist und die Rechtsgutsverletzung nicht auch bei ordnungsgemäßer Nutzung eingetreten wäre. Ein Miss- oder Fehlgebrauch kann in den vorliegenden Fällen beispielsweise dann vorliegen, wenn das intelligente Medizinprodukt über den vom Hersteller gesetzten Anwendungsbereich hinaus oder trotz sorgfaltsgemäßer Instruktion falsch verwendet wird.

Des Weiteren ist eine Zurechnung des Taterfolges ausgeschlossen, wenn sich der Arzt oder der Patient über die vom Hersteller ausgesprochene, ordnungsgemäße Warnung vor Schäden durch das Produkt hinwegsetzt. Solange er hierbei den Sorgfaltsanforderungen gerecht geworden ist, darf er darauf vertrauen, dass seine Warnung beachtet und ernst genommen wird.[751] Dies gilt auch dann,

---

745 SK-StGB/*Wolter* Vor § 1 Rn. 134.
746 Schönke/Schröder/*Sternberg-Lieben/Schuster* StGB § 15 Rn. 210.
747 BGH NJW 1981, 2514, 2515.
748 BGH NJW 1981, 2514, 2515.
749 Kap. 3 B II 3.
750 BGH NJW 1981, 2514, 2515.
751 *Timpe*, HRRS 2017, 272, 278; Produkthaftungshandbuch/*Winkelbauer* § 81 Rn. 61.

wenn einer ausgesprochenen Rückrufaktion nicht nachgekommen oder das bereitgestellte Update trotz Aufforderung nicht durchgeführt wird.

(cc.) Fazit

Zusammenfassend kann festgestellt werden, dass eine Zurechnung des Taterfolges nicht bereits dadurch ausgeschlossen ist, dass sich der Arzt ohne weitere Nachprüfung auf das (falsche) Ergebnis des intelligenten Medizinproduktes verlässt. Der Hersteller muss mit einfachen Behandlungsfehlern rechnen und kann sich nicht darauf berufen, dass der Arzt den Erfolg (mit-)verursacht hat. Erst, wenn ein grober Behandlungsfehler, ein Produktfehlgebrauch oder Missbrauch durch den Arzt oder den Patienten selbst vorliegt, ist eine Zurechnung grundsätzlich ausgeschlossen. Dies gilt auch für den Fall, in dem sich über eine Warnung, einen Rückruf oder ein Update hinweggesetzt wird.

III. Pflichtwidrigkeitszusammenhang im Rahmen eines Fahrlässigkeitsvorwurfes

Anders als bei Vorsatzdelikten, bei welchen sich die geschaffene Gefahr im tatbestandlichen Erfolg realisieren muss, ist bei Fahrlässigkeitsdelikten erforderlich, dass sich die durch die Pflichtwidrigkeit gesetzte Gefahr noch auf den Erfolgseintritt ausgewirkt hat.[752] Dies verdeutlicht auch der Wortlaut der §§ 222, 229 StGB aufgrund der Formulierung „*durch Fahrlässigkeit*". Handelt der Hersteller also fahrlässig, kann ihm der Taterfolg nur dann zugerechnet werden, wenn der Erfolgseintritt bei pflichtgemäßen Alternativverhalten vermeidbar gewesen wäre.[753] Um zu überprüfen, ob dies der Fall ist, muss die Pflichtverletzung gedanklich durch ein pflichtgemäßes Verhalten ersetzt werden, wobei jedoch keine weiteren Ersatzursachen hinzugedacht werden dürfen.[754] Steht mit an Sicherheit grenzender Wahrscheinlichkeit fest, dass sich die Pflichtwidrigkeit im Erfolg realisiert hat, kann der Taterfolg objektiv zugerechnet werden.[755] Bestehen diesbezüglich Zweifel, muss zugunsten des Täters in Übereinstimmung mit dem in dubio pro reo Grundsatz der Pflichtwidrigkeitszusammenhang

752 BGH NJW 1958, 149, 150; 1966, 1871, 1872; SK-StGB/*Hoyer* Anh zu § 16 Rn. 66.
753 BGH NJW 1985, 1350, 1351; SSW-StGB/*Momsen* § 15 Rn. 78; *Rengier*, Strafrecht AT § 52 Rn. 26; Schönke/Schröder/*Sternberg-Lieben/Schuster* StGB § 15 Rn. 174.
754 BGH NJW 1985, 1350, 1351; 2004, 237, 238.
755 BGH NJW 1985, 1350, 1351; 2004, 237, 238.; MüKo/StGB/*Duttge* § 15 Rn. 165; LK-StGB/*Vogel/Bülte* § 15 Rn. 182.

verneint werden.[756] Vertreter der Risikoerhöhungslehre sehen bei dieser Lösung die Gefahr, dass das Fahrlässigkeitsdelikt zu weit eingeschränkt wird und nehmen einen Pflichtwidrigkeitszusammenhang bereits dann an, wenn das pflichtwidrige Verhalten im Vergleich zum rechtmäßigen Alternativverhalten das Risiko des Erfolgseintritts deutlich erhöht hat.[757] Begründet wird diese Auffassung damit, dass der Täter durch die Pflichtverletzung tatsächlich den Erfolg verursacht und unerlaubte Gefahren begründet hat.[758] Gegen diese Auffassung lässt sich jedoch einwenden, dass nur auf die Erhöhung der Erfolgschance abgestellt und somit das Verletzungsdelikt im Ergebnis zu einem Gefährdungsdelikt umgewandelt wird.[759] Dann muss sich der Täter jedoch unter Umständen für einen Erfolg verantworten, welcher ihm gar nicht zurechenbar ist, was ein Verstoß gegen den Grundsatz „in dubio pro reo“ darstellt.[760] Daher erscheint es vorzugswürdiger, mit der herrschenden Meinung zu fragen, ob ein pflichtgemäßes Verhalten denselben Erfolg ausgelöst hätte.

Ob die Prüfung eines hypothetischen und pflichtgemäßen Verhaltens im Zusammenhang mit intelligenten Medizinprodukten ohne Weiteres möglich sein kann, ist fraglich. Schließlich sind die Entscheidungsvorgänge der KI in ihren Einzelheiten kaum nachvollziehbar, sodass es Schwierigkeiten bereiten könnte, das Ergebnis eines sorgfaltsgemäß programmierten Systems zu ermitteln.[761] Andererseits ist der Hersteller gem. Art. 10 Abs. 9 lit. m) MP-VO zur Einrichtung eines Verfahrens für die Überwachung und Messung der Ergebnisse, Datenanalyse und Produktverbesserung verpflichtet. Gem. Art. 83 MP-VO muss dieses System geeignet sein, aktiv und systematisch alle einschlägigen Daten über die Qualität, die Leistung und die Sicherheit eines Produktes während dessen gesamter Lebensdauer zu sammeln, aufzuzeichnen und zu analysieren. Daher kann davon ausgegangen werden, dass der Hersteller oder das System selbst dokumentiert, welche Daten erfasst wurden und welche Aktion die jeweilige Umgebungssituation ausgelöst hat.[762] Ein solches Protokoll

---

756 SSW-StGB/*Momsen* § 15 Rn. 79; Schönke/Schröder/*Sternberg-Lieben/Schuster* § 15 Rn. 177; *Rengier*, Strafrecht AT § 52 Rn. 33.

757 *Roxin*, ZStW 74 (1962), 411 ff.; *Greco* ZIS 2011, 674, 676; *Roxin/Greco*, AT I § 11 Rn. 88 ff.; SK-StGB/*Hoyer* Anh. zu § 16 Rn. 74 ff.

758 *Roxin*, ZStW 74 (1962), 411, 433; s. auch *Rengier*, AT § 52 Rn. 34.

759 *Baumann/Weber/Mitsch/Eisele*, AT § 10 Rn. 90; Schönke/Schröder/*Sternberg-Lieben/Schuster* StGB § 15 Rn. 179.

760 LK-StGB/*Vogel/Bülte* § 15 Rn. 198; MüKo/StGB/*Duttge* § 15 Rn. 182.

761 Zur Nachvollziehbarkeit von automatisierten Entscheidungen s. Kap. 1 C I.

762 *Yuan*, RW 2018, 477, 499.

kann grundsätzlich von dem Gericht gem. § 94 StPO beschlagnahmt werden.[763] Somit kann es – ggf. mithilfe eines Sachverständigen – Aufschluss darüber geben, weshalb das System das entsprechende Ergebnis errechnet hat. Stehen die Hintergründe der Entscheidung fest, kann es einem hypothetischen Ergebnis einer pflichtgemäß programmierten KI gegenübergestellt werden. Hierfür ist auch die Durchführung einer Computersimulation durchaus denkbar, welche aufzeigen kann, mit welcher Wahrscheinlichkeit der Erfolg hätte vermieden werden können.[764] Daher lässt sich besonders bei Modellierungsfehlern regelmäßig feststellen, ob ein hypothetisches Alternativverhalten des Herstellers den Eintritt des Erfolges verhindert hätte.

Zusammenfassend lässt sich feststellen, dass bei der Frage der Erfolgszurechnung die KI nicht vorschnell als Blackbox qualifiziert werden darf, die keinerlei Aussage über ein hypothetisches, pflichtgemäßes Verhalten des Herstellers zulässt.[765] Vielmehr muss im Einzelfall geprüft werden, ob anhand des von ihm eingerichteten Überwachungssystems oder mittels anderer Ermittlungswege festgestellt werden kann, ob der Taterfolg auch bei einem rechtmäßigen Alternativverhalten eingetreten wäre. Bestehen diesbezüglich Zweifel, ist die Zurechnung aufgrund des in dubio pro reo Grundsatzes ausgeschlossen.

C. Vorsatz

Auf den ersten Blick scheint eine vorsätzliche Tatbegehung im Rahmen der strafrechtlichen Produzentenhaftung eher eine untergeordnete Rolle zu spielen. Schließlich kann grundsätzlich davon ausgegangen werden, dass kein Unternehmen absichtlich oder wissentlich ein gefährliches Produkt auf den Markt bringt, welches potenziell Gesundheit und Leben von Dritten gefährden kann. Dennoch können bestimmte Vorsatzkonstellationen nicht vollständig ausgeschlossen werden. Zum Beispiel, wenn ein Hersteller aus Wettbewerbs- oder Innovationsdruck ein noch nicht vollständig erprobtes und dadurch gefährliches Produkt auf den Markt bringt und dies in Kauf nimmt, um sich einen Wettbewerbsvorteil zu sichern.[766]

---

763 BVerfGE 113, 29 ff. = NJW 2005, 1917 ff.

764 *Yuan*, RW 2018, 477, 499 f.

765 Vgl. *Yuan*, RW 2018, 477, 500.

766 *Sander/Hollering*, NStZ 2017, 193, 196.

I. Grundsätzliches

Eine allgemeingültige Definition des Vorsatzes fehlt bislang, auch im Gesetz findet sich keine solche. Als Anhaltspunkt dient lediglich § 16 Abs. 1 S. 1 StGB, wonach der Vorsatz ausgeschlossen ist, wenn der Täter die zum gesetzlichen Tatbestand gehörenden Umstände nicht kennt. Daraus folgt wiederum, dass zum Vorsatz zwangsläufig die Kenntnis aller Tatbestandsmerkmale gehört.[767] In der Literatur gibt es Stimmen, die an den Willen des Täters anknüpfen („Willenstheorien") oder das Wissen des Täters in den Vordergrund stellen („Wissens-" oder Vorstellungstheorien").[768] In der Rechtsprechung und einem Teil der Lehre hat sich ein Ansatz durchgesetzt, der ein kognitives und voluntatives Element enthält, sodass der Vorsatz grob zusammengefasst als „Wissen und Wollen der zum gesetzlichen Tatbestand gehörenden objektiven Merkmale" definiert wird.[769] Grundsätzlich wird dabei zwischen drei Vorsatzformen unterschieden:

Erstens, die Absicht (dolus directus 1. Grades), wobei es auf ein zielgerichtetes Wollen ankommt, den Tatbestand zu verwirklichen.[770]
Zweitens, die Wissentlichkeit (dolus directus 2. Grades), bei welcher der Täter sicher voraussieht, dass sein Handeln zur Tatbestandsverwirklichung führt,[771] und
drittens, der Eventualvorsatz (dolus eventualis oder bedingter Vorsatz), bei welchem der Täter die Tatbestandsverwirklichung für möglich hält und diese zumindest billigend in Kauf nimmt.[772]

---

767 Schönke/Schröder/*Sternberg-Lieben/Schuster* StGB § 15 Rn. 7; LK-StGB/*Vogel/Bülte* § 15 Rn. 75; *Rengier,* Strafrecht AT § 14 Rn. 2.

768 LK-StGB/*Vogel/Bülte* § 15 Rn. 75.

769 BGH NStZ 1988 175; NJW 1989, 781, 784; *Sternberg-Lieben,* JuS 2012, 884; Lackner/Kühl/*Kühl* StGB § 15 Rn. 3 m.w.N.; *Roxin/Greco,* AT I § 12 Rn. 4; *Fischer,* StGB § 15 Rn. 3.

770 BGH NJW 1980, 65, 66; *Roxin/Greco,* AT I § 12 Rn. 7; Schönke/Schröder/*Sternberg-Lieben/Schuster* StGB § 15 Rn. 66; *Satzger,* JURA 2008, 112, 116; *Witzigmann* JA 2009, 488, 489; *Rengier,* Strafrecht AT § 13 Rn. 7.

771 BGH NStZ-RR 2006, 174, 175; Lackner/Kühl/*Kühl* StGB § 15 Rn. 21; LK-StGB/*Vogel/Bülte* § 15 Rn. 91; *Roxin/Greco,* AT I § 12 Rn. 18.

772 BGH NStZ-RR 2013, 75, 76; SSW-StGB/*Momsen* § 15 Rn. 44; Lackner/Kühl/*Kühl* StGB § 15 Rn. 23; *Fischer,* StGB § 15 Rn. 11.

II. Abgrenzung von der bewussten Fahrlässigkeit

In der Praxis werden die ersten beiden Vorsatzformen nur eine untergeordnete Rolle spielen. Möglicherweise könnte jedoch eine Tatbestandsverwirklichung billigend in Kauf genommen worden sein. In diesem Fall ergeben sich in der Praxis jedoch erhebliche Beweisschwierigkeiten, wenn die Verantwortlichen sich darauf berufen, dass sie von der Gefährlichkeit des Produktes wussten, jedoch fest darauf vertraut haben, dass alles gut gehen wird. Dies könnte zum Beispiel dann der Fall sein, wenn der Hersteller ein intelligentes Medizinprodukt ohne ausreichende Testläufe auf den Markt bringt oder das Produkt bereits eine erhöhte Fehleranfälligkeit aufgezeigt hat, gleichzeitig jedoch darauf hofft, dass keine Patienten zu Schaden kommen. Auch dann stellt sich die Frage, wie die bewusste Fahrlässigkeit von einem bedingen Vorsatz abgegrenzt werden kann. Dabei handelt es sich um ein hochumstrittenes Problem in der Strafwissenschaft.[773]

1. Abgrenzungstheorien

So gibt es unter anderem Ansätze, die allein an das Wissenselement des Täters anknüpfen. Zu nennen ist insbesondere die „Möglichkeitstheorie", wonach bedingter Vorsatz gegeben ist, wenn der Täter den Erfolgseintritt tatsächlich für möglich hält und dennoch handelt.[774] Andere wiederum vertreten die „Wahrscheinlichkeitstheorie", welche einen bedingten Vorsatz dann annimmt, wenn der Täter den Eintritt des Taterfolgs für wahrscheinlich hielt, mithin mehr als möglich und weniger als überwiegend wahrscheinlich.[775] Beide Ansätze helfen bei der Abgrenzung von Vorsatz und Fahrlässigkeit nicht weiter. Die Möglichkeitstheorie ist schon deshalb ungeeignet, weil unter ihre Definition auch ein bewusst fahrlässiges Verhalten fällt.[776] So kommt es häufig vor, dass der Täter zwar die Möglichkeit der Tatbestandsverwirklichung erkennt, jedoch fest darauf vertraut, dass schon alles gut gehen wird.[777] Die Schwächen

---

773 S. hierzu ausführlich *Roxin/Greco*, AT I § 12 Rn. 35 ff.; SSW-StGB/*Momsen* § 15 Rn. 46 ff.; Schönke/Schröder/*Sternberg-Lieben/Schuster* § 15 Rn. 73 ff.

774 *Schröder*, FS Sauer, 207, 227 ff.; *Schmidhäuser*, JuS 1980, 241, 252; ähnlich, LPK-StGB § 15 Rn. 120; *Morkel*, NStZ 1981, 176, 177 f.

775 Schönke/Schröder/*Sternberg-Lieben/Schuster* § 15 Rn. 76; *Roxin/Greco*, AT I, § 12 Rn. 45; SSW-StGB/*Momsen* § 15 Rn. 48; *Schumann*, JZ 1989, 427, 431; *Wessels/Beulke/Satzger*, Strafrecht AT Rn. 335.

776 SSW-StGB/*Momsen* § 15 Rn. 47.

777 *Roxin/Greco*, AT I, § 12 Rn. 42.

der Wahrscheinlichkeitstheorie erscheinen offensichtlich, da in der Praxis die Grenzen zwischen „für möglich halten" und „für wahrscheinlich halten" in der Regel nicht durch objektive Beweise oder Indizien bestimmt werden können.[778] Beide Theorien sind zu intellektualistisch und gehen von der – eher unwahrscheinlichen – Prämisse aus, dass der Täter konkret über bestimmte Wahrscheinlichkeiten nachdenkt und diese Überlegungen in sein Handeln einfließen lässt.[779]

Die Ermittlung des Vorsatzes allein anhand eines kognitiven Elementes erscheint daher besonders in der Praxis als ungeeignet. Vielmehr kommt es auch auf den Willen des Täters an. Sowohl die herrschende Lehre als auch die Rechtsprechung verbinden beide Elemente miteinander und haben sich mit der Zeit angenähert, sodass sich der von der herrschenden Lehre vertretene Ansatz[780] inhaltlich kaum noch von der durch die Rechtsprechung angewandten Billigungstheorie[781] unterscheidet. Man kann daher durchaus beide Theorien vereinigen.[782] Der Täter muss also mit der Tatbestandsverwirklichung ernstlich rechnen oder sie für möglich halten und sich, um des erstrebten Ziels willen, mit ihr abfinden oder sie in Kauf nehmen.[783] Bewusste Fahrlässigkeit liegt dagegen vor, wenn der Täter die Möglichkeit des Erfolgseintritts sieht, jedoch ernsthaft darauf vertraut, dass dieser nicht eintreten werde.[784]

2. *Praktische Relevanz*

Wichtig für die Annahme eines Eventualvorsatzes ist also, dass der Täter die Tatbestandsverwirklichung für möglich halten muss. Für die strafrechtliche Produzentenhaftung bedeutet dies, dass der Hersteller Kenntnis davon haben

---

778 Schönke/Schröder/*Sternberg-Lieben/Schuster* StGB § 15 Rn. 76; *Wessels/Beulke/Satzger*, Strafrecht AT Rn. 335.

779 *Roxin/Greco*, AT I, § 12 Rn. 46.

780 *Jescheck/Weigend*, AT, § 29 S. 299; Lackner/Kühl/*Kühl* § 15 Rn. 24; *Roxin*, JuS 1964, 53, 61.

781 Vgl. etwa BGH NStZ 1983, 365; NJW 1989, 781, 783; NStZ-RR 2000, 327, 328; NZV 2005, 538; NZV 2006, 270, 271; NStZ-RR 2006, 317, 318; NStZ 2008, 453, 454; NStZ-RR 2009, 13, 14; NStZ-RR 2013, 75, 76.

782 Vgl. *Satzger*, JURA 2008, 112, 118; *Wessels/Beulke/Satzger*, AT Rn. 341; *Rengier*, Strafrecht AT § 14 Rn. 27.

783 BGH NStZ-RR 2013, 75, 76; SSW-StGB/*Momsen* § 15 Rn. 44; Lackner/Kühl/*Kühl* StGB § 15 Rn. 23; *Fischer*, StGB § 15 Rn. 11.

784 *Roxin/Greco*, AT I § 12 Rn. 27; Schönke/Schröder/*Sternberg-Lieben/Schuster* § 15 Rn. 72.

muss, dass sein Produkt fehlerhaft ist und dadurch unter Umständen auch gefährlich sein kann. Dies geht auch unter anderem aus den Ausführungen des BGH im *Holzschutzmittel*-Verfahren[785] hervor, in welchem eine vorsätzliche Tat mit folgender Begründung abgelehnt wurde:

> *„Selbst wenn die Angeklagten aber ernsthaft in Erwägung gezogen haben sollten, dass die Verwendung der von ihnen vertriebenen Holzschutzmittel zu Gesundheitsschäden führt, so spricht nach den gesamten Umständen die Interessenlage der Angeklagten dafür, dass sie schließlich auf die Unschädlichkeit der Produkte vertrauten. Sie hatten selbst ein großes Interesse daran, dass die Produkte der von ihnen vertretenen Firma nicht in Verruf gerieten und diese Firma keinen Schadensersatzforderungen ausgesetzt werden würde."*[786]

Das Gericht stellt mithin darauf ab, ob der Hersteller eine Gefährdung durch das Produkt subjektiv für möglich hielt. Gerade diese Frage kann im Zusammenhang mit intelligenten Medizinprodukten problematisch sein. Zu denken ist hier etwa an den Fall, in dem das System in einem der ersten Testphasen ein Problem gezeigt hat, dieses jedoch in weiteren Testläufen nicht mehr aufgetreten ist.[787] Kommt es anschließend durch ebendiesen Fehler zu Schäden am Patienten, ist fraglich, ob der Hersteller sein Produkt noch subjektiv für gefährlich hielt. Gerade dann, wenn die weiteren Testläufe ohne Zwischenfälle durchgeführt werden können, fehlt jeder Hinweis auf eine Gefährlichkeit des Produktes, sodass der Hersteller ähnlich wie im Holzschutzmittelfall aufgrund der Gesamtumstände auf die Unschädlichkeit seines Produktes vertrauen darf. Dies gilt insbesondere dann, wenn er nach dem Auftreten des Fehlers das System geändert und dadurch zum Ausdruck gebracht hat, dass er die Tatbestandsverwirklichung gerade nicht billigt.[788]

Anders liegt der Fall, wenn sich der Hersteller etwa einen Wettbewerbsvorteil sichern möchte und das Produkt trotz des bekannten Fehlers auf den Markt bringt. Spätestens das *Berliner Raserurteil*[789] zeigt auf, dass es bei der praktischen Abgrenzung von bewusster Fahrlässigkeit und bedingtem Vorsatz auf die Gesamtschau aller objektiven und subjektiven Tatumstände ankommt und dass neben der Persönlichkeit und psychischen Verfassung des Täters auch die konkrete Angriffsweise von Bedeutung sein kann.[790] Bringt der Hersteller

785 BGH NJW 1995, 2930.
786 BGH NJW 1995, 2930, 2933.
787 S. auch *Haagen/Lohmann* in: Hartmann, KI & Recht Kompakt, 257, 275.
788 Vgl. *Haagen/Lohmann* in: Hartmann, KI & Recht Kompakt, 257, 275.
789 BGH NJW 2020, 2900 ff.
790 BGH NJW 2020, 2900, 2903.

also ein gefährliches, intelligentes Produkt auf den Markt, welches er aufgrund der eigenständigen Funktionsweise nicht mehr vollständig kontrollieren kann, kann je nach Einzelfall auch ein bedingter Vorsatz angenommen werden. Schließlich wurde dann eine Verletzung der Verwender in Kauf genommen, um das eigentliche Ziel, z. B. die Sicherung eines Wettbewerbsvorteils, durchzusetzen.

Zu beachten bei der Frage des Vorsatzes ist jedoch, dass der Hersteller in der Regel ein gesteigertes Interesse an der Integrität seines Unternehmens hat und daher grundsätzlich Schäden an seinem Image vermeiden möchte. Dies könnte ein starkes Indiz dafür sein, dass er darauf vertraut hat, dass schon alles gut gehen werde. Ähnliche Konstellationen kennt man auch bei riskantem Verhalten im Straßenverkehr. Die Rechtsprechung hat in diesen Fällen vereinzelt aus der konkreten Eigengefährdung bei einem Unfall geschlossen, dass der Täter auf einen guten Ausgang des Geschehens vertraut hat.[791] Zu einem ähnlichen Ergebnis kommt auch der BGH im Rahmen der bereits oben zitierten *Holzschutzmittel*-Entscheidung[792], wenn er ausführt, dass eben auch der Hersteller ein gesteigertes Interesse daran hat, dass sein Unternehmen nicht in Verruf gerät.

Ob ein vorsätzliches Inverkehrbringen eines gefährlichen, intelligenten Medizinproduktes vorliegt, hängt mithin stets von den Umständen des Einzelfalls ab. Auch wenn diese Fallkonstellationen in der Praxis eher eine untergeordnete Rolle spielen werden, sind durchaus Sachverhalte denkbar, in welchen der Hersteller, beispielsweise zur Sicherung eines Wettbewerbsvorteils, ein noch unfertiges Produkt auf den Markt bringt und dabei mögliche Gefahren oder Rufschädigungen in Kauf nimmt, um sein Ziel zu erreichen.

III. Zeitpunkt und Umfang des Vorsatzes

Der Vorsatz des Täters muss sich jedoch nicht nur auf alle Tatumstände, die Tathandlung und den künftigen Taterfolg beziehen, sondern nach herrschender Meinung auch auf den Kausalverlauf zwischen Handlung und Erfolg.[793] Dabei reicht es aus, wenn die Kausalkette in ihren wesentlichen Zügen von der Tätervorstellung umfasst ist.[794] Daher ist es unschädlich, wenn der Hersteller

791 BGH NJW 2018, 1621, 1623; BayOblG NJW 1955, 1448, 1449; *Walter*, NJW 2017, 1350 ff.

792 BGH NJW 1995, 2930.

793 Lackner/Kühl/*Kühl* StGB § 15 Rn. 10; Schönke/Schröder/*Sternberg-Lieben/Schuster* StGB § 15 Rn. 54.

794 MüKo StGB/*Joecks/Kulhanek* § 16 Rn. 83; Lackner/Kühl/*Kühl* StGB § 15 Rn. 11.

bei der vorsätzlichen Inverkehrgabe seines gefährlichen Produktes nur in Kauf nimmt, dass eine oder mehrere Personen zu Schaden kommen können.[795] Um welche Personen es sich dabei genau handelt, ist für den Vorsatz nicht von Bedeutung.[796]

Aus § 16 Abs. 1 S. 1 StGB ergibt sich außerdem, dass der Vorsatz bei Begehung der Tat vorliegen muss. Ein der Tathandlung vorausgehender oder nachfolgender Vorsatz (*dolus* antecedens und *dolus* subsequens) ist dabei unbeachtlich.[797] Mithin muss der Vorsatz des Herstellers, welcher ein gefährliches und intelligentes Medizinprodukt vertreibt, im Zeitpunkt der Inverkehrgabe vorgelegen haben. Stellt sich erst danach heraus, dass das Produkt einen Fehler aufweist oder sich im Falle einer offenen KI fehlerhaft entwickelt, ist dies unbeachtlich. Gegebenenfalls ist der Hersteller dann zu Gefahrabwendungsmaßnahmen verpflichtet.

D. Begehung durch Unterlassen

Neben einer Tatbegehung durch aktives Tun kommt auch ein Unterlassen in Betracht. Beispielsweise wenn der Hersteller nicht die erforderlichen und zumutbaren Gefahrabwendungsmaßnahmen ergreift, obwohl von seinem Produkt erhebliche Gefahren für Leib, Leben oder Gesundheit der Nutzer oder unbeteiligter Dritter bestehen.

I. Abgrenzung Tun und Unterlassen

Entscheidend für eine strafrechtliche Verantwortlichkeit des Herstellers ist zunächst, ob ein aktives Tun oder ein Unterlassen vorliegt. Dies ist primär deswegen erforderlich, da anders als beim aktiven Tun nicht jedes Unterlassen unter Strafe steht, vgl. § 13 Abs. 1 StGB. Um eine Ausuferung der strafrechtlichen Verantwortlichkeit zu verhindern, sind nur solche Unterlassungen tatbestandlich relevant, bei denen der Täter in der konkreten Situation auch die physisch-reale Möglichkeit zur Erfolgsabwendung hatte.[798]

795 Vgl. LPK-StGB § 15 Rn. 33.

796 Schönke/Schröder/*Sternberg-Lieben/Schuster* StGB § 15 Rn. 57a.

797 BGH JZ 1983, 864 (m. Anm. *Hruschka*); BGHSt 63, 88, 91 Rn. 13; BGH NStZ 2019, 468 f.; NStZ-RR 2020, 79; NK-StGB/*Puppe* § 15 Rn. 100; MüKo-StGB/*Joecks/Kuhlhanek* § 16 Rn. 16; LPK-StGB § 15 Rn. 5.

798 SSW-StGB/*Kudlich* § 13 Rn. 8; LK-StGB/*Weigend* § 13 Rn. 4.

Die Abgrenzung des Unterlassens vom aktiven Tun kann je nach Einzelfall Schwierigkeiten bereiten.[799] Die Rechtsprechung und Teile der Literatur berufen sich hierbei auf den Schwerpunkt der Vorwerfbarkeit, sodass geprüft wird, ob dem Täter in der bestimmten Tatsituation eher sein aktives Tun oder seine Untätigkeit zur Last gelegt werden kann.[800] Andere stellen darauf ab, ob der Täter durch einen Energieeinsatz auf das Kausalgeschehen eingewirkt hat.[801] Im *Lederspray*-Urteil[802] entschied der BGH in Bezug auf die strafrechtliche Produzentenhaftung, dass ein Unterlassen vorliegt, wenn das Unternehmen ein fehlerhaftes und schädliches Produkt nicht zurückruft, nachdem der Hersteller es bereits in den Verkehr gebracht hat.[803] Dagegen liegt ein aktives Tun vor, wenn dem Hersteller die Gefährlichkeit des Produktes bekannt ist, er es aber trotzdem weiter vertreibt.[804] Aus diesen Grundsätzen folgt, dass ein aktives Tun in der Regel dann angenommen werden kann, wenn das intelligente Medizinprodukt beispielsweise zu früh freigegeben, fehlerhaft programmiert oder hergestellt und dennoch in den Verkehr gebracht wird.[805] Ein Unterlassen kommt dann in Betracht, wenn keine entsprechenden Gefahrabwendungsmaßnahmen ergriffen werden, also eine Verletzung der entsprechenden Warn-, Rückruf-, Aktualisierungs- oder Stilllegungsverpflichtungen vorliegt.[806]

II. Herleitung der Garantenpflicht

Für ein strafrechtlich relevantes Unterlassen ist neben der physisch-realen Möglichkeit zur Vornahme der gebotenen Handlung auch erforderlich, dass für den Täter eine Pflicht zum Handeln besteht.[807] Eine solche Garantenpflicht kann

---

799 Vertiefend hierzu Lackner/Kühl/*Heger* StGB § 13 Rn. 3 m.w.N; *Roxin*, AT II § 31 Rn. 69 ff; SSW-StGB/*Kudlich* § 13 Rn. 4 ff; LK-StGB/*Weigend* § 13 Rn. 5 ff.

800 BGH NStZ, 1999, 607 f.; NStZ 2003, 657 f.; NStZ 2005, 446, 447; NStZ-RR 2006, 174, 175; *Hirsch*, NJW 1969, 853, 854; *Wessels/Beulke/Satzger*, AT Rn. 1159; a.A. *Roxin*, AT II § 31 Rn. 69 ff; MüKo StGB/*Freund* § 13 Rn. 5–7; SK-StGB/*Stein* Vor § 13 Rn. 77.

801 SK-StGB/*Stein* Vor § 13 Rn. 6; *Roxin*, AT II § 31 Rn. 6.

802 BGH NJW 1990, 2560 ff.

803 BGH NJW 1990, 2560, 2562.

804 BGH NJW 1990, 2560, 2562.

805 Vgl. Produkthaftungshandbuch/*Winkelbauer* § 81 Rn. 4.

806 *Gortan*, CR 2018, 546, 549 Rn. 12; Produkthaftungshandbuch/*Winkelbauer* § 81 Rn. 4.

807 Produkthaftungshandbuch/*Winkelbauer* § 81 Rn. 6; Lackner/Kühl/*Heger* § 13 Rn. 6; Schönke/Schröder/*Bosch* § 13 Rn. 2; SSW-StGB/*Kudlich* § 13 Rn. 13; LK-StGB/*Weigend* § 13 Rn. 17.

sich zum einen daraus ergeben, dass der Unterlassende zum Schutz von einem bestimmten Rechtsgut verpflichtet ist (sog. Beschützergarant) oder daraus, dass er die Rechtsgüter Dritter vor Gefahren schützen muss, die aus einer von ihm zu verantwortenden Gefahrenquelle resultieren (sog. Überwachungsgarant).[808] Da grundsätzlich nicht davon ausgegangen werden kann, dass zwischen dem Hersteller und den Nutzern des Produktes ein besonderes Näheverhältnis besteht, ist im Rahmen der strafrechtlichen Produzentenhaftung besonders die Überwachungsgarantenstellung von Bedeutung.

1. Ingerenz

Im Kontext der strafrechtlichen Produzentenhaftung wird besonders diskutiert, ob sich eine Garantenstellung des Herstellers aus Ingerenz ergibt. Der Ingerenz liegt die Annahme zugrunde, dass derjenige, der pflichtwidrig eine Gefahr schafft, auch dafür verantwortlich ist, diese Gefahr einzudämmen.[809] Hat der Hersteller wissentlich ein gesundheitsschädigendes, intelligentes Medizinprodukt auf den Markt gebracht, ist er zur Abwendung der hieraus resultierenden Gefahren verpflichtet. Dies gilt insbesondere vor dem Hintergrund seiner aus der MP-VO ergebenden Pflichten. In einem solchen Fall ist die Herleitung einer Garantenpflicht aus Ingerenz daher unkompliziert.[810]

a.) Pflichtwidrigkeit als Voraussetzung der Ingerenz

Problematisch dagegen sind die Fälle, in denen kein Pflichtverstoß des Herstellers vorausgegangen ist. Also, wenn der Hersteller ein Produkt auf den Markt bringt und dabei die ihm obliegenden Sorgfaltspflichten beachtet hat. Besonders bei selbstlernenden Systemen besteht die Möglichkeit, dass sich das System erst nach dem Inverkehrbringen fehlerhaft entwickelt, ohne dass dies vorhergesehen werden konnte. Liegt diese Entwicklung außerhalb des Verantwortungsbereichs des Herstellers, etwa weil das System aufgrund einer instruktionswidrigen Verwendung des Nutzers zu falschen Ergebnissen kommt, ist streng genommen kein pflichtwidriges Verhalten des Herstellers erkennbar. Zudem wurde bereits festgestellt, dass von dem Hersteller keine vollständige Garantie für ein fehlerfreies Produkt erwartet werden kann, sodass auch bei

---

808 SK-StGB/*Stein* § 13 Rn. 23; Produkthaftungshandbuch/*Winkelbauer* § 81 Rn. 8.

809 LK-StGB/*Weigend* § 13 Rn. 42; Lackner/Kühl/*Heger* § 13 Rn. 11; Schönke/Schröder/*Bosch* § 13 Rn. 32; MüKo StGB/*Freund* § 13 Rn. 118; SSW-StGB/*Kudlich* § 13 Rn. 23.

810 Vgl. Produkthaftungshandbuch/*Winkelbauer* § 81 Rn. 10.

einem fehlerhaften Produkt nicht zwangsläufig auf einen Pflichtenverstoß des Herstellers geschlossen werden kann. Es stellt sich daher die Frage, welche Anforderungen an die Pflichtwidrigkeit des Vorverhaltens zu stellen sind.

(aa.) Meinungsstand

Nach der Rechtsprechung des BGH kommt es nicht zwangsläufig darauf an, dass das Vorverhalten pflichtwidrig war. Im Rahmen seiner *Lederspray*-Entscheidung[811] entschied er, dass ein die Garantenpflicht auslösendes Vorverhalten nicht voraussetzt,

> *„dass der Handelnde bereits damit seine Sorgfaltspflicht verletzt, sich also fahrlässig verhalten hat [...]. Insoweit genügt die rechtliche Missbilligung des Gefährdungserfolges. [...] Demgemäß begründet die Schaffung einer Gefahrenlage die zur Schadensabwendung verpflichtende Garantenstellung auch dann, wenn darin noch keine Sorgfaltswidrigkeit liegt; [...]“.*[812]

Folgt man dieser Entscheidung, würde sich die Garantenstellung des Herstellers auch dann aus Ingerenz ergeben, wenn er seiner Sorgfaltspflicht im Vorfeld gerecht geworden ist, da er durch die Inverkehrgabe seines Produktes eine Gefahr geschafften hat, die zu einer Rechtsgutsverletzung eines Dritten geführt hat. Andere kommen zu diesem Ergebnis, indem sie das Inverkehrbringen eines autonomen Systems, welches sich aufgrund seiner Autonomie nicht vollständig kontrollieren lässt, per se als pflichtwidrig einstufen.[813] Zuletzt gibt es auch Stimmen, die die Pflichtwidrigkeit des Vorverhaltens als zwingende Voraussetzung der Garantenstellung aus Ingerenz ansehen, sodass diese abzulehnen ist, wenn der Hersteller seiner Sorgfaltspflicht gerecht geworden ist.[814]

(bb.) Würdigung

Gegen die ausnahmslose Einordnung des Inverkehrbringens von autonomen Produkten als pflichtwidrig spricht vorrangig, dass der BGH bereits

---

811 BGH NJW 1990, 2560 ff.

812 BGH NJW 1990, 2560, 2563.

813 *Zech* in: Gless/Seelmann, Intelligente Agenten und das Recht, 163, 192 u. 194; *ders.* ZfPW 2019, 198, 210; i.E. auch *Kuhlen*, NStZ 1990, 566, 568 f., der die Produktion und das Inverkehrbringen von Produkten per se als riskante Tätigkeit einstuft, unabhängig davon, ob die Gefährlichkeit des Produktes schon bei Vertrieb erkennbar war.

814 *Roxin*, AT II § 32 Rn. 199; Schönke/Schröder/*Bosch* § 13 Rn. 37; *Fischer*, StGB § 13 Rn. 52; *Samson*, StV 1991, 182, 184; *Mayer*, Strafrechtliche Produktverantwortung bei Arzneimittelschäden, S. 249.

entschieden hat, dass von einem Produkt niemals eine vollumfängliche Gefahrenfreiheit erwartet werden kann.[815] Dieser Grundsatz kann und muss auch auf intelligente Systeme angewendet werden. Ihr Einsatz in der Gesundheitsversorgung bringt viele Vorteile mit sich und verspricht eine effizientere, bessere und zuverlässigere Gesundheitsversorgung.[816] Zudem sollen die umfassenden Regelungen der MP-VO und die hohen Anforderungen an die Sorgfaltspflicht des Herstellers bereits sicherstellen, dass von einem Produkt so wenig Gefahren wie möglich ausgehen. Es ist kein Grund ersichtlich, weshalb einem Hersteller, der diese Anforderungen im Zeitpunkt der Inverkehrgabe gerecht geworden ist, dennoch ein pflichtwidriges Vorverhalten vorgeworfen werden soll. Dies gilt auch vor dem Hintergrund, dass sein Produkt zu diesem Zeitpunkt bereits das erforderliche Konformitätsverfahren durchlaufen hat und von der zuständigen Behörde zugelassen wurde.

Auch die Lösung des BGH ist abzulehnen. Es erscheint wertungswidersprüchlich, ein ursprünglich erlaubtes Verhalten als Begründung für eine strafrechtlich relevante Handlungspflicht heranzuziehen.[817] Im Ergebnis würde dies bedeuten, dass das Inverkehrbringen eines Produktes bereits ein strafrechtlich relevantes Sonderrisiko darstellt.[818] Die Annahme einer objektiven Pflichtwidrigkeit ohne das Vorliegen einer Sorgfaltspflichtverletzung ist daher nicht möglich.[819] Durch das Abstellen auf den Gefährdungserfolg wird die Kausalität als Kriterium für die Einordnung des Verhaltens als pflichtwidrig verwendet, sodass die Gefahr einer Ausuferung der Garantenpflicht besteht.[820] Daher muss das Vorverhalten zwingend ex ante betrachtet und nicht anhand des Gefährdungserfolges ex post konstruiert werden.[821] Um die Pflichtwidrigkeit des Vorverhaltens bestimmen zu können, muss daher an die Grundsätze der objektiven Zurechnung angeknüpft werden, sodass eine Gefahr pflichtwidrig herbeigeführt wird, wenn sich die Sorgfaltswidrigkeit des Vorverhaltens in dem Zustandekommen der Gefahrensituation realisiert hat.[822] Somit kommt es hauptsächlich darauf an, ob verbotene oder unvernünftige Risiken eingegangen oder ob gebotene und zumutbare Sorgfaltsmaßnahmen nicht ergriffen

815 BGH NJW 2006, 2326; 2010, 1967; 2018, 2956, 2957.
816 *Steege*, GuP 2021, 125, 129.
817 *Mayer*, Strafrechtliche Produktverantwortung bei Arzneimittelschäden, S. 243.
818 *Timpe*, HRRS 2017, 272, 276.
819 *Roxin*, AT II § 32 Rn. 199.
820 *Otto*, FS Gössel, 99, 105.
821 *Roxin*, AT II § 32 Rn. 199; SK-StGB/*Stein* § 13 Rn. 50.
822 SK-StGB/*Stein* § 13 Rn. 50.

wurden.[823] Mithin ist ein Verhalten dann als pflichtwidrig einzustufen, wenn ein Schutzzweck- und Pflichtwidrigkeitszusammenhang zwischen dem Vorverhalten und dem Eintritt der Gefahr vorliegt.[824] Hat der Hersteller eines intelligenten Medizinproduktes alle ihm obliegenden Sorgfaltspflichten beachtet, bewegt sich der Vertrieb seiner Produkte vermutlich im Rahmen des erlaubten Risikos.[825] Für die Nutzer verwirklicht sich im Falle eines Schadens das allgemeine Lebensrisiko.[826]

(cc.) Fazit

Im Ergebnis bleibt festzuhalten, dass sich eine Garantenpflicht des Herstellers aus Ingerenz nicht begründen lässt. Zwar besteht rechtspolitisch ein berechtigtes Interesse daran, dass das Herstellerunternehmen die Verantwortung für sein Produkt trägt, da es die Möglichkeit hat, durch Gefahrabwendungsmaßnahmen in das Geschehen einzugreifen. Jedoch kann dem Hersteller dann, wenn er alle ihm auferlegten Sorgfaltspflichten im Zeitpunkt des Inverkehrbringens erfüllt hat, kein pflichtwidriges Vorverhalten vorgeworfen werden. Eine dogmatische Herleitung einer Pflichtwidrigkeit, obwohl alle bestehenden Sorgfaltspflichten eingehalten wurden, ist nicht möglich und wäre wertungswidersprüchlich. Zudem muss der Adressat einer Strafnorm darauf vertrauen können, dass er bei der Einhaltung seiner Sorgfaltspflicht vor einer strafrechtlichen Verantwortung auch dann noch geschützt ist, wenn sich ein von der Rechtsordnung toleriertes Risiko verwirklicht.[827]

2. Gesteigert riskantes Vorverhalten

Ein weiterer Anknüpfungspunkt für die Garantenstellung des Herstellers könnte die Einordnung des Inverkehrbringens der Produkte als gesteigert riskantes Vorverhalten darstellen.[828] Ein solches liegt vor, wenn hierdurch ein Risiko geschaffen wird, welches über dasjenige herausgeht, mit dem normalerweise gerechnet wird und gegen das sich daher nicht ausreichend geschützt

823 *Wagner,* VersR 2020, 717, 727.

824 SK-StGB/*Stein* § 13 Rn. 50; NK-StGB/*Gaede* § 13 Rn. 43; *Baumann/Weber/Mitsch/Eisele,* AT § 21 Rn. 76.

825 Zum erlaubten Risiko S. Kap. 3 B I.

826 LK-StGB/*Weigend* § 13 Rn. 43.

827 *Baumann/Weber/Mitsch/Eisele,* AT § 21 Rn. 72.

828 S. hierzu ausführlich *Mayer,* Strafrechtliche Produktverantwortung bei Arzneimittelschäden, S. 243; *Roxin,* AT II § 32 Rn. 201; *Meier,* NJW 1992, 3193, 3196.

werden kann.[829] Ein Indiz hierfür könnte das Bestehen einer zivilrechtlichen Gefährdungshaftung oder einer Versicherungspflicht darstellen.[830] Der Vorteil einer solchen Lösung liegt darin, dass das Inverkehrbringen eines Produktes nach diesen Grundsätzen als gesteigert riskantes Verhalten eingestuft werden kann, unabhängig von der Frage der Pflichtwidrigkeit. Dennoch lässt sich eine strafrechtlich relevante Garantenpflicht durch diesen Ansatz nur schwer begründen. Gegen ihn spricht vorwiegend, dass die rechtlichen Vorgaben, an die sich der Hersteller eines intelligenten Medizinproduktes halten muss, gerade dazu dienen sollen, mögliche Risiken und Gefahren zu verringern oder zu verhindern. Werden diese Voraussetzungen erfüllt, lässt sich nur schwer ein gesteigert riskantes Verhalten erkennen. Schließlich ergreift der Hersteller alle zumutbaren und gebotenen Maßnahmen, um das Risiko so gering wie möglich zu halten. Ihm dennoch ein gesteigert riskantes Verhalten vorzuwerfen, erscheint widersprüchlich. Abgesehen davon umgeht diese Ansicht die Grundsätze der Ingerenz, nach denen ein pflichtwidriges Verhalten gerade die Voraussetzung für eine Garantenstellung darstellt.[831] Zudem erscheint die Unterscheidung zwischen einem „normalen" und „gesteigerten" Risiko fast unmöglich zu sein, da keine brauchbaren Anhaltspunkte vorliegen, anhand derer man ein Verhalten entsprechend einordnen könnte.[832] Der Begriff ist mithin nicht bestimmt genug, um eine uferlose Ausdehnung der Garantenpflicht zu verhindern, sodass dieser Ansatz abzulehnen ist.

3. *Beherrschung der Gefahrenquelle*

Allgemein anerkannt ist eine Garantenstellung aufgrund der Beherrschung von Gefahrenquellen. Demnach hat derjenige, der eine bestimmte Gefahrenquelle beherrscht, die ihr innewohnenden Gefahren zu überwachen und einzudämmen.[833] Dies gilt so lange, wie die rechtliche Befugnis und die tatsächliche Möglichkeit zur Gefahrenabwendung bestehen.[834] *Roxin* lehnt daher die Überwachungsgarantenstellung eines Produzenten mit folgender Begründung ab:

---

829 *Kuhlen*, NStZ 1990, 566, 568 f; *Meier*, NJW 1992, 3193, 3196.

830 SK-StGB/*Stein* § 13 Rn. 55; *Meier*, NJW 1992, 3193, 3196; *Kuhlen*, NStZ 1990, 566.

831 *Roxin*, AT II § 32 Rn. 202.

832 *Roxin*, AT II § 32 Rn. 202.

833 BGH NJW 2002, 1887, 1888; LK-StGB/*Weigend* § 13 Rn. 48; Schönke/Schröder/*Bosch* § 13 Rn. 43.

834 *Mayer*, Strafrechtliche Produktverantwortung bei Arzneimittelschäden, S. 255; SK-StGB/*Stein* § 13 Rn. 27.

„Denn wenn die Ware den tatsächlichen Herrschaftsbereich des Produzenten verlassen hat und sich im Besitz unbekannter Händler oder Verbraucher befindet, kann von einer Überwachung und der für sie nötigen tatsächlichen Zugriffsmöglichkeit nicht mehr die Rede sein.“[835]

Dies mag im Zusammenhang mit herkömmlichen Produkten sachgerecht sein, lässt sich aber nicht ohne Weiteres auf intelligente Medizinprodukte übertragen. Anders als herkömmliche Produkte sind diese in der Regel mit dem System des Herstellers vernetzt. Auch die MP-VO sieht vor, dass der Hersteller die Funktionsfähigkeit und Unbedenklichkeit seiner Produkte überwacht. Zudem wird meist die Möglichkeit bestehen, dass das System in Echtzeit Daten an den Hersteller zur Auswertung übermittelt und/oder eigene Berichte bei Fehlfunktionen erstellt. Da Programmierfehler oftmals unvermeidbar sind, wird der Hersteller ohnehin eine solche Überwachungsmöglichkeit einrichten, um je nach Einzelfall auch direkt ein Systemupdate vornehmen zu können. Es kann daher nicht mehr ohne Weiteres davon ausgegangen werden, dass das Produkt den Herrschaftsbereich des Herstellers tatsächlich verlassen hat. Schließlich kann und muss er die Entwicklung seiner Produkte überwachen und hat auch eine tatsächliche Zugriffsmöglichkeit auf das System. Dies gilt insbesondere dann, wenn der Hersteller einen Nutzungs- oder Pflegevertrag abgeschlossen und damit vereinbart hat, dass er weiterhin auf die Software zugreifen kann.

Ein weiterer Unterschied zu herkömmlichen Produkten ist der Abnehmerkreis. In der Regel kann davon ausgegangen werden, dass es sich bei den intelligenten Medizinprodukten nicht um Massenproduktionen handelt, die an einen unbestimmten, unüberschaubaren Personenkreis verkauft wird, wie ein Lederspray. Vielmehr ist davon auszugehen, dass für den Hersteller der Abnehmerkreis durchaus überschaubar ist, da sich der Vertrieb auf einen bestimmbaren Personenkreis beschränken wird. Dies gilt erst recht dann, wenn aufgrund eines Nutzungs- oder Pflegevertrag der Hersteller ohnehin zur Überwachung und Instandhaltung seines Produktes verpflichtet ist.

Die Begründung der Garantenpflicht aufgrund der Herrschaft über die Gefahrenquelle ist daher möglich und führt auch zu einem sachgerechten Ergebnis. Da der Hersteller sein System ohnehin überwachen muss und durch die Einrichtung seines Qualitätsmanagements über eingehende Schadensmeldungen umgehend informiert wird, hat er einen umfassenden Überblick über die Entwicklung seiner Produkte. Durch die Möglichkeit zum Systemupdate besteht für ihn außerdem eine einfache, effektive und kostengünstige

835 *Roxin*, AT II § 32 Rn. 209.

Möglichkeit zur Gefahrenabwehr, die den Nutzern oder Dritten gerade nicht zur Verfügung steht. In der Regel wird der Nutzer des Systems darauf vertrauen müssen, dass das Produkt unbedenklich ist, da ihm aufgrund der Komplexität des Systems eine Überprüfung der Funktionsweise und der errechneten Ergebnisse nicht möglich sein wird. Es ist für ihn auch nicht feststellbar, ob der Hersteller bei der Konstruktion, Fabrikation und Instruktion den bestehenden Sorgfaltspflichten gerecht geworden ist. Daher ist es nur sachgerecht, dem Produzenten eine Handlungspflicht aufzuerlegen, wenn eine Gefährdung von Rechtsgütern durch das intelligente Medizinprodukt besteht. Dies gilt unabhängig davon, ob er sich im Vorfeld pflichtwidrig oder sorgfaltsgemäß verhält, auch wenn an denjenigen, der pflichtwidrig Gefahren geschaffen hat, höhere Sorgfaltsanforderungen im Rahmen seiner Garantenpflicht zu stellen sind.[836] Im Ergebnis ist dem BGH daher zuzustimmen, dass ein Herstellerunternehmen aufgrund seines Überblicks und seiner Kompetenz umfassende Möglichkeiten zur Gefahrenabwehr hat. Jedoch ergibt sich eine Garantenpflicht nicht aus Ingerenz, sondern aufgrund der Beherrschung einer Gefahrenquelle.

4. *Garantenpflicht kraft Übernahme*

Je nach Einzelfall kann sich eine Garantenpflicht auch daraus ergeben, dass der Täter den Schutz bestimmter Rechtsgüter ausdrücklich oder konkludent übernommen hat.[837] Daher können auch einzelne Mitarbeiter des Herstellerunternehmens eine Garantenstellung gegenüber den Nutzern des Produktes oder Dritten einnehmen. Aufgrund der arbeitsteiligen Unternehmensstruktur, die bereits bei Unternehmen mittlerer Größe bestehen, werden zwangsläufig einzelne Verkehrssicherungspflichten auf bestimmte Mitarbeiter verteilt.[838] So obliegt es insbesondere dem Leiter der Produktionsabteilung dafür Sorge zu tragen, dass das Produkt sorgfaltsgerecht hergestellt wird.[839] Daraus folgt, dass derjenige, der mit der Überwachung der Entwicklung des Produktes nach dem Inverkehrbringen betraut wird, auch Garant für die Gefahrenabwehr ist. Zumindest, solange dies in seinem übernommenen Verantwortungsbereich liegt.[840]

---

836 LK-StGB/*Weigend* § 13 Rn. 49; SK-StGB/*Stein* § 13 Rn. 62.

837 Schönke/Schröder/*Bosch* § 13 Rn. 26; Lackner/Kühl/*Heger* StGB § 13 Rn. 9; MüKo StGB/*Freund* § 13 Rn. 173; SK-StGB/*Stein* § 13 Rn. 62.

838 Produkthaftungshandbuch/*Winkelbauer* § 82 Rn. 17.

839 Vgl. *Schmid-Salzer*, NJW 1988, 1937, 1928; *ders.*, NJW 1996, 1, 2.

840 Produkthaftungshandbuch/*Winkelbauer* § 82 Rn. 18.

Es stellt sich jedoch darüber hinaus noch die Frage, ob der Hersteller eines intelligenten Medizinproduktes durch die Inverkehrgabe seines Produktes eine Schutzfunktion für die Nutzer oder Dritte übernimmt. *Roxin* spricht sich hierfür aus und begründet seine Auffassung unter anderem damit, dass der Nutzer die Unschädlichkeit der gekauften Ware nicht überprüfen könne und der Produzent als Erster umfassend über auftretende Mängel informiert werde.[841] Gegen eine Garantenpflicht kraft Übernahme wird teilweise eingewendet, dass im Mittelpunkt des Warenverkehrs nur der Leistungsaustausch stehe und der Hersteller für einen unbestimmten Personenkreis keine Schutzfunktion übernehmen könne und wolle.[842] Im Zusammenhang mit Arzneimitteln kommt *Mayer* zu dem Ergebnis, dass aufgrund des offensichtlichen Schädigungspotenzials und angesichts der umfassenden Regelungen zum Schutz der Konsumenten von Pharmaka, der reine Leistungsaustausch von dem Rechtsgüterschutz verdrängt wird.[843] Dieser Gedanke lässt sich auch auf intelligente Medizinprodukte übertragen. In den Erwägungsgründen der MP-VO wurde statuiert, dass durch die Regelungen ein hohes Niveau an Sicherheit und der Gesundheitsschutz gewährleistet und hohe Standards für die Qualität der Medizinprodukte normiert werden sollen, um allgemeine Sicherheitsbedenken gegenüber Medizinprodukten auszuräumen.[844] Zudem soll gerade die Marktüberwachung der Verbesserung von Gesundheit und der Sicherheit dienen.[845] Daher ordnet der Verordnungsgeber selbst die Übernahme gewisser Schutzpflichten an. Im Vordergrund steht dabei vor allem der Schutz von Rechtsgütern. Wenn bereits davon ausgegangen wird, dass der Verwender eines herkömmlichen Produktes nicht dessen Unbedenklichkeit überprüfen kann, muss dies erst recht für ein intelligentes Medizinprodukt gelten. Die komplexen Vorgänge bei der Entscheidungsfindung sind besonders für einen Laien kaum nachvollziehbar. Daher kann das Ergebnis nicht ohne Weiteres überprüft werden. Durch die Einrichtung der vorgeschriebenen Überwachungseinrichtungen kann der Hersteller als Erster feststellen, ob eine Gefahr von seinem Produkt ausgeht. Es erscheint daher sachgerecht, dass er mit dem Vertrieb seiner Produkte auch eine Schutzfunktion für die Nutzer übernimmt. Mithin geht es um viel mehr, als einen reinen Leistungsaustausch.

---

841 *Roxin*, AT II § 32 Rn. 210 f.; i.E. auch *Schünemann*, BGH-FG 2000, Bd. IV, 619, 640, zumindest in Bezug auf Markenprodukte.

842 *Mayer*, Strafrechtliche Produktverantwortung bei Arzneimittelschäden, S. 252.

843 *Mayer*, Strafrechtliche Produktverantwortung bei Arzneimittelschäden, S. 252.

844 Vgl. Erwägungsgrund 1 und Erwägungsgrund 2 MP-VO.

845 Vgl. Erwägungsgrund 4 MP-VO.

III. Quasikausalität

Die Frage, ob das Unterlassen einer gebotenen Gefahrabwendungsmaßnahme kausal für den Taterfolg geworden ist, kann je nach Einzelfall Probleme bereiten. Da ein Hinwegdenken des Unterlassens am Erfolgseintritt nichts ändern kann, muss die conditio-sine-qua-non-Formel entsprechend modifiziert werden.[846] Demnach ist ein Unterlassen nur dann für den Erfolgseintritt kausal, wenn die gebotene Tathandlung nicht hinzugedacht werden kann, ohne dass der Erfolg mit an Sicherheit grenzender Wahrscheinlichkeit entfiele.[847] Rein theoretische Zweifel an der Kausalität reichen auch vor dem Hintergrund des in-dubio-pro-reo-Grundsatzes für die Ablehnung eines Kausalzusammenhangs nicht aus, ist jedoch mit weit überwiegender oder mit an Sicherheit grenzender Wahrscheinlichkeit davon auszugehen, dass die gebotene Handlung den Erfolg nicht verhindert hätte, ist das Unterlassen des Täters nicht kausal für den eingetretenen Erfolg geworden.[848] Andere wiederum lehnen die Quasikausalität ab und nehmen einen Kausalzusammenhang an, wenn der Eintritt des Taterfolges dadurch wahrscheinlicher wird, dass der Täter die gebotene Handlung unterlässt.[849] Diese Lösung ist jedoch abzulehnen, da sie den in-dubio-pro-reo-Grundsatz in unzulässiger Weise einschränkt und Verletzungs- in Gefährdungsdelikte umdeutet.[850] Mithin muss in Übereinstimmung mit der herrschenden Meinung geprüft werden, ob die gebotene Handlung den Eintritt des Taterfolges verhindert hätte.

1. *Nichtvornahme einer gebotenen Gefahrabwendungsmaßnahme*

Die bereits dargestellten neuen Gefahrabwendungsmaßnahmen, die durch die Vernetzung der intelligenten Produkte und deren Möglichkeit zur nachträglichen Veränderung entstehen, werden das Problem des Kausalzusammenhangs

---

846 Ob ein Kausalzusammenhang im Falle eines Unterlassens überhaupt möglich ist, ist umstritten, vgl. zum Meinungsstand *Jescheck/Weigend,* AT § 59, S. 618 ff.; *Kühl,* AT § 18 Rn. 35 ff.; *Roxin,* AT II § 31 Rn. 37 ff.; SK-StGB/*Stein* Vor. § 13 Rn. 23 ff.; *Fischer,* StGB Vor. § 13 Rn. 39a.

847 BGHSt 7, 211, 214; 37, 106, 126; 48, 77, 93; NStZ 2011, 31; *Baumann/Weber/Mitsch/Eisele,* AT § 21 Rn. 22 ff.; *Fischer,* StGB Vor § 13 Rn. 39; SSW-StGB/*Kudlich* § 13 Rn. 10.

848 BGH NJW 1985, 1350, 1351; NJW 2004, 237, 238; NStZ 2011, 31.

849 *Roxin,* AT II § 31 Rn. 54 ff.; *Greco* ZIS 2011, 674, 676.

850 LK-StGB/*Walter* Vor §§ 13 ff. Rn. 86; Produkthaftungshandbuch/*Winkelbauer* § 81 Rn. 67.

zwischen dem Unterlassen und dem Erfolgseintritt in der Regel vereinfachen. Unterlässt der Hersteller ein erforderliches Update oder legt er das Produkt trotz erheblicher Gefahren nicht still, wird ggf. mit der Hilfe eines Sachverständigen geklärt werden können, ob ein Update den Fehler des Produktes behoben oder ob eine Stilllegung den Eintritt des Erfolges verhindert hätte. Auch die bislang umstrittene Frage, ob eine Warnung oder ein Rückruf tatsächlich alle Nutzer erreicht und somit den Erfolgseintritt verhindert hätte, wird sich aufgrund der Vernetzung der Systeme nur noch in Ausnahmefällen stellen. Schließlich besteht besonders bei „embedded Software“[851], oder Produkten, die mit einem Bildschirm ausgestattet sind, die Möglichkeit, eine Warnung oder einen Produktrückruf unmittelbar über das System vorzunehmen und so auch alle Nutzer zu erreichen. Zudem kann sich der Hersteller die Kenntnisnahme einer solchen Mitteilung von dem Nutzer bestätigen lassen. Mithin kann davon ausgegangen werden, dass die Warnung oder der Rückruf alle Nutzer tatsächlich erreicht hätte.

Es stellt sich dennoch weiterhin das Problem, dass das Verhalten des Nutzers nicht vorhergesehen werden kann. Wenngleich der Nachweis gelingt, dass die Warnung oder der Produktrückruf alle Nutzer erreicht hätte, hängt die Abwendung des Erfolgseintrittes weiterhin von dem (hypothetischen) Verhalten eines Dritten ab. Entscheidet sich dieser dazu, der Aufforderung nicht nachzukommen, hätte der Eintritt des Taterfolges auch bei pflichtgemäßen Verhalten des Herstellers nicht verhindert werden können. Dieses Problem kann nur gelöst werden, indem ein pflichtgemäßes oder ein selbst schützendes Verhalten des Dritten unterstellt wird.[852] Gerade in der Gesundheitsversorgung ist davon auszugehen, dass sich der Arzt oder der Patient selbst zum Eigen- bzw. Fremdschutz an die Aufforderung des Herstellers halten wird, um eine drohende Gefährdung von Leib, Leben oder Gesundheit abzuwenden. Außerdem bestehen gerade für den Arzt erhebliche, rechtliche Risiken, sollte er eine Warnung oder einen Rückruf des Herstellers ignorieren und so seine Patienten in Gefahr bringen. Es erscheint daher sachgerecht, dass in den vorliegenden Konstellationen im Rahmen der Quasikausalität ein pflichtgemäßes Verhalten des Dritten vorausgesetzt werden darf. Eine Schlechterstellung des Unterlassenstäters ist hiermit nicht verbunden, da er sich, ähnlich wie ein Begehungstäter

---

851 „Bei Embedded-Software“ handelt es sich um eine Kombination aus einem körperlichen Produkt und einer Software, vgl. *Orthwein/Obst,* CR 2019, 1 ff.

852 LG Waldshut-Tiengen, NJW 2002, 153: Schönke/Schröder/*Bosch* StGB § 13 Rn. 62; ähnlich auch *Kahrs,* NStZ 2011, 14, 15 f.

im Rahmen des Pflichtwidrigkeitszusammenhangs, nur nicht auf das (hypothetisch) pflichtwidrige Verhalten eines Dritten berufen kann.[853] Etwas anderes gilt, wenn in dem Zeitpunkt, in welchem die Gefahrabwendungsmaßnahme zu ergreifen war, bereits feststand, dass der Warnung oder dem Rückruf niemand nachkommen werde.[854]

Kann nicht mit an Sicherheit grenzender Wahrscheinlichkeit festgestellt werden, dass die Vornahme der gebotenen Gefahrabwendungsmaßnahme den Eintritt des Taterfolges verhindert hätte, verbleiben nur drei Lösungsansätze:

> *Erstens,* die Annahme eines Kausalzusammenhangs scheidet aufgrund des in dubio pro reo Grundsatzes aus, sodass es bei einer Versuchsstrafbarkeit bleibt,
> *zweitens,* man löst das Problem mit der Risikoerhöhungslehre, oder
> *drittens,* man verzichtet auf den Nachweis, dass der Erfolgseintritt auf der unterlassenen Gefahrenabwehrmaßnahme beruht.[855]

Dabei sind jedoch die letzten beiden Lösungswege abzulehnen, da sie eine unzulässige Einschränkung des in in-dubio-pro-reo-Grundsatzes darstellen und so die Umdeutung von Verletzungs- in Gefährdungsdelikte droht.[856] Somit ist festzustellen, dass die Annahme der Quasikausalität immer von den Umständen des Einzelfalls abhängig sein wird. Solange nicht mit an Sicherheit grenzender Wahrscheinlichkeit feststeht, dass die gebotene Gefahrabwendungsmaßnahme die Nutzer auch erreicht und den Eintritt des Taterfolges verhindert hätte, ist eine strafrechtliche Verantwortung des Herstellers abzulehnen.

2. *Nichtvornahme der gebotenen Stichprobenkontrollen*

Ein vergleichbares Problem besteht auch dann, wenn es bei der Fabrikation des intelligenten Medizinproduktes zu einem Fehler gekommen ist und daher nicht die gesamte Produktreihe, sondern nur einzelne Ausreißer betroffen sind. Da von dem Hersteller besonders bei Massenproduktionen nicht die Überprüfung jedes einzelnen Produktes verlangt werden kann, ist er nur zu

853 Schönke/Schröder/*Bosch* StGB § 13 Rn. 62.

854 S. hierzu ausführlich *Bosch*, FS Puppe, 373 ff.

855 *Kuhlen* in: Achenbach/Ransiek/Rönnau, Handbuch Wirtschaftsstrafrecht, 2. Teil 1. Kap. Rn. 54.

856 *Baumann/Weber/Mitsch/Eisele,* AT § 10 Rn. 90; Schönke/Schröder/*Sternberg-Lieben/Schuster* StGB § 15 Rn. 179.

der Durchführung einer ordnungsgemäßen, stichprobenartigen Kontrolle verpflichtet.[857] Dies gilt sowohl hinsichtlich des gefertigten Gesamtproduktes als auch für die verwendete Datengrundlage. Ist der Hersteller den Anforderungen an eine solche Überprüfung gerecht geworden und es dennoch zu der Verletzung einer oder mehrerer Personen gekommen, muss er sich für diesen Taterfolg nicht verantworten. Schwieriger wird es nur dann, wenn eine ordnungsgemäße Kontrolle unterlassen wurde, da weiterhin nicht festgestellt werden kann, ob das fehlerhafte Produkt überhaupt entdeckt worden wäre.[858] Zwar hat der Hersteller durch ein solches Vorgehen das Risiko für den Eintritt einer solchen Rechtsgutsverletzung erhöht, die Risikoerhöhungslehre ist jedoch abzulehnen.[859] Wurden die Stichprobenkontrollen vorsätzlich unterlassen, kommt eine Versuchsstrafbarkeit in Betracht. In allen anderen Fällen ist eine strafrechtliche Verantwortung aufgrund des fehlenden Kausalzusammenhangs ausgeschlossen.

E. Zusammenfassung

Wie dieses Kapitel zeigt, werden sich einige bekannte, aber auch neuartige Probleme auf der Tatbestandsebene ergeben. Wurde eine verantwortliche, natürliche Person ermittelt, kommen verschiedene Fallkonstellationen in Betracht. So kann aufseiten des Herstellers die Deliktsverwirklichung durch aktives Tun, aber auch durch Unterlassen herbeigeführt worden sein. Zu denken ist entweder an das (vorsätzliche) Unterlassen einer Gefahrabwendungsmaßnahme oder auch die (fahrlässige) Inverkehrgabe eines gefährlichen Produktes.

Zwar wird in erster Linie ein fahrlässiges Verhalten praxisrelevant sein, jedoch ist auch eine vorsätzliche Begehung nicht vollständig ausgeschlossen. Entscheidend ist hier eine Abgrenzung zwischen der bewussten Fahrlässigkeit und dem bedingten Vorsatz.

Im Rahmen der Kausalität ist vorrangig zu prüfen, welche Anforderungen an den Nachweis der Kausalkette zu stellen sind. Dafür kann zumindest zum Teil an die Grundsätze der Rechtsprechung angeknüpft werden, sodass es nicht erforderlich ist, dass das Verhalten des intelligenten Medizinproduktes in allen Einzelheiten erklärt und nachvollzogen werden kann. Solange alle anderen Ursachen für den Erfolgseintritt mit an Sicherheit grenzender

857 BGH NJW 1988, 2611, 2614; NJW 1993, 538, 530; OLG Düsseldorf NJW 1978, 1693; BeckOGK BGB/*Spindler* § 823 Rn. 645.

858 Produkthaftungshandbuch/*Winkelbauer* § 81 Rn. 67.

859 Kap. 3 C II 3.

Wahrscheinlichkeit ausgeschlossen werden können oder eine Mitursächlichkeit zweifelsfrei gegeben ist, besteht auch ein Ursachenzusammenhang zwischen der Handlung des Herstellers und dem Verletzungserfolg.

Im Rahmen der objektiven Zurechnung muss noch ermittelt werden, welche Risiken durch die Gesellschaft mit Blick auf die Vorteile, die durch den Einsatz von intelligenten Medizinprodukten entstehen, hingenommen werden sollen. Dabei kann an objektive Kriterien angeknüpft werden. Wurde das intelligente Medizinprodukt durch die zuständige Behörde zugelassen, wird sich das Verhalten des Herstellers in der Regel im Rahmen des erlaubten Risikos bewegen. Des Weiteren ist die Zurechnung dann ausgeschlossen, wenn ein grob fahrlässiges oder vorsätzliches Verhalten des Patienten oder des Arztes vorliegt, beispielsweise wenn sich bewusst über die Instruktion oder Warnung des Herstellers hinweggesetzt wird.

Ergreift der Hersteller trotz Kenntnis der Gefährlichkeit seines Produktes die gebotenen Gefahrabwendungsmaßnahmen nicht, kommt eine Tatbegehung durch Unterlassen in Betracht. Entgegen der Ansicht des BGH begründet sich die erforderliche Handlungspflicht jedoch nicht aus einem pflichtwidrigen Vorverhalten, sondern vielmehr aus der Beherrschung einer Gefahrenquelle. Anders als bei herkömmlichen Produkten kann nicht mehr ohne Weiteres davon ausgegangen werden, dass das Produkt den Herrschaftsbereich des Herstellers verlassen hat. Vielmehr ist davon auszugehen, dass er durch die Vernetzung seiner Produkte weiterhin in der Lage ist, auf das System zuzugreifen. des Weiteren besteht eine Handlungspflicht aufgrund der Übernahme einer Schutzfunktion.

Viertes Kapitel - Strafvorschriften des MPDG

Wie bereits in den §§ 40 ff. MPG a.F. geregelten Straf- und Bußgeldvorschriften findet sich auch in den §§ 92 ff. MPDG ein Sanktionsregime für Verstöße gegen die Regelungen der MP-VO und des MPDG. Die §§ 92 ff. MPDG verweisen auf konkrete Verbotsvorschriften aus dem MPDG und der MP-VO und stellen einen Verstoß gegen diese unter Strafe. Dabei ist ihre Systematik vergleichbar mit den §§ 40 ff. MPG a.F., da die Schwere des Delikts von der Bedeutung der entsprechenden Gebots- oder Verbotsnorm für die Sicherheit und Qualität der Medizinprodukte abhängt.[860] Grundsätzlich handelt es sich bei den §§ 92 ff. MPDG um die Bestrafung von Vergehen, wobei § 92 Abs. 7 MPDG auch eine Bestrafung als Verbrechen in besonders schweren Fällen vorsieht. § 92 MPDG stellt dabei Verhaltensweisen unter Strafe, die zu einer wesentlichen Beeinträchtigung der Sicherheit und Qualität von Medizinprodukten führen können, wohingegen § 93 MPDG die Schaffung von weniger erheblichen Gefahrenquellen sanktioniert.[861]

Im Folgenden sollen daher zunächst die einzelnen Straftatbestände des § 92 MPDG (A) und § 93 MPDG (B) dargestellt und im Anschluss die daraus resultierenden Pflichten für den Hersteller eines intelligenten Medizinproduktes erörtert werden (C).

A. § 92 MPDG

§ 92 MPDG ordnet bestimmte Straftatbestände an, die mit einer Freiheitsstrafe von bis zu drei Jahren oder einer Geldstrafe geahndet werden. Dabei wird sowohl die vorsätzliche, als auch gem. Abs. 9 die fahrlässige Begehung bestraft. Abs. 1 sanktioniert Verstöße gegen das MPDG, wohingegen Abs. 2 und Abs. 4 die Missachtungen bestimmter Vorgaben der MP-VO sowie spiegelbildlich dazu Abs. 3 und Abs. 5 gegen bestimmte Vorgaben der IVD-VO unter Strafe stellt. Der Versuch der in Abs. 1 bis Abs. 5 geregelten Straftaten ist gem. § 23 Abs. 2 StGB i. V. m. § 92 Abs. 6 MPDG strafbar.

---

860 *Wostry* in: Grinblat/Scholtz/Stock, Medizinprodukterecht im Wandel, 315, 319.

861 *Wostry* in: Grinblat/Scholtz/Stock, Medizinprodukterecht im Wandel, 315, 321.

I. Abs. 1: Verstöße gegen Vorschriften des MPDG

§ 92 Abs. 1 Nr. 1 MPDG i. V. m. § 11 S. 1 MPDG stellt das Betreiben oder die Anwendung von Medizinprodukten unter Strafe, die Mängel aufweisen, durch die Patienten, Beschäftigte oder Dritte gefährdet werden können. Voraussetzung ist demnach, dass die Gefährdung durch den Betrieb oder die Anwendung des Medizinproduktes entsteht, wobei es ausreicht, wenn der Mangel die Gefahr begründen kann.[862] Betreiben ist die im Anschluss an die Inbetriebnahme erfolgende zweckentsprechende fortgesetzte Nutzung.[863] Betreiber ist, wer selbst oder mithilfe von Mitarbeitern das Medizinprodukt steuert, an- oder abstellt, während des Betriebs überwacht, wobei es auf die tatsächliche Sachherrschaft ankommt.[864] Angewendet wird ein Medizinprodukt durch seinen praktischen Gebrauch, daher werden Anwender in der Regel Ärzte und entsprechend geschultes Personal sein.[865]

§ 92 Abs. 1 Nr. 2 MPDG i. V. m. § 12 Nr. 1 MPDG verbietet das Inverkehrbringen, die Inbetriebnahme, das Bereitstellen, Betreiben oder die Anwendung von Produkten, bei denen der begründete Verdacht besteht, dass es auch bei sachgemäßer Anwendung, Instandhaltung und vorgesehenen Verwendung die Sicherheit und Gesundheit der Patienten, Anwender oder Dritter unmittelbar oder mittelbar in einem Maß gefährdet, das nach den Erkenntnissen der medizinischen Wissenschaft nicht mehr vertreten ist. Ein Verstoß gegen § 12 Nr. 2 MPDG stellt gem. § 94 Abs. 2 Nr. 3 MPDG eine Ordnungswidrigkeit dar. Hervorzuheben ist hierbei, dass dieses Verbot nur die Handlungen ab dem Inverkehrbringen umfasst, sodass allein die Entwicklung, Produktion, das Ausstellen und die Aussonderung noch nicht vom Tatbestand umfasst sind.[866] Dementsprechend ist nicht nur der Hersteller Adressat der Verbotsnorm, sondern auch jeder Händler oder Anwender.[867] Die Norm bezieht sich zudem nicht nur auf neue Produkte, sondern auch auf solche, die bereits in den Verkehr gebracht wurden und bei denen sich im Laufe der Zeit herausgestellt hat, dass sie ein Gefährdungspotenzial haben.[868] Ein begründeter Verdacht im Sinne des § 12 MPDG setzt keinen Nachweis einer Gesundheits- oder

---

862 Erbs/Kohlhaas/*Häberle* MPDG § 92 Rn. 4; *Huber,* MPR 2020, 89.

863 Erbs/Kohlhaas/*Häberle* MPDG § 92 Rn. 5.

864 BVerwG NZS 2004, 528, 530.

865 Erbs/Kohlhaas/*Häberle* MPDG § 92 Rn. 6.

866 Spickhoff/*Lücker* MPDG § 12 Rn. 3.

867 Spickhoff/*Lücker* MPDG § 12 Rn. 3.

868 Spickhoff/*Lücker* MPDG § 12 Rn. 4.

Sicherheitsgefährdung voraus.[869] Vielmehr liegt dieser vor, wenn ein nach den Erkenntnissen der medizinischen Wissenschaften vertretbares Maß der Patienten- oder Anwendergefährdung überschritten wurde.[870] Begründet ist der Verdacht, wenn die Annahme aus tatsächlichen und logischen Gründen nicht widerlegbar erscheint und dies auf tatsächlichen Anhaltspunkten, die rational nachvollziehbar und wissenschaftlich substantiiert sind, gründet.[871] Inbetriebnahme ist die Zurverfügungstellung für den Endabnehmer, vgl. Art. 2 Nr. 29 MP-VO.

Gem. § 92 Abs. 1 Nr. 3 MPDG i. V. m. § 13 Abs. 1 MPDG macht sich derjenige strafbar, der ein gefälschtes Produkt, ein gefälschtes Teil oder gefälschte Komponente herstellt, auf Lager hält, zu Abgabe anbietet, in den Verkehr bringt, in Betrieb nimmt oder auf dem Markt bereitstellt. Eine Fälschung liegt gem. Art. 2 Nr. 9 MP-VO vor, wenn es mit falschen Angaben zu seiner Identität und/oder seiner Herkunft und/oder seiner CE-Kennzeichnung oder den Dokumenten zu den CE-Kennzeichnungsverfahren versehen ist. Unter einer Komponente versteht man gem. Art. 23 Abs. 2 MP-VO einen Gegenstand, der speziell dazu bestimmt ist, einen identischen oder ähnlichen Teil oder eine identische oder ähnliche Komponente eines schadhaften oder abgenutzten Produktes zu ersetzen, um die Funktion des Produktes zu erhalten oder wiederherzustellen.[872] Herstellen ist die Zusammensetzung des Produktes aus Teilen einschließlich der Ausrüstungsteile, die ganz oder teilweise selbst produziert oder von Zulieferern bezogen wurden.[873] Lagern ist das Aufbewahren der Produkte zur späteren Verwendung sowie zur Abgabe anderer, vgl. § 2 Abs. 6 GefStoffV. Ein Produkt wird zur Abgabe angeboten, wenn es mit dem Ziel der späteren Übertagung der Sachherrschaft in Aussicht gestellt wird.[874] Gem. Art. 2 Nr. 27 MP-VO ist die Bereitstellung auf dem Markt jede entgeltliche oder unentgeltliche Abgabe eines Produktes, mit Ausnahme von Prüfprodukten, zum Vertrieb, zum Verbrauch oder zur Verwendung auf dem Unionsmarkt im Rahmen einer gewerblichen Tätigkeit.

---

869 Erbs/Kohlhaas/*Häberle* MPDG § 12 Rn. 2.
870 Spickhoff/*Lücker* MPDG § 12 Rn. 6.
871 Spickhoff/*Lücker* MPDG § 12 Rn. 7.
872 Erbs/Kohlhaas/*Häberle* MPDG § 13 Rn. 1.
873 Erbs/Kohlhaas/*Häberle* MPDG § 92 Rn. 13.
874 Erbs/Kohlhaas/*Häberle* MPDG § 92 Rn. 15.

II. Abs. 2 und Abs. 3: Inverkehrbringen entgegen der Übergangsbestimmungen

Gem. § 92 Abs. 2 und Abs. 3 MPDG ist das Inverkehrbringen oder die Inbetriebnahme von Medizinprodukten entgegen der Übergangsbestimmung in Art. 120 Abs. 3 S. 1 MP-VO bzw. in vitro Diagnostika entgegen der Übergangsbestimmung in Art. 110 Abs. 3 IVD-VO strafbar, wenn das Produkt den Vorschriften des Strahlenschutzgesetzes oder einer auf dessen Grundlage erlassenen Rechtsverordnung unterliegt oder bei dessen Herstellung ionisierende Strahlung verwendet wird.

Art. 120 Abs. 3 S. 1 MP-VO ordnet an, dass abweichend von Art. 5 MP-VO nur ein Produkt in Betrieb genommen oder in den Verkehr gebracht werden darf, für das eine Bescheinigung gemäß der Richtlinie 90/385 EWG oder der Richtlinie 93/42 EWG erteilt wurde, die gem. Art. 120 Abs. 2 MP-VO gültig ist, vorausgesetzt es entspricht den Anforderungen einer dieser Richtlinien und dass keine wesentlichen Änderungen der Auslegung und Zweckbestimmung vorliegen. Demnach macht sich derjenige strafbar, der nach dem 26.05.2021 ein Produkt in Betrieb genommen oder in den Verkehr gebracht hat, das den Bestimmungen der Richtlinie 90/385 EWG oder der Richtlinie 93/42 EWG nicht gerecht wird oder bei dem eine wesentliche Änderung des Produktes oder des Designs vorgenommen wurde. Art. 110 Abs. 3 S. 1 IVD-VO enthält eine vergleichbare Regelung, mit dem Unterschied, dass sich dieser auf die Richtlinie 98/79/EG bezieht.

III. Abs. 4: Straftatbestände aus der VO (EU) 2017/745 (MP-VO)

Der Abs. 4 regelt die Sanktion von Zuwiderhandlungen gegen einzelne Vorgaben der MP-VO. Die Nrn. 1-5 betreffen das Inverkehrbringen oder die Inbetriebnahme von Produkten der Klasse I, IIa, IIb und III bzw. ein Produkt nach Art. 52 Abs. 7 S. 2 MP-VO ohne die Vornahme des erforderlichen Konformitätsverfahrens gem. Art. 52 Abs. 1 bis Abs. 7 MP-VO, sowie das Verwenden eines CE-Kennzeichens ohne vorheriges Konformitätsbewertungsverfahren. Die Regelung gilt nur für Medizinprodukte, die keine Sonderanfertigung oder kein Prüfprodukt sind und die den Vorschriften des Strahlenschutzgesetzes oder einer auf dessen Grundlage erlassenen Vorschrift unterliegen oder bei deren Herstellung ionisierende Strahlen verwendet wurden. Eine Sonderanfertigung ist ein Produkt, das speziell gemäß einer schriftlichen Verordnung einer aufgrund ihrer beruflichen Qualifikation zur Ausstellung von Verordnungen berechtigten Person angefertigt wird, die eigenverantwortlich die genaue Auslegung und die Merkmale des Produktes festlegt, das nur für einen einzigen

Patienten bestimmt ist, um ausschließlich dessen individuellen Zustand und dessen individuellen Bedürfnissen zu entsprechen.[875]

Die Nrn. 6–8 beziehen sich auf weitere Produkte, die den Vorschriften des Strahlenschutzgesetzes oder einer auf dessen Grundlage erlassenen Vorschrift unterliegen und verbieten die Inbetriebnahme oder das Inverkehrbringen ohne die Durchführung eines Konformitätsbewertungsverfahrens. Umfasst von den Tatbeständen sind Sonderanfertigungen nach Art. 2 Nr. 3 MP-VO (Nr. 6), implantierbare Sonderanfertigungen der Klasse III nach Anhang VIII der MP-VO (Nr. 7), Produkte nach Art. 1 Abs. 8 UAbs. 1 MP-VO (Nr. 8), Produkte nach Art. 1 Abs. 6 lit. f 2. HS oder Art. 1 Abs. 10 UAbs.1 MP-VO (Nr. 9) sowie Produkte, die aus Stoffen oder aus Kombination mit Stoffen bestehen, die dazu bestimmt sind, durch eine Körperöffnung in den menschlichen Körper eingeführt oder auf der Haut angewendet zu werden und die vom menschlichen Körper aufgenommen oder lokal im Körper verteilt werden (Nr. 10). Nr. 8 bis Nr. 10 stellen außerdem die Verwendung einer CE-Kennzeichnung ohne die Durchführung des erforderlichen Konformitätsbewertungsverfahrens unter Strafe.

IV. Abs. 5: Straftatbestände aus der VO (EU) 2017/746 (IDV-VO)

Der Abs. 5 regelt die Sanktion von Verstößen gegen die Regelungen der IVD-VO bei in vitro Diagnostik (IVD). Demnach macht sich derjenige strafbar, der IVD der Klasse A, B, C oder D nach Anhang VIII in den Verkehr bringt oder in Betrieb nimmt, ohne das nach Art. 48 Abs. 1 bis Abs. 10 IVD-VO vorgeschriebene Konformitätsbewertungsverfahren durchzuführen. Dabei beziehen sich die Regelungen wie auch in Abs. 4 nur auf IVD, die den Vorschriften des Strahlenschutzgesetzes oder einer auf dessen Grundlage erlassenen Vorschrift unterliegen und die kein Produkt für Leistungsstudien sind. Zudem wird die Verwendung von CE-Kennzeichen ohne die Durchführung der entsprechenden Konformitätsbewertungsverfahren unter Strafe gestellt.

V. Abs. 7: Qualifikation

Der Abs. 7 stellt einen Qualifikationstatbestand für in Abs. 1–5 geregelten Straftaten dar und sieht eine Mindeststrafe von einem Jahr Freiheitsstrafe und einem Höchstmaß von zehn Jahren Freiheitsstrafe vor. Ein Verstoß gegen diese

875 Erbs/Kohlhaas/*Häberle* MPDG § 93 Rn. 18.

Regelungen stellt demnach gem. § 12 Abs. 1 StGB ein Verbrechen dar, der Versuch ist gem. § 23 Abs. 1 StGB strafbar.

Abs. 7 Nr. 1 lit. a MPDG findet bei der Gefährdung der Gesundheit einer großen Zahl von Menschen Anwendung. Dabei ist nicht erforderlich, dass eine unüberschaubar große Menschenmenge gefährdet wird.[876] Vielmehr verlangt die Rechtsprechung eine tatbestandsspezifische Auslegung des Merkmals und hat beispielsweise im Zusammenhang mit einer besonders schweren Brandstiftung gem. § 306b Abs. 1 StGB dieses Merkmal bereits bei einer Anzahl von 14 Personen als erfüllt angesehen.[877] Eine vergleichbare Regelung findet sich außerdem in § 95 Abs. 3 Nr. 1a AMG, bei der eine große Anzahl an Menschen ab 20 Personen angenommen wird.[878] Die Gefährdung beginnt mit der Aushändigung, Inbetriebnahme oder dem Inverkehrbringen des Produktes.[879]

Gem. Abs. 7 Nr. 1 lit. b MPDG liegt eine Qualifikation auch dann vor, wenn ein anderer in die Gefahr des Todes oder einer schweren Schädigung an Körper und Gesundheit gebracht wird. Voraussetzung ist demnach eine konkrete Gefährdung einer individualisierbaren Einzelperson.[880] Eine schwere Gesundheitsschädigung umfasst dabei nicht nur schwere Körperverletzungen im Sinne von § 226 StGB, sondern auch Beeinträchtigungen der Gesundheit durch langwierige ernste Krankheit, insbesondere durch erhebliche Beeinträchtigung im Gebrauch der Sinne, der körperlichen Leistungsfähigkeit oder der Arbeitsfähigkeit.[881]

Aus grobem Eigennutz im Sinne von § 92 Abs. 7 Nr. 1 lit. c MPDG handelt der Täter, wenn er ein über ein übliches kaufmännisches Gewinnstreben hinausgehendes Bestreben gezeigt hat, sich oder einem Dritten durch die Tat einen finanziellen Vorteil zu verschaffen.[882] Die Erlangung eines Vermögensvorteils großen Ausmaßes ist nur schwer zu definieren. Das Merkmal findet sich unter anderem auch beim besonders schweren Fall der Bestechlichkeit und Bestechung, vgl. § 335 Abs. 2 Nr. 1 StGB. Angesichts der dort verankerten erheblichen Strafschärfung wird die Mindestgrenze nicht zu niedrig anzusetzen sein

876 Erbs/Kohlhaas/*Häberle,* MPDG § 92 Rn. 32.

877 BGH NJW 1999, 299, 300; Schönke/Schröder/*Heine/Bosch,* § 306b Rn. 4.

878 BGH BeckRS 2015, 02368; Erbs/Kohlhaas/ *Dr. Pfohl,* AMG § 95 Rn. 28.

879 Rehmann/Wagner/*Rehmann,* MPG § 40 Rn. 3.

880 Erbs/Kohlhaas/ *Dr. Pfohl,* AMG § 95 Rn. 29; Spickhoff/*Lücker,* MPDG § 92 Rn. 14.

881 *Fischer,* StGB § 330 Rn. 8; Schönke/Schröder/*Heine/Schittenhelm,* StGB § 330 Rn. 9a; MüKo StGB/*Alt,* § 330 Rn. 14.

882 Spickhoff/*Lücker,* MPDG § 92 Rn. 14; Rehmann/Wagner/*Rehmann,* MPG § 40 Rn. 3; Erbs/Kohlhaas/*Häberle* MPDG § 92 Rn. 35

und wird zum Teil ab 25.000 € angenommen.[883] Diese Grundsätze lassen sich auf auch die Qualifikation gem. § 92 Abs. 7 Nr. 1 lit. c MPDG übertragen. Dabei muss aber auch der individuelle Vermögensstand des Täters vorher und nachher eine Rolle spielen.[884]

Gewerbsmäßigkeit gem. Abs. 7 Nr. 2 MP-VO liegt vor, wenn der Täter in der Absicht handelt, sich durch wiederholte Tatbegehung eine fortlaufende Einnahmequelle von einer Dauer und einigem Umfang zu verschaffen.[885] Eine Bande setzt den Zusammenschuss von mindestens drei Personen voraus, die sich mit dem Willen verbunden haben, künftig für eine gewisse Dauer mehrere selbstständige, im Einzelnen noch ungewisse Straftaten des im Gesetz genannten Delikttyps zu begehen.[886]

VI. Abs. 8 und Abs. 9: Minder schwerer Fall und Fahrlässigkeit

In einem minder schweren Fall kann der Strafrahmen gem. Abs. 8 auf eine Freiheitsstrafe von drei Monaten bis fünf Jahren reduziert werden. Dabei bezieht sich der Wortlaut der Norm auf den Abs. 5. Jedoch ist in diesem Zusammenhang darauf hinzuweisen, dass die Absätze 3 und 5 erst durch den Geltungsbeginn der IVD-VO ergänzt wurden und der Gesetzgeber vermutlich versäumt hat, die Verschiebung des Qualifikationstatbestandes von Abs. 5 nach Abs. 7 zu berücksichtigen.[887] Hierfür spricht hauptsächlich, dass der Strafrahmen des § 92 Abs. 5 MPDG mit einer Freiheitsstrafe von bis zu drei Jahren oder einer Geldstrafe eine geringere Höchststrafe vorsieht, als die Regelungen in Abs. 8.[888] Sind die Voraussetzungen des Qualifikationstatbestandes erfüllt, muss daher das Vorliegen eines minder schweren Falls gem. Abs. 8 geprüft werden. Das ist dann der Fall, wenn das Tatbild einschließlich der Täterpersönlichkeit von dem Durchschnitt der gewöhnlich vorkommenden Fälle derart abweicht, dass ein geminderter Strafrahmen geboten ist.[889] Hierfür ist eine Gesamtbewertung aller Umstände in der Person des Täters und hinsichtlich der Tat vorzunehmen

---

883 Erbs/Kohlhaas/ *Dr. Pfohl*, AMG § 95 Rn. 31; Schönke/Schröder/*Heine/Eisele*, StGB § 335 Rn. 3; MüKo StGB/*Korte* § 335 Rn. 9.

884 Spickhoff/*Lücker*, MPDG § 92 Rn. 14.

885 BGH NStZ 1995, 85; Sk-StGB/*Hoyer* § 260 Rn. 3; SSW-StGB/*Jahn* § 260 Rn. 3.

886 BGH NStZ 1995, 85; MüKo StGB/*Schmitz*, § 244 Rn. 40; Schönke/Schröder/*Bosch*, StGB § 244 Rn. 24.

887 Spickhoff/*Lücker*, MPDG § 92 Rn. 15.

888 Spickhoff/*Lücker*, MPDG § 92 Rn. 15.

889 BGH NJW 2017, 2776, 2777; BeckRS 2017, 130131 Rn. 23; MüKo StGB/*Maier*, § 46 Rn. 115.

unabhängig davon, ob sie der Tat selbst innewohnen und sie begleiten oder ihr vorausgehen oder ihr nachfolgen.[890]

Entsprechend § 15 StGB wird in Abs. 9 zudem die fahrlässige Begehung der in den Abs. 1 bis Abs. 5 geregelten Tathandlungen unter Strafe gestellt.

B. § 93 MPDG

Die in § 93 MPDG normierten Straftaten werden mit einer Freiheitsstrafe von bis zu einem Jahr oder einer Geldstrafe geahndet. Demnach werden sie milder bestraft als die in § 92 MPDG geregelten Tathandlungen. Spiegelbildlich zu § 92 MPDG umfasst § 93 Abs. 1 MPDG Verstöße gegen das MPDG und Abs. 2 und Abs. 3 gegen die MP-VO sowie Abs. 4 und Abs. 5 Verstöße gegen die IVD-VO.

Da es sich in den durch § 93 MPDG geregelten Straftaten um Vergehen handelt, stehen gem. § 15 StGB nur vorsätzliche Begehungen unter Strafe, zudem bleibt der Versuch gem. § 12 Abs. 1 StGB straflos. Eine fahrlässige Erfüllung des Straftatbestandes ist gem. § 94 Abs. 1 MPDG eine Ordnungswidrigkeit.

I. Verstöße gegen Vorschriften des MPDG

§ 93 Abs. 1 Nr. 1 MPDG verbietet das Verbringen gefälschter Produkte, Teile oder Komponenten in den oder aus dem Geltungsbereich des Gesetzes. Mit Verbringen ist dabei der Transport dieser Produkte gemeint.[891]

§ 93 Abs. 1 Nr. 2–4 MPDG ahnden Verstöße gegen die Regelungen bezüglich der klinischen Prüfungen von Medizinprodukten bzw. Leistungsstudien von IVD. Mithin wird bestraft, wer entgegen § 31 Abs. 1 und Abs. 2 MPDG oder § 31a Abs. 1 und Abs. 2 MPDG jeweils auch in Verbindung mit § 31a Abs. 3 MPDG oder § 47 Abs. 2 eine klinische Prüfung oder Leistungsstudie beginnt (Nr. 2), diese entgegen § 46 MPDG fortsetzt (Nr. 3) oder entgegen § 47 Abs. 1 Nr. 3 eine sonstige klinische Prüfung durchführt (Nr. 4). Ebenso wird die Zuwiderhandlung gegen eine Rechtsverordnung nach § 88 Abs. 1 S. 1 Nr. 3 MPDG oder gegen eine aufgrund einer solchen Rechtsverordnung erlassenen vollziehbaren Anordnung (Nr. 5) bestraft.

Für den Beginn einer Prüfung eines Medizinproduktes der Klasse I sowie von nicht invasiven Produkten der Klasse IIa ist gem. § 31 Abs. 1 MPDG erforderlich, dass die zuständige Bundesoberbehörde innerhalb von 10 Tagen nach

---

890 BGH NJW 2017, 2776, 2777; BeckRS 2017, 130131 Rn. 23; MüKo StGB/*Maier*, § 46 Rn. 115; SK-StGB/*Horn/Wolters*, § 46 Rn. 70.

891 Erbs/Kohlhaas/*Häberle*, MPDG § 93 Rn. 3. Zum Merkmal gefälscht S. Kap. 4 A I.

dem Validierungsdatum gem. Art. 70 Abs. 5 MP-VO nicht widersprochen und die Ethik-Kommission eine zustimmende Stellungnahme abgegeben hat. Für alle anderen Produkte muss gem. § 31 Abs. 2 MPDG die zuständige Bundesoberbehörde eine Genehmigung erteilt und die Ethik-Kommission eine zustimmende Stellungnahme abgegeben haben. Mit einer sonstigen klinischen Prüfung von Medizinprodukten darf gem. § 47 Abs. 2 MPDG nur begonnen werden, wenn eine zustimmende Stellungnahme der Ethik-Kommission vorliegt und die Prüfung der zuständigen Bundesoberbehörde angezeigt wurde.

Eine klinische Prüfung oder eine Leistungsstudie darf gem. § 46 MPDG nicht weiter fortgesetzt werden, wenn die Stellungnahme der Ethik-Kommission oder die Genehmigung zurückgenommen oder widerrufen oder wenn das Ruhen oder die Unterbrechung angeordnet wurde.

Die Durchführung einer sonstigen klinischen Prüfung ist gem. § 47 Abs. 1 Nr. 3 MPDG nur gestattet, wenn und solange die Verantwortung für die medizinische Versorgung der Prüfungsteilnehmer ein Arzt oder bei zahnmedizinischen Produkten ein Zahnarzt mit geeigneter Qualifikation trägt.

Eine Rechtsverordnung i. S. d. § 88 Abs. 1 S. 1 Nr. 3 MPDG stellt die Medizinprodukte-Abgabe Verordnung (MPAV) dar. Gem. § 4 Abs. 1 i. V. m. § 1 Abs. 1 S. 1 MPAV wird die Abgabe eines verschreibungspflichtigen Medizinproduktes an Laien ohne ärztliche Verordnung bestraft. Ein Medizinprodukt ist dann verschreibungspflichtig, wenn es entweder Stoffe oder Zubereitungen aus Stoffen enthält, die der Verschreibungspflicht nach der Arzneimittelverschreibungsverordnung unterliegen oder wenn solche Stoffe auf dem Produkt aufgetragen sind.[892]

II. Verbotstatbestände der MP-VO bzw. der IVD-VO

§ 93 Abs. 2 MPDG und § 93 Abs. 4 MPDG bestrafen den Verstoß gegen bestimmte Verbotsnormen aus der MP-VO bzw. der IVD-VO.

1. *Irreführende Angaben*

Nr. 1 umfasst dabei irreführende Angaben in der Kennzeichnung, der Gebrauchsanweisung oder der Bewerbung, vgl. Art. 7 der jeweiligen Verordnungen. Dies ist gem. den Vorschriften dann der Fall, wenn dem Produkt Funktionen und Eigenschaften zugeschrieben werden, die es nicht besitzt, wenn ein falscher Eindruck hinsichtlich der Behandlung oder Diagnose und

---

892 Spickhoff/*Lücker*, MPDG § 93 Rn. 7.

der Funktion oder Eigenschaften, die das Produkt nicht besitzt, erweckt wird, wenn der Nutzer oder Patient nicht über die zu erwartenden Risiken, die mit der Verwendung des Produktes gemäß seiner Zweckbestimmung verbunden sind, nicht informiert wird oder wenn andere Verwendungsmöglichkeiten des Produktes empfohlen werden als diejenigen, die Teil der Zweckbestimmung sind und für die das Konformitätsbewertungsverfahren durchgeführt wurde. Dabei bedarf es keiner tatsächlichen Irreführung, vielmehr ist die Eignung zur Täuschung bereits ausreichend.[893] Maßgebliches Kriterium für die Beurteilung ist dabei der allgemeine Sprachgebrauch sowie die Verkehrsauffassung des Abnehmerkreises, für den das Medizinprodukt bestimmt ist.[894]

2. *Klinische Prüfungen bzw. Leistungsstudien*

Nr. 2 sanktioniert den Verstoß gegen die grundsätzlichen Vorschriften beider Verordnungen in Bezug auf die Anforderungen an klinische Prüfungen bzw. Leistungsstudien. Demnach macht sich derjenige strafbar, der den in Art. 62 Abs. 4 lit. b, e, i und j MP-VO oder Art. 58 Abs. 5 lit. b, e, i und j IVD-VO festgelegten Anforderungen nicht gerecht wird. Eine klinische Prüfung bzw. eine Leistungsstudie erfüllt mithin den Tatbestand nicht, wenn,

> *erstens,* keine ablehnende Stellungnahme einer nach nationalem Recht eingesetzten Ethik-Kommission abgegeben wurde (lit. b),
> *zweitens,* der erwartete Nutzen für die Prüfungsteilnehmer oder für die öffentliche Gesundheit die vorhersehbaren Risiken und Nachteile rechtfertigt und die Einhaltung dieser Bedingung ständig überwacht wird (lit. e),
> *drittens,* die klinische Prüfung oder Leistungsstudie so geplant ist, dass sie mit möglichst wenig Schmerzen, Beschwerden, Angst und allen anderen vorhersehbaren Risiken für die Prüfungsteilnehmer verbunden ist und sowohl die Risikoschwelle als auch das Ausmaß der Belastung im klinischen Prüfplan eigens definiert und ständig überprüft werden (lit. i) und
> *viertens,* die Verantwortung für die medizinische Versorgung der Prüfungsteilnehmer ein Arzt, oder ggf. ein Zahnarzt mit geeigneter Qualifikation oder jede andere Person, die nach nationalem Recht zur Bereitstellung der entsprechenden Patientenbetreuung im Rahmen einer klinischen Prüfung bzw. Leistungsstudie befugt ist (lit. j).

---

893 *Huber,* MPR 2020, 89, 94; Erbs/Kohlhaas/*Häberle,* MPDG § 93 Rn. 10.
894 Rehmann/Wagner/*Wagner,* MPG § 4 Rn. 52; Erbs/Kohlhaas/*Häberle,* MPDG § 93 Rn. 10.

3. *Verstoß gegen Übergangsbestimmungen*

Nr. 3 stellt das Inverkehrbringen oder die Inbetriebnahme von Medizinprodukten gem. der Übergangsbestimmung in Art. 120 Abs. 3 S. 1 MP-VO bzw. in vitro Diagnostika gem. der Übergangsbestimmung in Art. 110 Abs. 3 IVD-VO unter Strafe, welche nicht den Vorschriften des Strahlenschutzgesetzes oder einer auf dessen Grundlage erlassenen Rechtsverordnung unterliegt oder bei dessen Herstellung ionisierende Strahlung verwendet wird.

III. Verstöße gegen Registrierungspflichten und weitere Straftatbestände aus der MP-VO oder der IVD-VO

1. *Registrierungspflichten*

Der Hersteller muss sein Medizinprodukt bzw. eine IVD, eine Behandlungseinheit oder ein System gem. Art. 29 MP-VO oder Art. 26 Abs. 1 IVD-VO vor dem Inverkehrbringen in der UDI-Datenbank registrieren, es sei denn, es handelt sich um eine Sonderanfertigung. Verstößt der Hersteller gegen diese Registrierungspflicht, macht er sich gem. § 93 Abs. 3 Nr. 1 MPDG oder § 93 Abs. 5 Nr. 1 MPDG strafbar. Die UDI-Datenbank (Unique Device Identification System) ist ein System zur einmaligen Produkterkennung, mit welchem Produkte zurückverfolgt werden können.[895]

Gem. Art. 31 Abs. 1 S. 1 MP-VO oder Art. 28 Abs. 1 S. 1 IVD-VO besteht auch eine Registrierungspflicht des Herstellers, eines Bevollmächtigten oder eines Importeurs in dem europäischen Datenbanksystem EUDAMED. Gem. § 93 Abs. 3 Nr. 2 MPDG oder § 93 Abs. 5 Nr. 2 MPDG macht sich derjenige strafbar, der ebendiese Registrierung vor dem Inverkehrbringen nicht vornimmt, es sei denn, bei dem Produkt handelt es sich um eine Sonderanfertigung.

2. *Strafvorschriften der MP-VO*

§ 93 Abs. 3 Nr. 3 – Nr. 12 MPDG verhalten sich spiegelbildlich zu den Tatbeständen des § 92 Abs. 4 Nr. 1- 10 MPDG. Mithin wird die Inverkehrgabe von Produkten ohne die Durchführung des erforderlichen Konformitätsbewertungsverfahren und/oder die Verwendung einer CE-Kennzeichnung ohne das hierfür erforderliche Konformitätsbewertungsverfahrens unter Strafe gestellt. Der Unterschied der beiden Vorschriften liegt lediglich darin, dass von § 93 Abs. 3 Nr. 3 – Nr. 12 MPDG auch Medizinprodukte umfasst sind, die nicht den

---

895 Erbs/Kohlhaass/*Häberle*, MPDG § 93 Rn. 14.

Vorschriften des Strahlenschutzes oder einer auf dessen Grundlage erlassenen Rechtsverordnung unterliegen und bei deren Herstellung auch nicht ionisierende Strahlen verwendet wurden.

Der Tatbestand bezieht sich vorliegend auf Produkte der Klasse III (Abs. 3 Nr. 3), IIb (Abs. 3 Nr. 4), IIa (Abs. 3 Nr. 5) und I (Abs. 3 Nr. 6), die keine Sonderanfertigungen oder Prüfprodukte sind, sowie auf Produkte nach Art. 52 Abs. 7 S. 2 MP-VO (Abs. 3 Nr. 7). Letztere sind Produkte, die in einem sterilen Zustand in den Verkehr gebracht werden, die mit einer Messfunktion ausgestattet sind oder bei denen es sich um wiederverwendbare chirurgische Instrumente handelt. Des Weiteren sind nicht implantierbare Sonderanfertigungen gem. Art. 2 Nr. 3 MP-VO (Abs. 3 Nr. 8), aber auch implantierbare Sonderanfertigungen der Klasse III (Abs. 3 Nr. 9), Produkte nach Art. 1 Abs. 8 UAbs. 1 MP-VO (Nr. 10), Produkte nach Art. 1 Abs. 6 lit. f 2. HS oder Art. 1 Abs. 10 UAbs.1 MP-VO (Nr. 11) sowie Produkte, die aus Stoffen oder aus Kombination mit Stoffen bestehen, die dazu bestimmt sind, durch eine Körperöffnung in den menschlichen Körper eingeführt oder auf der Haut angewendet zu werden und die vom menschlichen Körper aufgenommen oder lokal im Körper verteilt werden (Nr. 12), umfasst.[896]

3. *Strafvorschriften der IVD-VO*

Der Abs. 5 regelt die Sanktion von Verstößen gegen die Regelungen der IVD-VO bei in vitro Diagnostik (IVD). Demnach macht sich derjenige strafbar, der IVD der Klasse A, B, C oder D nach Anhang VIII in den Verkehr bringt oder in Betrieb nimmt, ohne das nach Art. 48 Abs. 1 bis Abs. 10 IVD-VO vorgeschriebene Konformitätsbewertungsverfahren durchzuführen. Dabei beziehen sich die Regelungen im Gegensatz zu § 92 Abs. 5 MPDG auf IVD, die nicht den Vorschriften des Strahlenschutzgesetzes oder einer auf dessen Grundlage erlassenen Vorschrift unterliegen oder bei deren Herstellung keine ionisierenden Strahlen verwendet wurden. Ausgenommen vom Tatbestand sind Produkte für Leistungsstudien. Zudem wird die Verwendung von CE-Kennzeichen ohne die Durchführung der entsprechenden Konformitätsbewertungsverfahren unter Strafe gestellt.

896 Zu den Tathandlungen s. Kap. 4 A III.

C. Relevanz der Strafvorschriften für den Hersteller eines intelligenten Medizinproduktes

Die vorgestellten Strafvorschriften des MPDG werden auch für den Hersteller eines intelligenten Medizinproduktes von Bedeutung sein. Die sich hieraus ergebenden Pflichten lassen sich zumindest oberflächlich den jeweiligen Verpflichtungen des Herstellers vor und nach der Inverkehrgabe seines Produktes zuordnen. Zudem muss zwischen Tatbeständen unterschieden werden, die die Zuordnung des Produktes zu einer bestimmten Risikoklasse voraussetzen, sowie den Regelungen, die sich auf jedes Medizinprodukt beziehen.

I. Klassifizierung von intelligenten Medizinprodukten

Die Klassifizierung von Medizinprodukten bestimmt sich nach den Regeln des Art. 51 Abs. 1 S. 1 MP-VO i. V. m. Anhang VIII MP-VO. Dabei kommt es vor allem auf die Zweckbestimmung und die verbundenen Risiken an, wobei Produkte mit einem niedrigen Risiko der Klasse I zuzuordnen sind, Produkte mit einem mittleren bzw. erhöhten Risiko der Klassen IIa und IIb und Produkte mit einem hohen Risiko der Klasse III.[897] Daraus folgt, dass je höher das abstrakte Risiko durch das Medizinprodukt ist, umso höher ist auch die Klassifizierung.[898]

1. Allgemeine Klassifizierungsregeln

Bisher wurde vor allem nach der Invasivität der Produkte am menschlichen Körper unterschieden, Produkte der Klasse I zeichneten sich durch wenig bis keinen kritischen Hautkontakt und durch ihre vorübergehende Nutzung am menschlichen Körper aus.[899] Der Klasse IIa lassen sich Produkte zuordnen, die an eher unkritischen Körperregionen und für maximal 30 Tage angewendet werden sollen und der Klasse IIb Produkte, die eine darüber hinausgehende Anwendungszeit oder ein höheres methodisches Risiko aufweisen.[900] Produkte mit einem weit höheren Gefährdungspotenzial, etwa weil sie in direkten Kontakt mit dem Herzen oder dem zentralen Nervensystem kommen können, fallen unter die Klasse III.[901]

---

897 *Schreitmüller*, Regulierung intelligenter Medizinprodukte, S. 115 f.; *Graf*, PharmR 2017, 57, 58.

898 *Prütting/Wolk*, MedR 2020, 359, 361.

899 Chibanguza/Kuß/Steege KI-Hdb/*Kraft*, § 4 A Rn. 25.

900 Chibanguza/Kuß/Steege KI-Hdb/*Kraft*, § 4 A Rn. 25.

901 Chibanguza/Kuß/Steege KI-Hdb/*Kraft*, § 4 A, Rn. 26.

Zu berücksichtigen ist ferner die Regel 8 des Anhangs VIII der MP-VO, wonach implantierbare, aktive Medizinprodukte der Risikoklasse III zuzuordnen sind, zudem die Regel 17, wonach Produkte, die speziell für die Aufzeichnung von durch Röntgenstrahlung gewonnenen Diagnosebildern bestimmt sind, zur Risikoklasse IIa gezählt werden und zuletzt die Regel 22, wonach aktive therapeutische Produkte mit integrierter oder eingebauter diagnostischer Funktion, die das Patientenmanagement erheblich bestimmt, zur Risikoklasse III gehören. Zu letzteren zählen etwa automatische, externe Defibrillatoren.

Eine generelle Einteilung von Künstlicher Intelligenz in eine höhere Risikoklasse kann und darf dabei nicht pauschal vorgenommen werden. Die Systematik der MP-VO stellt bei der Klassifizierung gerade nicht auf die Komplexität der Produkte, sondern allein auf ihre Auswirkungen auf den Patienten ab.[902] Daher sind für die Einordnung von intelligenten Medizinprodukten die in der MP-VO festgelegten Regelungen anzuwenden.

2. *Klassifizierung von Software*

Software gilt gem. Art. 2 Nr. 1 MPR als Medizinprodukt, wenn sie einen oder mehrere der genannten medizinischen Zwecke erfüllt und sich ihre Wirkung im oder am menschlichen Körper entfaltet.[903] Zudem ist sie in Übereinstimmung mit Art. 2 Nr. 4 UAbs. 2 MP-VO als aktives Medizinprodukt einzustufen. Demnach müssen für die Klassifizierung von Software die Regeln 9 – 13 des 6. Abschnitts des Anhang VIII MP-VO herangezogen werden.

Gem. der Regel 11 wird Software, die dazu bestimmt ist, Informationen zu liefern, die zu Entscheidungen für diagnostische oder therapeutische Zwecke herangezogen werden, grundsätzlich der Risikoklasse IIa zugeordnet. Können diese Entscheidungen den Tod oder eine irreversible Verschlechterung des Gesundheitszustandes einer Person zur Folge haben, gehören sie der Risikoklasse III an und wenn sie zu einer schwerwiegenden Verschlechterung des Gesundheitszustandes einer Person oder zu einem chirurgischen Eingriff führen können, ist die Software der Risikoklasse IIb zuzuordnen. Soll die Software physiologische Prozesse kontrollieren, gehört sie der Klasse IIa an, es sei denn, sie ist für die Kontrolle von vitalen, physiologischen Parametern vorgesehen, deren Veränderung zu einer unmittelbaren Gefahr für den Patienten führen können. Dann muss sie der Risikoklasse IIb zugerechnet werden. Sämtliche

902 *Schreitmüller*, Regulierung intelligenter Medizinprodukte, S. 130.

903 S. hierzu Kap. 1 D I.

andere Software gehört der Risikoklasse I an. Bei intelligenten Medizinprodukten wird es sich in der Regel um Software handeln, die bei Diagnose- und Therapieentscheidungen verwendet werden soll. Demnach muss sie entsprechend der Klassifizierungsregel 11 grundsätzlich der Risikoklasse IIa und in den bereits geschilderten Ausnahmen der Risikoklasse III bzw. IIb zugeordnet werden.

Zusammenfassend lässt sich feststellen, dass intelligente Medizinprodukte in der Regel nicht der Risikoklasse I zugeordnet werden können. Je nach Produkt fallen sie unter die Klassen IIa, IIb oder III.

II. Pflichten des Herstellers aus dem MPDG

Um sich nicht gem. §§ 92, 93 MPDG strafbar zu machen, muss der Hersteller den dort beschriebenen Anforderungen gerecht werden. Dabei lassen sich diese grob nach den Pflichten vor und nach dem Inverkehrbringen einteilen.

1. *Pflichten vor der Inverkehrgabe des Produktes*

Teil der Konstruktionspflicht des Herstellers ist je nach Klassifizierung des Produktes die ordnungsgemäße Durchführung einer klinischen Prüfung, vgl. Art. 61 MP-VO. Darunter versteht man gem. Art. 2 Nr. 45 MP-VO eine systematische Untersuchung, bei der ein oder mehrere menschliche Prüfungsteilnehmer einbezogen sind und die zwecks Bewertung der Sicherheit oder Leistung eines Produkts durchgeführt wird. Dabei stellt nicht jeder Verstoß gegen die für klinische Prüfungen geltenden Bestimmungen automatisch die Verwirklichung der Tatbestände des MPDG dar.

Daher ergibt sich aus § 93 Abs. 1 Nr. 2 bis 4 MPDG, dass der Hersteller eines intelligenten Medizinproduktes der Risikoklasse IIb eine klinische Prüfung nur dann durchführen darf, wenn die oberste Bundesbehörde innerhalb von 10 Tagen nach Validierungsdatum nicht widersprochen und die Ethikkommission eine zustimmende Stellungnahme abgegeben hat. Bei Produkten der Risikoklasse IIb und III ist eine Genehmigung der obersten Bundesbehörde und eine zustimmende Stellungnahme der Ethikkommission erforderlich. Der Hersteller darf die Prüfung nicht beginnen, durchführen oder fortsetzen, wenn

erstens, eine ablehnende Stellungnahme der Ethikkommission vorliegt,
zweitens, der Nutzen die vorhersehbaren Risiken für die Prüfungsteilnehmer nicht mehr überwiegt oder dies nicht ständig überwacht wird,
drittens, sie nicht mehr so geplant ist, dass möglichst wenig Schmerzen oder Ähnliches für die Teilnehmenden entstehen, oder

viertens, kein Arzt oder sonst ermächtigte Person die Patientenbetreuung übernimmt.

Neben der Durchführung einer ordnungsgemäßen klinischen Prüfung hat der Hersteller das Produkt außerdem zu registrieren, vgl. § 93 Abs. 3 Nr. 1 und Nr. 2 MPDG oder § 93 Abs. 5 Nr. 1 und Nr. 2 MPDG.

2. *Pflichten bei und nach der Inverkehrgabe des Produktes*

Der Hersteller eines intelligenten Medizinproduktes hat sicherzustellen, dass er bei der Inverkehrgabe das erforderliche Konformitätsbewertungsverfahren durchgeführt und die CE-Kennzeichnung angebracht hat. Andernfalls macht er sich bei Produkten, die unter die Bestimmungen des Strahlenschutzgesetzes fallen oder ionisierende Strahlen bei der Herstellung benötigen, gem. § 92 Abs. 4 MPDG strafbar. Derartige Produkte werden in der Regel bei bildgebenden diagnostischen Verfahren wie MRT, Ultraschall, Endoskopie oder Röntgenaufnahmen verwendet.[904] Erfüllt das gefertigte intelligente Medizinprodukt nicht diese Vorschriften, kommt eine Strafbarkeit gem. § 93 Abs. 3 MPDG in Betracht.

Auch Konstruktions- und Fabrikationsfehler können eine Strafbarkeit des Herstellers begründen. So darf er kein intelligentes Medizinprodukt betreiben oder anwenden, das mangelhaft ist und hierdurch zu Schäden am Patienten, Beschäftigter oder Dritter führen können, vgl. § 92 Abs. 1 Nr. 1 i. V. m. § 11 MPDG. Zudem steht das Inverkehrbringen eines Produktes,

bei dem der begründete Verdacht besteht, dass es die Sicherheit oder Gesundheit des Patienten, Anwender oder Dritter gefährdet, ebenfalls unter Strafe, vgl. § 92 Abs. 1 Nr. 2 i. V. m. § 12 MPDG. Dies gilt sowohl für den Zeitpunkt der Inverkehrgabe, als auch für Produkte, die sich bereits auf dem Markt befinden.[905] Entwickelt sich daher ein intelligentes Medizinprodukt fehlerhaft, darf es nicht weiter in den Verkehr gebracht, betrieben oder angewendet werden. Des Weiteren darf der Hersteller kein gefälschtes Produkt auf den Markt bringen, vgl. § 92 Abs. 1 Nr. 3 i. V. m § 13 MPDG in den Geltungsbereich der Verordnung verbringen, vgl. § 93 Abs. 1 Nr. 1 MPDG oder ein verschreibungspflichtiges Produkt ohne ärztlichen Auftrag an einen Laien verkaufen, vgl. § 93 Abs. 1 Nr. 5 i. V. m § 88 MPDG i. V. m. § 4 Abs. 1 i. V. m. § 1 Abs. 1 S. 1 MPAV.

---

904 *Klein/Kraft et al.* in: Grote/Bender/Göhlich, Taschenbuch für Maschinenbau, 676 ff.

905 Spickhoff/*Lücker* MPDG § 12 Rn. 3.

3. *Zusammenfassung*

Neben den Strafvorschriften des StGB müssen demnach auch die §§ 92 f. MPDG berücksichtigt werden. Der Hersteller eines intelligenten Medizinproduktes muss demnach auch mit einer strafrechtlichen Sanktionierung rechnen, wenn er gegen bestimmte Vorschriften des MPDG und der MP-VO verstößt. Verwirklicht er neben den Körperverletzungs- und Tötungsdelikten des StGB daher auch einen oder mehrere Tatbestände der §§ 92 f. MPDG liegt Tateinheit vor. Die dargestellten Regelungen sollen den Hersteller eines Medizinproduktes zur Wahrung der in der MP-VO und im MPDG normierten Regelungen motivieren und eine abschreckende Funktion erfüllen.[906] Um einer strafrechtlichen Verantwortung zu entgehen, sind daher die vorgegebenen Anforderungen zwingend zu erfüllen.

---

906 *Wostry* in: Grinblat/Scholtz/Stock, Medizinprodukterecht im Wandel, 315, 330.

Fünftes Kapitel – Zusammenfassung der Ergebnisse

Wie einleitend festgestellt, wird der Einsatz von intelligenten Medizinprodukten immer mehr zunehmen, da die Gesundheitsversorgung von ihrem enormen Potenzial durchaus profitieren kann. Die hohe Komplexität und die hieraus resultierende Fehleranfälligkeit rückt in den Blick der Strafwissenschaft. Ziel der Untersuchung war es daher, einen strafrechtlichen Sorgfaltsmaßstab zu entwickeln sowie die tatbestandlichen Problemfelder, die durch die speziellen KI-Risiken entstehen, zu ermitteln. Die Ergebnisse der Untersuchung lassen sich wie folgt zusammenfassen:

1. Ein wichtiges Einsatzgebiet der Künstlichen Intelligenz stellt die Gesundheitsversorgung dar. Sie fällt dann unter den Begriff des Medizinproduktes, wenn sie einen oder mehrere medizinische Zwecke erfüllen soll und ihre Hauptwirkung im oder am menschlichen Körper hat. Dies gilt unabhängig davon, ob es sich um eine sog. „Standalone-Software" handelt oder um eine „Embedded-Software". Bereits jetzt werden intelligente Medizinprodukte in der Praxis eingesetzt, wobei es sich noch stets um spezifische Anwendungsfelder handelt, in denen die Rahmenbedingungen klar vorgegeben werden. Zukünftig sind zahlreiche weitere Anwendungsmöglichkeiten denkbar, wobei der Schwerpunkt besonders bei der Krankheitsprävention, Früherkennung, Diagnose- und Therapieentscheidungen sowie Verlaufsprognosen liegen wird.
2. Mit den neuartigen Systemen entstehen neue Risiken, die durchaus strafrechtliche Relevanz aufweisen können. Angefangen mit dem Problem der Nachvollziehbarkeit und Erklärbarkeit der Entscheidungsfindung des Systems. Zwar gibt es bereits vielversprechende Lösungsansätze, um Black-Box-Modelle erklärbarer zu machen, jedoch lässt sich noch kein zuverlässiges Modell ermitteln. Viele Ansätze stoßen noch an ihre Grenzen, sodass für die derzeitige Betrachtung davon ausgegangen werden muss, dass nicht jede Entscheidung einer Künstlichen Intelligenz ohne Weiteres vorhergesagt oder nachvollzogen werden kann. Weitere Risiken entstehen durch die Autonomie, da bislang kaum oder wenig menschliche Kontrolle ausgeübt werden muss. Aber auch durch die Möglichkeit der Weiterentwicklung, die das System auch ohne Überwachung vornehmen kann. Durch diese Risiken stellen sich neue Fragen hinsichtlich des Sorgfaltsmaßstabs

und der Gefahrabwendungspflicht des Herstellers, der Kausalität zwischen Tathandlung und Erfolg sowie der objektiven Zurechnung.

3. Das Strafrecht kennt nur natürliche Personen als Handlungssubjekt. Daher kann nicht das Unternehmen als solches, sondern nur einzelne Mitarbeiter strafrechtlich zur Verantwortung gezogen werden. Bei der Suche nach einem Verantwortlichen kann nach der „top-down-Betrachtung" vorgegangen werden, da besonders das obere Management und die Geschäftsführung für die Delegation, Aufsicht, Leitung und Kontrolle des Betriebes zuständig sind. In jedem Fall muss jede Pflichtverletzung einer einzelnen Person konkret zugeordnet werden können, mithin muss der Verantwortliche eine ihm obliegende Sorgfaltspflicht verletzt und die Möglichkeit gehabt haben, durch konkrete Maßnahmen den Eintritt des Taterfolges zu verhindern. Ist dies der Fall, kommt hauptsächlich die vorsätzliche Begehung eines Tötungsdeliktes (§§ 211 ff. StGB) oder eines Körperverletzungsdeliktes (§§ 223 ff. StGB) durch aktives Tun oder Unterlassen sowie die Verwirklichung einer fahrlässigen Tötung (§ 222 StGB) oder Körperverletzung (§ 229 StGB) in Betracht.
4. Besondere Pflichten für den Hersteller eines intelligenten Medizinproduktes ergeben sich aus der MP-VO. Er muss sein Produkt so herstellen, dass es sich für den gewählten Zweck eignet und den Anforderungen der MP-VO entspricht. Daher muss es sicher und wirksam sein und weder den klinischen Zustand oder die Sicherheit des Patienten, noch die Sicherheit oder Gesundheit des Anwenders oder eines Dritten gefährden. Der Hersteller hat ein Konformitätsverfahren durchzuführen, eine entsprechende CE-Kennzeichnung anzubringen und ggf. die zuständige Bundesoberbehörde und die Ethikkommission hinzuzuziehen. Je nach Beschaffenheit oder Eigenschaften des Produktes müssen noch die Anforderungen aus Anhang I Abschnitt 14–22 MP-VO erfüllt werden.
5. Aus den allgemeinen Sorgfaltspflichten ergibt sich, dass der Hersteller sein Produkt so sicher wie möglich machen muss, wobei jedoch keine Garantie für eine vollumfängliche Unbedenklichkeit bzw. Gefahrenlosigkeit gegeben werden muss. Da es in der Regel um die Gefährdung von Leib oder Leben geht, sind besonders hohe Anforderungen an die Sorgfaltspflichten des Herstellers zu stellen. Wurde das Produkt durch die zuständige Behörde zugelassen, liegt ein Indiz dafür vor, dass er seinen Pflichten gerecht geworden ist.
6. Ein Rückgriff auf die zivilrechtlichen Grundsätze der Produzentenhaftung ist ebenfalls möglich, sofern die Unterschiede zwischen Straf- und Zivilrecht ausreichend Berücksichtigung finden. Hieraus lassen sich

umfangreiche Pflichten des Herstellers zur fehlerfreien Konstruktion, Fabrikation und Produktbeobachtung entnehmen:

a) Die Konstruktionspflicht des Herstellers umfasst die Einhaltung des aktuellen Stands der Wissenschaft und Forschung sowie die Verwendung einer ausreichenden Datengrundlage mit der erforderlichen Qualität. Ein Verstoß liegt vor, wenn sich das Produkt nicht für die bestimmungsgemäße Verwendung eignet oder wenn die Ursache einer fehlerhaften Weiterentwicklung bereits bei der Konstruktion gesetzt wurde, etwa weil keine ausreichende Datengrundlage verwendet wurde.
b) Bei der Fabrikation muss der Produzent die Herstellung des intelligenten Medizinproduktes ordnungsgemäß überwachen und sichtprobenartig kontrollieren. Auch hier ist der aktuelle Stand der Wissenschaft und Technik einzuhalten.
c) Der Hersteller hat den Endverbraucher sorgfältig zu instruieren. Dies umfasst sowohl den bestimmungsgemäßen als auch einen naheliegenden Fehlgebrauch des Produktes. Art und Umfang der Instruktion richten sich nach der Schwere des drohenden Schadens und der Wahrscheinlichkeit seines Eintritts bei unterlassener Warnung. Bei möglichen Gefahren von Gesundheitsverletzungen ist diesbezüglich ein ausdrücklicher Hinweis zu erteilen. Auch die MP-VO konkretisiert die inhaltlichen Voraussetzungen einer ordnungsgemäßen Instruktion in Anhang I Abschnitt 23.4. Insgesamt sind aufgrund der Gefährdung hochrangiger Rechtsgüter und der Neuartigkeit der Technik recht hohe Anforderungen an die Instruktionspflicht des Herstellers zu stellen.
d) Auch nach der Inverkehrgabe des Produktes hat der Hersteller weiterhin zu beobachten, ob sich Gefahren mit der Verwendung ergeben. Aufgrund der Nähe von intelligenten Medizinprodukten zu hochrangigen Rechtsgütern, der Unvermeidbarkeit von Programmierfehlern und der Unvorhersehbarkeit der automatisierten Entscheidung sind dabei erhöhte Anforderungen an die Produktbeobachtung zu stellen. Dies umfasst auch die Installation einer integrierten Produktbeobachtung, durch die es möglich ist, Systemberichte direkt an den Hersteller zu übermitteln. Können im Zuge der Produktbeobachtung Fehler oder Gefahren festgestellt werden, müssen geeignete Gefahrabwendungsmaßnahmen ergriffen werden. Hierfür muss noch nicht feststehen, dass das intelligente Medizinprodukt tatsächlich fehlerhaft ist, vielmehr reicht es aus, wenn ein hinreichend plausibler Verdacht gegeben ist. Zu den Gefahrabwendungspflichten gehören unter anderem die

Überarbeitung der Konstruktion sowie unter Umständen auch der (vorübergehende) Konstruktionsstopp. Zudem muss eine Warnung oder ein Hinweis an die Nutzer des Produktes erteilt werden. Ggf. muss das Produkt zurückgerufen werden. Neben diesen anerkannten und erprobten Formen der Gefahrabwendung hat diese Untersuchung auch neue Ausformungen für den digitalen Bereich entwickeln können. So kann und muss der Hersteller das intelligente Medizinprodukt aktualisieren, wenn dies geeignet ist, den Fehler oder die Gefahr zu beseitigen. Besteht eine Gefährdung für eine erhebliche und konkrete Gefahr für Leib und Leben der Anwender oder Dritter und kann keine andere Maßnahme dies effektiv verhindern, ist das System per Fernzugriff stillzulegen.

7. Bisherige Erkenntnisse haben gezeigt, dass intelligente Systeme die Tendenz aufweisen, bestehende Diskriminierungen zu übernehmen und zu verstärken. Eine solche Gefahr besteht auch im medizinischen Anwendungsbereich. Schließlich bestehen je nach Erkrankung und Fachbereich wesentliche Unterschiede zwischen den Geschlechtern oder Personen mit anderem ethnischem Hintergrund. Die bestehenden medizinischen Datensätze weisen jedoch oftmals eine Überrepräsentanz von weißen, erwachsenen Männern auf. Demnach besteht die Gefahr, dass die Ergebnisse des Systems je nach Einzelfall für marginalisierte Minderheiten wenig oder kaum brauchbar sind. Aus der MP-VO und den Grundsätzen der strafrechtlichen Sorgfaltspflicht ergibt sich daher die Pflicht, entsprechende Maßnahmen zur Verhinderung dieser Gefahren zu ergreifen, etwa durch die sorgfältige Überprüfung der Datengrundlage, der regelmäßigen Kontrolle des Produktes ggf. mit divers zusammengestellten Kontrollgruppen sowie die Einrichtung eines Erklärmodells. Da aufgrund der Funktionsweise der KI eine Diskriminierung bestimmter Personengruppe wahrscheinlich ist, darf es nicht zu einer Ausuferung der strafrechtlichen Haftung kommen. Ob eine diskriminierungsbedingte Rechtsgutsverletzung strafrechtlich relevant ist, hängt hauptsächlich von den Umständen des Einzelfalls ab. Von einem Sorgfaltspflichtverstoß kann ausgegangen werden, wenn der Hersteller wissenschaftlich anerkannte und relevante Unterschiede zwischen den Geschlechtern nicht ausreichend berücksichtigt und/oder er ihm mögliche und zumutbare Maßnahmen zur Verhinderung von naheliegenden Diskriminierungen durch sein Produkt nicht ergriffen hat. Außerdem besteht eine Pflicht zur Gefahrenabwehr, wenn er nach der Inverkehrgabe seines Produktes feststellt, dass von seinem Produkt diskriminierungsbedingte Gefahren ausgehen.

8. Begrenzt wird die Sorgfaltspflicht des Herstellers durch den Vertrauensgrundsatz. Zudem endet sie dort, wo die Sorgfaltspflicht eines Dritten beginnt. Demnach ist er in der Regel für die pflichtgemäße Konstruktion, Fabrikation und Produktbeobachtung verantwortlich, wohingegen der Arzt die sorgfaltsgemäße Verschreibung und Anwendung des Medizinproduktes gewährleisten muss. Solange der Hersteller einen naheliegenden Fehlgebrauch berücksichtigt und sich selbst pflichtgemäß verhält, darf er auch auf ein ordnungsgemäßes Verhalten des Arztes vertrauen.
9. Nicht nur die Ermittlung eines strafrechtlichen Sorgfaltsmaßstab im Kontext der Herstellung von intelligenten Medizinprodukten bringt neue Herausforderungen mit sich, vielmehr werden sich auch neue Probleme auf der Tatbestandsebene ergeben. Dies gilt besonders aufgrund der kritischen Eigenschaften der KI, wie ihrer Unvorhersehbarkeit, ihrer autonomen Funktionsweise sowie der mangelnden Erklärbarkeit ihrer Entscheidungen. Besonders die Kausalität, die objektive Zurechnung und eine Erfolgsherbeiführung durch Unterlassen muss neu diskutiert werden.
10. Im Rahmen der Kausalität muss sich mit der Frage auseinandergesetzt werden, welche Anforderungen an den Nachweis der Kausalkette zu stellen sind. Da oftmals die Entscheidung der KI nicht in allen Einzelheiten nachvollzogen werden kann, ist ein konkreter Nachweis über die Kausalkette oftmals nicht möglich. Dies ist auch nicht erforderlich. Entscheidend ist, dass ein hinreichend ausgeprägter und erwiesener Zusammenhang zwischen der Verwendung des Produktes und der Schädigung des Verwenders oder eines Dritten besteht.
11. Im Rahmen der Vorhersehbarkeit des Erfolgseintrittes stellen sich ähnliche Fragen, wie auch schon bei der Kausalität. Demnach ist nicht erforderlich, dass der Hersteller den Taterfolg in seiner konkreten Gestalt vorhersehen konnte, vielmehr reicht aus, wenn die abstrakte Gefährlichkeit des Produktes vorhergesehen werden kann. Zuletzt entfällt der Zurechnungszusammenhang aufgrund des Dazwischentretens eines Drittens nur dann, wenn sich der Arzt oder der Nutzer über die bestimmungsgemäße Verwendung des Produktes oder eine Warnung des Herstellers hinwegsetzt. Ein Dazwischentreten des Systems selbst schließt die Zurechnung nicht aus. Zwar kann eine KI tatbestandsmäßig und rechtswidrig agieren, diese Untersuchung kommt jedoch zu dem Ergebnis, dass es an einem eigenverantwortlichen Handeln fehlt, da die Rahmenbedingungen für die Entscheidungen des Systems stets von einem Menschen gesetzt und dadurch von einem Dritten gesteuert werden.

12. Eine Begehung durch Unterlassen kommt beispielsweise dann in Betracht, wenn der Hersteller trotz der Kenntnis von der Gefährlichkeit des Produktes keine geeigneten Maßnahmen zur Verhinderung einer Schädigung ergreift, wie die Durchführung eines Updates oder die ferngesteuerte Produktstilllegung. Eine Pflicht zum Handeln kann zwar nicht aus der Ingerenz, aber dafür aus der Beherrschung einer Gefahrenquelle folgen. Wie diese Untersuchung zeigt, kann aufgrund der Vernetzung der Systeme nicht mehr ohne Weiteres davon ausgegangen werden, dass sie mit der Inverkehrgabe den Herrschaftsbereich des Produzenten vollständig verlassen und dieser daher keine Möglichkeit der Einwirkung hat. Des Weiteren besteht eine Handlungspflicht aufgrund der Übernahme einer Schutzfunktion, da bei (intelligenten) Medizinprodukten ähnlich wie bei Arzneimitteln der reine Leistungsaustausch aufgrund des hohen Rechtsgüterschutzes und des Schädigungspotentials entsprechender Produkte in den Hintergrund verdrängt wird.
13. Neben den allgemeinen Strafvorschriften des StGB finden auch die Vorschriften der §§ 92 f. MPDG Anwendung. Demnach hat sich der Hersteller für Verstöße gegen bestimmte Vorschriften der MP-VO bzw. der IVD-VO und des MPDG auch strafrechtlich zu verantworten. Gegen welche Vorschriften verstoßen wurde, hängt vom Einzelfall sowie der Klassifizierung des jeweiligen Produktes ab.

Literaturverzeichnis

Ach, Johann S./Düber, Dominik/Quante, Michael: Medizintechnik, in: Armin Grundwald, Stuttgart 2013, S. 319–323.

Achenbach, Hans/Ransiek, Andreas/Rönnau, Thomas: Handbuch Wirtschaftsstrafrecht, 5. Auflage, Karlsruhe 2019.

Aggarwal, Charu C./Abdelzaher, Tarek: Social Sensing in: Charu C. Aggarwal, Managing and Mining Sensor Data, New York 2013, S. 237–297.

Alexander, Thorsten: Die strafrechtliche Verantwortlichkeit für die Wahrung der Verkehrssicherungspflichten in Unternehmen, Herbolzheim 2005 (zugl. Diss. Bayreuth 2004).

Aupperle, Astrid/Langkabel, Thomas/Giersberg, Niklas: Denkimpuls digitale Ethik: Einsatz von Künstlicher Intelligenz in der Medizin, Januar 2018, abrufbar unter: https://initiatived21.de/app/uploads/2018/02/02-2_denkimpulse_ag_ethik_ki_in_der_medizin_microsoft_final.pdf (zuletzt abgerufen am: 07.10.2024).

Bamberger, Heinz Georg/Roth, Herbert/Hau, Wolfgang/Poseck, Roman: Bürgerliches Gesetzbuch: BGB, 5. Auflage, München 2023. (zitiert als: BRHP/*Bearbeiter*)

Barenkamp, Marco: Künstliche Intelligenz und Erklärbarkeit, Wirtschaftsinformatik & Management 2022, S. 326–329.

Barredo Arrieta, Alejandro/Díaz-Rodríguez, Natalia/Del Ser, Javier/ et al.: Explainable Artificial Intelligence (XAI): Concepts, taxonomies, opportunities and challenges toward responsible AI, Information Fusion 58 (2020), S. 82–115.

Barthelmeß, Ulrike/Furbach, Ulrich, IRobot – uMan. Künstliche Intelligenz und Kultur: Eine jahrtausendalte Beziehungskrise, Berlin/Heidelberg 2012.

Baumann, Jürgen/Weber, Ulrich/Mitsch, Wolfgang/Eisele, Jörg: Strafrecht Allgemeiner Teil, 13.Auflage, Bielefeld 2021.

Baumgartner, Renate: Künstliche Intelligenz in der Medizin: Diskriminierung oder Fairness? in: Gero Bauer/Maria Kechaja/Sebastian Engelmann/Lean Haug, Diskriminierung und Antidiskriminierung. Beiträge aus Wissenschaft und Praxis, Bielefeld 2021, S. 148–164.

Baumgartner, Renate/Ernst, Waltraud: Künstliche Intelligenz in der Medizin? Intersektionale queerfeministische Kritik und Orientierung, Gender 2023, S. 11–25.

Beck, Susanne: Künstliche Intelligenz und Diskriminierung: Herausforderungen und Lösungsansätze, abrufbar unter: https://www.plattform-lernende-systeme.de/publikationen-details/kuenstliche-intelligenz-und-diskrimi nierung-herausforderungen-und-loesungsansaetze.html (zuletzt abgerufen am: 07.10.2024)

dies.: Intelligent agents and criminal law – Negligence, diffusion of liability and electronic personhood, Journal for Robotics and Autonomous Systems 86 (2016), S. 138–143.

dies.: Das Dilemma-Problem und die Fahrlässigkeitsdogmatik in: Eric Hilgendorf, Autonome Systeme und neue Mobilität. Ausgewählte Beiträge zur 3. und 4. Würzburger Tagung zum Technikrecht, Baden-Baden 2017, S. 117–142.

dies.: Standardisiertes Outsourcing – Zur Bedeutung nichtstaatlicher Normen für die Fahrlässigkeitsstrafbarkeit, ZStW 131 (2019), S. 967–984.

dies.: Diskriminierung durch Künstliche Intelligenz?, ZRP 2019, S. 185.

dies.: Die Diffusion strafrechtlicher Verantwortlichkeit durch Digitalisierung und Lernende Systeme, ZIS 2020, S. 41–50.

dies.: Künstliche Intelligenz – ethische und rechtliche Herausforderungen, in: Klaus Mainzer, Philosophisches Handbuch Künstliche Intelligenz, Wiesbaden 2020.

Beck, Susanne/Nussbaum, Maximilian: Neue Formen regulativer Kooperation: Zum Verhältnis technischer Normen und Gemeinschaftsstandards sozialer Netzwerke zu staatlichem Strafrecht, in: Susanne Beck/Stephan Meder, Jenseits des Staates? Über das Zusammenwirken von staatlichem und nicht-staatlichem Recht, Göttingen 2021.

Beery, Annaliese K./Zucker, Irving: Sex bias in neuroscience and biomedical research, Neuroscience and Biobehavioral Reviews 35 (2019) S. 565–572.

Biermann, Friedrich G.: Wissenszurechnung und Künstliche Intelligenz. KI-Systeme als Zurechnungsausgangssubjekte für zivilrechtliches Wissen im Rahmen der klassischen und wertenden Wissenszurechnung, Baden-Baden 2022 (zugl. Diss. Halle-Wittenberg 2022).

Bilski, Nico/Schmid, Thomas: Verantwortungsfindung beim Einsatz maschinell lernender Systeme, NJOZ 2019, S. 657–661.

Bode, Bernd-Dieter: zur strafrechtlichen Produkthaftung in: Karlmann Geiß/Kay Nehm/Hans Erich Brandner/Horst Hagen (Hrsg.), Festschrift aus Anlaß des fünfzigjährigen Bestehens von Bundesgerichtshof, Bundesanwaltschaft und Rechtsanwaltschaft bei Bundesgerichtshof, Köln/Berlin/Bonn/München 2000, S. 515–530.

Bodungen, Benjamin von/Hoffmann, Martin: Autonomes Fahren – Haftungsverschiebung entlang der Supply Chain? (2. Teil), NZV 2016, S. 503–509.

Bosch, Nikolaus: Die Hypothese rechtmäßigen Verhaltens bei psychisch vermittelter Kausalität in: Hans-Ullrich Paeffgen/Marin Böse/Urs Kindhäuser/Stephan Stübinger/Torsten Verrel/Rainer Zaczyk, Strafrechtswissenschaft als Analyse und Konstruktion: Festschrift für Ingeborg Puppe zum 70. Geburtstag, Berlin 2011, S. 373–390.

Brinkmann, Oliver: Strafrechtliche Sanktionen ärztlicher Kunstfehler, RDG 2011, S. 168–174.

Bundesministerium für Wirtschaft und Energie (BMWi): Künstliche Intelligenz und Recht im Kontext von Industrie 4.0, April 2019, abrufbar unter: https://www.plattform-i40.de/IP/Redaktion/DE/Downloads/Publikation/kuenstliche-intelligenz-und-recht.pdf?__blob=publicationFile&v=1 (zuletzt abgerufen am 07.10.2024).

Burckhardt, Markus: Das Ende kostenloser Nachrüstung beim Rückruf von Produkten? – Die Pflicht zur Mängelbehebung und zur Kostentragung beim Produktrückruf im Lichte der neuesten Rechtsprechung, VersR 2007, S. 1601–1608.

Bürger, Sebastian: Unternehmen als Täter, ZStW 2018, S. 704–744.

Cahn, Andreas: Produkthaftung für verkörperte geistige Leistungen, NJW 1996, S. 2899–2905.

Calders, Toon/Verwer, Sicco: Three naive Bayes approaches for discrimination-free classification, Data Mining and Knowledge Discovery 2010, S, 277–292.

Chibanguza, Kuuya/Kuß, Christian/Steege, Hans: Künstliche Intelligenz. Recht und Praxis automatisierter und autonomer Systeme, Baden-Baden 2022. (zitiert als Chibanguza/Kuß/Steege KI-Hdb/*Bearbeiter*)

Cordes, Lars: Übernimmt der Algorithmus? Der Wandel der Gesundheits- und Pflegewirtschaft durch Künstliche Intelligenz und seine Herausforderungen an das Recht, MedR 2019, S. 797–798.

Criado-Perez, Caroline: Unsichtbare Frauen. Wie eine von Daten beherrschte Welt die Hälfte der Bevölkerung ignoriert, 5. Auflage, München 2020.

Degener, Wilhelm: „Die Lehre vom Schutzzweck der Norm“ und die strafgesetzlichen Erfolgsdelikte, Baden-Baden 2001 (zugl. Habil. Münster 1999).

Dettling, Heinz-Uwe: Künstliche Intelligenz und digitale Unterstützung ärztlicher Entscheidungen in Diagnostik und Therapie – Arzt-, arzneimittel- und medizinprodukterechtliche Aspekte -, PharmR 2019, S. 633–642.

Diedrich, Kay: Mängelrechte bei KI: Wann sind lernende Systeme fehlerhaft? Kaufrechtliche Fehlerhaftigkeit von KI-Systemen abseits der Schadensersatzhaftung, CR 2021, S. 289–295.

Dietborn, Christof/Müller, Alexander: Beschränkung der deliktischen Herstellerpflichten: Kein Produktrückruf und kostenloser Austausch, BB 2007, S. 2358–2362.

Dijkstra, Anja F/Verdonk, Petra/Lagro-Janssen, Antoine L M: Gender bias in medical textbooks: examples from coronary heart disease, depression, alcohol abuse and pharmacology, Medical Education 2008, S. 1021–1028.

Dössel, Olaf: Maschinelles Lernen und Künstliche Intelligenz in der Medizin.- Eine Einführung und ein Plädoyer in: Olaf Dössel/Tobias Schäffter/Britta Rutert, Künstliche Intelligenz in der Medizin, Berlin 2023, abrufbar unter: https://edoc.bbaw.de/frontdoor/index/index/year/2023/docId/3803 (zuletzt abgerufen am: 07.10.2024) S. 16–27.

Droste, Johannes: Produktbeobachtungspflichten der Automobilhersteller bei Software in Zeiten vernetzten Fahrens, CCZ 2015, S. 105–110.

Droste, Wiebke: Intelligente Medizinprodukte: Verantwortlichkeiten des Herstellers und ärztliche Sorgfaltspflichten, MPR 2018, S. 109–115.

Duttge, Gunnar: Arbeitsteilige Medizin zwischen Vertrauen und strafbarer Fahrlässigkeit, ZIS 2011, S. 349–353.

Ebers, Martin/Heinze, Christian/Krügel, Tina/Steinrötter, Björn: Künstliche Intelligenz und Robotik. Rechtshandbuch, München 2020.

Erb, Volker: Die Zurechnung von Erfolgen im Strafrecht, JuS 1994, S. 449–456.

Erb, Volker/Schäfer, Jürgen (Hrsg.): Münchener Kommentar zum StGB, 4. Auflage, München 2020. (zitiert als: MüKo-StGB/*Bearbeiter*)

Erbs, Georg/Kohlhaas, Max: Strafrechtliche Nebengesetze, Stand April 2023 (zitiert als: Erbs/Kohlhaas/*Bearbeiter*).

Esser, Robert/Keuten, Nils Christian: Strafrechtliche Risiken am Bau – Überlegungen zum Tatbestand der Baugefährdung (§ 319 StGB) und seinem Verhältnis zu §§ 222, 229 StGB -, NStZ 2011, S. 314–322.

Etzkorn, Philipp: Bedeutung der „Entwicklungslücke" bei selbstlernenden Systemen. Rechtliche Fragen zur fortdauernden Softwareentwicklung durch maschinelles Lernen im Praxiseinsatz, MMR 2020, S. 360–365.

Europäische Kommission: Bericht der Kommission an das Europäische Parlament, den Rat und den Europäischen Wirtschafts- und Sozialausschuss. Bericht über die Auswirkungen künstliche Intelligenz, des Internet der Dinge und der Robotik in Hinblick auf Sicherheit und Haftung, COM (2020) 64 final, abrufbar unter: https://eur-lex.europa.eu/legal-content/DE/TXT/PDF/?uri=CELEX:52020DC0064 (zuletzt abgerufen am: 07.10.2024)

Fischer, Thomas: Strafgesetzbuch, 70. Auflage, München 2023.

Fleischer, Holger: Zur Verantwortlichkeit einzelner Vorstandsmitglieder bei Kollegialentscheidungen im Aktienrecht, BB 2004, S. 2645–2652.

Foerste, Ulrich/Graf von Westphalen, Friedrich: Produkthaftungshandbuch, 3. Auflage, München 2012. (zitiert als: Produkthaftungshandbuch/*Bearbeiter*)

Fontaine, Elisa: Strafrechtliche Risiken KI-basierter Diagnosesoftware für Ärzte, medstra 2021, S. 203–210.

Fraunhofer Gesellschaft: Maschinelles Lernen. Eine Analyse zu Kompetenzen, Forschung und Anwendung, abrufbar unter: https://www.bigdata.fraunhofer.de/de/big-data/kuenstliche-intelligenz-und-maschinelles-lernen/ml-studie.html (zuletzt abgerufen am: 07.10.2024).

Frisch, Wolfgang: Objektive Zurechnung des Erfolgs. Entwicklungen, Grundlinien und offene Fragen der Lehre von der Erfolgszurechnung, JuS 2011, S. 116–123.

Frost, Yannick: Künstliche Intelligenz im Bereich des Gesundheitswesens und damit haftungsrechtliche Herausforderungen, MPR 2020, S. 178–185.

Funer, Florian: An den Grenzen (il)legitimer Diskriminierung durch algorithmische Entscheidungsunterstützungssysteme in der Medizin in: Janina Loh/Thomas Grote, Medizin – Technik – Ethik: Spannungsfelder zwischen Theorie und Praxis, Berlin 2023, S. 59–85.

Gassner, Ulrich M.: Intelligente Medizinprodukte – Regulierungsperspektiven und Zertifizierungspraxis, MPR 2021, S. 41–52.

Gaßner, Maximilian/Strömer, Jens: Mobile Health Applications – haftungsrechtlicher Standard und das Laissez-faire des Gesetzgebers, VersR 2015, S. 1219–1228.

Geminn, Christian: Die Regulierung Künstlicher Intelligenz, ZD 2021, S. 354–359.

Gesellschaft für Informatik: Technische und rechtliche Betrachtungen algorithmischer Entscheidungsverfahren. Gutachten der Fachgruppe Rechtsinformatik der Gesellschaft für Rechtsinformatik e.V. im Auftrag des Sachverständigenrats für Verbraucherfragen, Berlin, Oktober 2018, abrufbar unter: https://gi.de/fileadmin/GI/Allgemein/PDF/GI_Studie_Algorithmenregulierung.pdf (zuletzt abgerufen am: 07.10.2024)

Gijsberts, Crystel M./Groenewegen, Karljn A./Hoefer, Imo E./ et al.: Race/Ethnic Differences in the Associations of the Framingham Risk Factors with Carotid IMT and Cardiovascular Events, PLOS ONE 2015, S. 1–13.

Glauner, Patrick: Künstliche Intelligenz im Gesundheitswesen: Grundlagen, Möglichkeiten und Herausforderungen, in: Roman Grinblat/Daniela Etterer/Philipp Plugmann, Innovationen im Gesundheitswesen. Rechtliche und ökonomische Rahmenbedingungen und Potentiale, Wiesbaden 2022, S. 143–160.

Gomille, Christian: Herstellerhaftung für automatisierte Fahrzeuge, JZ 2016, S. 76–82.

Gortan, Markus: Unterlassensstrafbarkeit geschäftsleitender Personen des Softwareherstellers selbstfahrender Fahrzeuge durch Produktbeobachtungspflichtverletzung, CR 2018, S. 546–552.

Gössl, Susanne Lilian, KI-Systeme und Diskriminierung – Eine Einführung, S. 3–13, abrufbar unter: https://digitalrecht-z.uni-trier.de/index.php/drz/catalog/view/23/18/93 (zuletzt abgerufen am: 07.10.2024)

Gsell, Beate/Krüger, Wolfgang/Lorenz, Stephan/Reymann, Christoph: beck-online. Großkommentar zum Zivilrecht, Stand: 01.09.2022.

Graf, Angela: Revision des europäischen Rechtsrahmens für Medizinprodukte: Einfluss auf die Klassifizierung von Medizinprodukten, PharmR 2017, S. 57–61.

Grande, Gesine: Genderspezifische Aspekte der Gesundheitsversorgung und Rehabilitation nach Herzinfarkt, Bundesgesundheitsbl – Gesundheitsforsch-Gesundheitsschutz 2008, S. 36–45.

Greco, Luis: Kausalitäts- und Zurechnungsfragen bei unechten Unterlassensdelikten, ZIS 2011, S. 674–691.

Grünvogel, Thomas/Dörrenbächer, Felix: Smartere Anforderungen an smarte Hausgeräte? – Der Maßstab für die Produktbeobachtungspflicht bei vernetzen Hausgeräten im Wandel, ZVertriebsR 2019, S. 87–92.

Grützner, Thomas: Unternehmensstrafrecht vs. Ordnungswidrigkeitenrecht, CCZ 2015, S. 56–62.

Haagen, Christian: Verantwortung für Künstliche Intelligenz. Ethische Aspekte und zivilrechtliche Anforderungen bei der Herstellung von KI-Systemen, Baden-Baden 2021 (zugl. Diss. Würzburg 2021).

Haagen, Christian/Lohmann, Anna: Künstliche Intelligenz und das Strafrecht in: Matthias Hartmann, KI & Recht kompakt, Berlin/Heidelberg 2020, S. 257–306.

Hacker, Philipp: Ein Rechtsrahmen für KI-Trainingsdaten, ZGE 2020, S. 239–271.

Haenssle, Holger: Digitalisierte Bildverarbeitung: künstliche Intelligenz im diagnostischen Einsatz, Forum 2020, S. 109–116.

Haftenberger, Anna: Die Produkthaftung für künstlich intelligente Medizinprodukte. Eine Analyse der Anwendbarkeit und Eignung der europäischen

Produkthaftungsrichtlinie 85/374/EWG, Baden-Baden 2023 (zugl, Diss. Marburg 2022).

Hagendorff, Thilo: Maschinelles Lernen und Diskriminierung: Probleme und Lösungsansätze, Österreichische Zeitschrift für Soziologie 2019, S. 53–66.

ders.: Rassistische Maschinen? Übertragungsprozesse von Wertorientierungen zwischen Gesellschaft und Technik, in: Matthias Rath/Friedrich Krotz/Matthias Karmasin, Maschinenethik. Normative Grenzen autonomer Systeme, Wiesbaden, 2019, S. 121–134.

Hager, Johannes: Die Kostentragung bei Rückruf fehlerhafter Produkte, VersR 1984, S. 799–807.

Hajian, Sara/Domingo-Ferrer, Josep: Direct and Indirect Discrimination Prevention Methods in: Bart Custers/Toon Calders/Bart Schermer/Tal Zarsky, Discrimination and Privacy in the Information Society. Data Mining and Profiling in Large Databases, Berlin/Heidelberg 2013, S. 241–254.

Handorn, Boris/Juknat, Ulrich: KI und Haftung bei Medizinprodukten, MPR 2022, S. 77–89.

Hänel, Hilkje: Epistemische Ungerechtigkeiten zwischen Medizin und Technik: Neue Möglichkeiten oder neue Probleme? in: Janina Loh/Thomas Grote, Medizin – Technik – Ethik: Spannungsfelder zwischen Theorie und Praxis, Berlin 2023, S. 87–106.

Hänold, Stefanie/Schlee, Nelli/Antweiler, Dario/Beckh, Katharina: Die Nachvollziehbarkeit von KI-Anwendungen in der Medizin: Eine Betrachtung aus juristischer Perspektive mit Beispielszenarien, MedR 2021, S. 516–523.

Hartmann, Volker: Here come the robots – Produkthaftung und Robotik am Beispiel des automatisierten und autonomen Fahrens (Teil 2: Anforderungen an die Produktbeobachtung), PHi 2017, S. 42–49.

Hastenteufel, Mark/Renaud, Sina: Software als Medizinprodukt. Entwicklung und Zulassung von Software in der Medizintechnik, Wiesbaden 2019.

Hau, Wolfgang/Poseck, Roman: Beck'scher Online Kommentar BGB, 67. Edition, Stand 01.08.2023 (zitiert als: BeckOK BGB/*Bearbeiter*).

Hauschka, Christoph/Klindt, Thomas: Eine Rechtspflicht zur Compliance im Reklamationsmanagement?, NJW 2007, S. 2726–2729.

Heesen, Jessica/Reinhardt, Karoline/Schelenz, Laura: Diskriminierung durch Algorithmen vermeiden: Analyse und Instrumente für eine demokratische digitale Gesellschaft, in: Gero Bauer/Maria Kechaja/Sebastian Engelmann/Lean Haug, Diskriminierung und Antidiskriminierung. Beiträge aus Wissenschaft und Praxis, Bielefeld 2021, S. 129–147.

Heil, Maria: Die neue KI-Verordnung (E) - Regulatorische Herausforderungen für KI-basierte Medizinprodukte-Software, MPR 2022, S. 1–18.

Heinrichs, Bert: Discrimination in the age of artificial intelligence, AI and Society 37 (2022), S. 143–154.

Heinrichs, Bert/Karger, Cornelia/ Heyl, Katrin/Spranger, Tade M./Lanzerath, Roman Wagner/Langner, Robert/Caspers, Julian/Sroka, Ina/Eickhoff, Simon: Künstliche Intelligenz in der Medizin. Ein interdisziplinärer Blick auf den Verordnungsentwurf der Europäischen Kommission, MedR 2023, S. 259–264.

Heintschel-Heinegg, Bernd von: Beck'scher Online Kommentar StGB, 57. Edition, München 2023 (zitiert als BeckOK StGB/*Berarbeiter*).

Herberger, Maximilian: „Künstliche Intelligenz" und Recht – Ein Orientierungsversuch -, NJW 2018, S. 2825–2829.

Herberger, Maximilian/Martinek, Michael/Rüßmann, Helmut/Weth, Stephan/Würdinger, Markus: juris PraxisKommentar BGB, 10. Auflage, Saarbrücken 2023 (zitiert als jurisPK BGB/*Bearbeiter*).

Hilgendorf, Eric: Fragen der Kausalität bei Gremienentscheidungen am Beispiel des Lederspray-Urteils, NStZ 1994, S. 561–566.

ders.: Grundfragen strafrechtliche Compliance am Beispiel der strafrechtlichen Produkthaftung für teilautonome technische Systeme in: Thomas Rotsch, Criminal Compliance vor den Aufgaben der Zukunft, Baden-Baden 2013, S. 27–40.

ders.: Autonomes Fahren im Dilemma. Überlegungen zur moralischen und rechtlichen Behandlung von selbsttätigen Kollisionsvermeidesystemen in: Eric Hilgendorf, Autonome Systeme und neue Mobilität. Ausgewählte Beiträge zur 3. und 4. Würzburger Tagung zum Technikrecht, Baden-Baden 2017, S. 143–176.

ders.: Autonome Systeme, Künstliche Intelligenz und Roboter. Eine Orientierung aus strafrechtlicher Perspektive in: FS Fischer 2018, S. 99–111.

ders.: Autonome Systeme, künstliche Intelligenz und Roboter. Eine Orientierung aus strafrechtlicher Perspektive in: Stephan Barton, Festschrift für Thomas Fischer, München 2018, S. 99–114.

ders.: Automatisiertes Fahren und Strafrecht – der „Aschaffenburger Fall", DRiZ 2018, S. 66–69.

Hirsch, Günter E.: Entscheidungsanmerkung zum Urteil des OLG Hamburg vom 05.09.1968 – 2 S 87/68, NJW 1969, S. 853–854.

Hirsch, Hans Joachim: Zur Lehre von der objektiven Zurechnung in: Albin Eser, Festschrift für Theodor Lenckner zum 70. Geburtstag, München 1998, S. 119–143.

Hochrangige Expertengruppe für Künstliche Intelligenz: Ethik-Leitlinien für eine vertrauenswürdige KI, 08.04.2019, abrufbar unter: https://op.europa.eu/de/publication-detail/-/publication/d3988569-0434-11ea-8c1f-01aa75ed71a1 (zuletzt abgerufen am: 07.10.2024)

Hochrangige Expertengruppe für Künstliche Intelligenz: Eine Definition der KI: Wichtigste Fähigkeiten und Wissenschaftsgebiete. Für die Zwecke der Gruppe entwickelte Definition, abrufbar unter: https://www.bundesnetzagentur.de/DE/Fachthemen/Digitalisierung/Mittelstand/Downloads/Experten.pdf?__blob=publicationFile&v=2 (zuletzt abgerufen am: 07.10.2024)

Hoeren, Thomas: Thesen zum Verhältnis von Big Data und Datenqualität. Erstes Raster zum Erstellen juristischer Standards, MMR 2016, S. 8–11.

Hofmann, Franz: Der Einfluss von Digitalisierung und künstlicher Intelligenz auf das Haftungsrecht – Der Umgang mit technischen Risiken, CR 2020, S. 282–288.

Hofmann, Ulrich: Entscheidungssouveränität im digitalen Raum. Eine Ökonomie der Künstlichen Intelligenz im Alltag, Baden-Baden 2023.

Höhne, Marina Marie-Claire: Nachvollziehbare Künstliche Intelligenz: Methoden, Chancen und Risiken. Black Box zu White Box, DuD 2021, S. 453–456.

Hoppe, Florian: Technische Grundlagen in: Matthias Hartmann, KI & Recht kompakt, Berlin/Heidelberg 2020, S. 1–28.

Huber, Fabian: Medizinprodukterecht-Durchführungsgesetz: Sanktionen nach Kapitel 9, MPR 2020, S. 89–99.

Jakobs, Isabel/Huber, Fabian: Software als Medizinprodukt: Haftungs- und versicherungsrechtliche Aspekte, MPR 2019, S. 1–6.

Jarass, Hans/Pieroth, Bodo: Grundgesetz für die Bundesrepublik Deutschland. Kommentar, 17. Auflage, München 2022. (zitiert als: Jarass/Pieroth/*Bearbeiter*)

Jescheck, Hans-Heinrich/Weigend, Thomas: Lehrbuch des Strafrechts: Allgemeiner Teil, 5. Auflage, Berlin 1996.

Käde, Lisa/von Maltzan, Stephanie: Die Erklärbarkeit von Künstlicher Intelligenz (KI). Entmystifizierung der Black Box und Chancen für das Recht, CR 2020, S. 66–72.

Kahrs, Hans Jürgen: Nach unrichtigem Gutachten über die Standsicherheit bricht das Dach der städtischen Eissporthalle Bad Reichenhall unter hoher Schneelast zusammen – Vermeidbarkeit und condicio sine qua non – gestaffelte Vermeidepflicht – rechtliche Vermutung. Zugleich eine Besprechung des Urt. des BGH vom 12.1.2010 – 1 StR 272/09, NStZ 2011, S. 14–18.

Kamiran, Faisal/Calders, Toon/Pechenizkiy, Mykola: Techniques for Discrimination-Free Predictive Models in: Bart Custers/Toon Calders/ Bart Schermer/Tal Zarsky, Discrimination and Privacy in the Information Society. Data Mining and Profiling in Large Databases, Berlin/Heidelberg 2013, S. 223–239.

Kashid, Asmita/Kulkarni, Vrushali/Patankar, Ruhi: Discrimination-aware data mining: a survey, International Journal of Data Science 2017, S. 70–84.

Katzenmeier, Christian: Big Data, E-Health, M-Health, KI und Robotik in der Medizin. Digitalisierung des Gesundheitswesens – Herausforderungen für des Rechts, MedR 2019, S. 259–271.

Kaufmann, Armin: Tatbestandsmäßigkeit und Verursachung im Contergan-Verfahren, JZ 1971, S. 569–575.

Kaulartz, Markus/Braegelmann: Rechtshandbuch Artificial Intelligence und Machine Learning, München 2020.

Kindhäuser, Urs/Neumann, Ulfrid/Paeffgen, Hans Ullrich/Saliger/Frank: Strafgesetzbuch, 6. Auflage, Baden-Baden 2023 (zitiert als: NK-StGB/*Bearbeiter*).

Kindhäuser, Urs/Hilgendorf, Eric: Strafgesetzbuch. Lehr- und Praxiskommentar, 9. Auflage, Baden-Baden 2022. (zitiert als: LPK-StGB)

Kindhäuser, Urs/Zimmermann, Till: Strafrecht Allgemeiner Teil., 10. Auflage, Baden-Baden 2022.

Kirste, Moritz/Schürholz, Markus: Einleitung: Entwicklungswege zur KI, in: Volker Wittpahl, Künstliche Intelligenz, Berlin/Heidelberg 2019.

Klein, Stephan/Kraft, Marc/Botterweck, Henrik/Manigel, Jürgen et al.: Ausgewählte Beispiele wichtiger medizintechnischer Geräte in: Heinrich Grote/ Beate Bender/Dietmar Göhlich, Dubbel. Taschenbuch für den Maschinenbau, 25. Auflage, Berlin 2019, S. 676–698

Koch, Robert: Folgen der „Boston-Scientific“ – Urteile des EUGH vom 5.3.2015 (VersR 2015, 900) und des BGH vom 9.6.2015 (VersR 2015, 1038) für die Produkthaftung und die Betriebs- und Produkthaftpflichtversicherung, VersR 2015, S. 1467–1476.

Kohn, Benedikt: Künstliche Intelligenz und Strafzumessung. Wie der Einsatz technischer Hilfsmittel für eine gerechte Sanktionspraxis im digitalen Zeitalter sorgen könnte, Baden-Baden 2021 (zugl. Diss. Augsburg 2021).

Konertz, Roman/Schönhof, Raoul: Das technische Phänomen „Künstliche Intelligenz“ im allgemeinen Zivilrecht. Eine kritische Betrachtung im Licht von Autonomie, Determinismus und Vorhersehbarkeit, Baden-Baden, 2022.

Krebs, Heinz-Adalbert/Hagenweiler, Patricia: Datenanonymisierung im Kontext von Künstlicher Intelligenz und Data. Grundlagen – Elementare Techniken – Anwendung, Wiesbaden 2022.

Kreuter, Frauke/Kern, Christoph/Schenk, Patrick Oliver: Automatisierte Entscheidungen: Aspekte von Fairness, Datenqualität und Privacy in: Olaf Dössel/Tobias Schäffter/Britta Rutert, Künstliche Intelligenz in der Medizin, Berlin 2023, abrufbar unter: https://edoc.bbaw.de/frontdoor/index/index/year/2023/docId/3803 (zuletzt abgerufen am: 07.10.2024) S. 98–111.

Krumm, Stephan/Dwertmann, Anne: Perspektiven der KI in der Medizin, in: Volker Wittpahl, Künstliche Intelligenz, Berlin/Heidelberg 2019, S. 161–175.

Kuhlen, Lothar: Strafhaftung bei unterlassenem Rückruf gesundheitsgefährdender Produkte – Zugleich Anmerkung zum Urteil des BGH vom 6.7.1990 – 2 StR 549/89 (NStZ 1990, 588), NStZ 1990, S. 566–570.

ders.: Grundfragen der strafrechtlichen Produkthaftung, JZ 1994, S. 1142–1147.

Kühl, Kristian: Strafrecht Allgemeiner Teil, 8. Auflage, München 2017.

Kühne, Hans-Heiner: Strafrechtliche Produkthaftung in Deutschland, NJW 1997, S. 1951–1954.

Kullmann, Hans Josef: Produkthaftung für Verkehrsmittel. Die Rechtsprechung des Bundesgerichtshofes, NZV 2002, S. 1–10.

Kunkel, Christina: Tödlicher Unfall: Robotaxi hatte Software-Fehler, abrufbar unter: https://www.sueddeutsche.de/auto/uber-unfall-robotaxi-amerika-ursache-1.4670087 (zuletzt abgerufen am: 07.10.2024).

Kutschaty, Thomas: Deutschland braucht ein Unternehmensstrafrecht, ZRP 2013, S. 74–75.

Lackner, Karl/Kühl, Kristian/Heger, Martin: Strafgesetzbuch, 30. Auflage, München 2023.

Landau, Herbert: Das strafrechtliche Risiko der am Bau Beteiligten, wistra 1999, S. 47–52.

Laufhütte, Heinrich Wilhelm/Vogel, Joachim/Weigend, Thomas: Strafgesetzbuch. Leipziger Kommentar. Großkommentar, Band 1, 13. Auflage, Berlin/Boston 2020 (zitiert als: LK-StGB/*Bearbeiter*).

Leipold, Klaus: Unternehmensstrafrecht – Eine rechtspolitische Notwendigkeit?, ZRP 2013, S. 34–37.

Lenzen-Schulte, Martina: Algorithmen für den Augenarzt, Deutsches Ärzteblatt 4/2019, S. 146–149.

Leupold, Andreas/Wiebe, Andreas/Glossner, Silke: IT-Recht. Recht, Wirtschaft und Technik der digitalen Transformation, 4. Auflage, München 2021.

Lobe, Adrian: Diskriminierung durch und von KI in: Eric Hilgendorf/Enis Tiz, Vom richtigen Umgang mit den „Anderen“, Baden-Baden 2022.

Lohmann, Anna: Strafrecht im Zeitalter von Künstlicher Intelligenz. Der Einfluss von autonomen Systemen und KU auf die tradierten strafrechtlichen Verantwortungsstrukturen, Baden-Baden 2021 (zugl. Diss. Würzburg 2021).

Lohmann, Anna/Schömig, Annika: „Digitale Transformation" im Krankenhaus. Gesellschaftliche und rechtliche Herausforderungen durch das Nebeneinander von Ärzten und Künstlicher Intelligenz, in: Susanne Beck/Carsten Kusche/Brian Valerius Digitalisierung, Automatisierung, KI und Recht. Festgabe zum 10-jährigen Bestehen der Forschungsstelle RobotRecht, Baden-Baden 2020, S. 345–364.

Lossos, Christian/Geschwill, Simon/Morelli, Frank: Offenheit durch XAI bei ML-unterstützten Entscheidungen: Ein Baustein zur Optimierung von Entscheidungen im Unternehmen?, HMD Praxis der Wirtschaftsinformatik 58 (2021), S. 303–320.

Lucieri, Adriano/Bajwa, Muhammed Naseer/Dengel, Andreas/Ahmed, Sheraz: Erklärbare KI in der medizinischen Diagnose – Erfolge und Herausforderungen, in: Mario A. Pfannenstiel, Künstliche Intelligenz im Gesundheitswesen. Entwicklungen, Beispiele und Perspektiven, Wiesbaden 2022, S. 727–754.

Lutz, Lennart/Tang, Tito/Lienkamp, Markus: Die rechtliche Situation von teleoperierten und autonomen Fahrzeugen, NZV 2013, S. 57–63.

Mackie, J.L.: The Cement of the Universe. A Study of Causation, Oxford 1980.

Mainzer, Klaus/Kahle, Reinhard: Grenzen der KI – theoretisch, praktisch, ethisch, Berlin 2022.

Mangelsdorf, Axel: Normen und Standards in der KI, in: Volker Wittpahl, Künstliche Intelligenz, Berlin/Heidelberg 2019, S. 48–57.

Martin, Michael: Basilisken der Medizintechnik. Zur schwierigen Durchsetzung technischer Verfahren in der Medizinischen Diagnostik vor 1900, Technikgeschichte Bd. 74 (2007), S. 203–225.

Marx, Gernot/Gilger, Katrin/Deisz, Robert: Telemedizin, in: Walter Frenz, Handbuch Industrie 4.0: Recht, Technik, Gesellschaft, Berlin 2020.

May, Elisa/Gaden, Justus: Vernetzte Fahrzeuge. Rechtsfragen zu Over-the-Air-Updates, InTeR 2018, S. 110–116.

Mayer, Michael: Strafrechtliche Produktverantwortung bei Arzneimittelschäden. Ein Beitrag zur Abgrenzung der Verantwortungsbereiche im Arzneiwesen aus strafrechtlicher Sicht, Berlin/Heidelberg 2008 (zugl. Diss. Heidelberg 2007).

McCarthy, John/Minsky, Marvin L./Rochester, Nathaniel/Shannon, Claude E.: A Proposal for the Dartmouth Summer Research Project on Artificial Intelligence (1955), AI Magazine Volume 27 Number 4 (2006), S. 12–14.

Medical Device Coordination Group: Guidance on Qualification and Classification of Software in Regulation (EU) 2017/745 – MDR and Regulation (EU) 2017/746 – IVDR, MDCG 2019-11, abrufbar unter: https://health.ec.europa.eu/system/files/2020-09/md_mdcg_2019_11_guidance_qualification_classification_software_en_0.pdf (zuletzt abgerufen am: 07.10.2024)

Meier, Bernd-Dieter: Verbraucherschutz durch Strafrecht? Überlegungen zur strafrechtlichen Produkthaftung nach der „Lederspray"-Entscheidung des BGH, NJW 1992, S. 3193–3199.

Meier, Christian J.: IBMs virtueller Arzt macht Fehler, abrufbar unter: https://www.nzz.ch/wissenschaft/ibms-virtueller-arzt-watson-for-oncology-macht-fehler-ld.1410111 (zuletzt abgerufen am 07.10.2024).

Meyer, Stephan: Künstliche Intelligenz und die Rolle des Rechts für Innovation, ZRP 2018, S. 233–238.

Michalski, Lutz: Produktbeobachtung und Rückrufpflicht des Produzenten, BB 1998, S. 961–965.

Morkel, Dam W.: Abgrenzung zwischen vorsätzlicher und fahrlässiger Straftat, NStZ 1981, S. 176–179.

Mühlböck, Luisa/Taupitz, Jochen: Haftung für Schäden durch KI in der Medizin, AcP 221 (2021), S. 179–218.

Mullainathan, Sendhil/Obermeyer, Ziad: Does Machine Learning Automate Moral Hazard and Error? American Economic Review: Papers & Proceedings 2017, S. 476–480

Nussbaum, Maximilian: Grund und Grenzen der Rezeption technischer Normen im Technikstrafrecht, ZIS 2021, S. 33–45.

Obermeyer, Ziad/Powers, Brian/Vogeli, Christine/Mullainathan, Sendhil: Dissecting racial bias in an algorithm used to manage the health of populations, Science 2019, S. 447–453.

Orthwein, Matthias/Obst, Jean-Stephan: Embedded Systems – Updatepflichten für Hersteller hardwarenaher Software, CR 2009, S. 1–4.

Orwat, Carsten: Diskriminierungsrisiken durch Verwendung von Algorithmen. Eine Studie, erstellt mit einer Zuwendung der Antidiskriminierungsstelle des Bundes, 16.09.2019, abrufbar unter: https://www.antidiskriminierungsstelle.de/SharedDocs/downloads/DE/publikationen/Expertisen/studie_diskriminierungsrisiken_durch_verwendung_von_algorithmen.html (zuletzt abgerufen am: 07.10.2024).

Otto, Harro: Ingerenz und Verantwortlichkeit, in: Dieter Dölling/Volker Erb, Festschrift für Karl Heinz Gössel zum 70. Geburtstag, Heidelberg 2002, S. 99–116.

Pieper, Helmut: Verbraucherschutz durch Pflicht zum „Rückruf“ fehlerhafter Produkte, BB 1991, S. 985–992.

Prütting, Jens/Wolk, Tom: Software unter dem Regie der europäischen Medizinprodukteverordnung (2017/745/EU) – Ein massives Innovationshemmnis!-, MedR 2020, S. 359–365.

Puppe, Frank: Künstliche Intelligenz. Überblick und gesellschaftlicher Ausblick in: Susanne Beck/Carsten Kusche/Brian Valerius Digitalisierung, Automatisierung, KI und Recht. Festgabe zum 10-jährigen Bestehen der Forschungsstelle RobotRecht, Baden-Baden 2020, S. 121–132.

Raue, Benjamin: Haftung für unsichere Software, NJW 2017, S. 1841–1846.

Rebstadt, Jonas/Kortum, Henrik/Gravemeier, Laura Sophie/Eberhardt, Birgid/Thomas, Oliver: Non-Discrimination-by-Design: Handlungsempfehlungen für die Entwicklung von vertrauenswürdigen KI-Services, HMD 59 (2022), S. 495–511.

Regenfus, Thomas: Deaktivierte Geräte – Rechte des Nutzers bei Einschränkung der Funktionsfähigkeit „smarter“ Produkte durch den Hersteller, JZ 2018, S. 79–87.

Rehmann, Wolfgang/Wagner, Susanne: Medizinproduktegesetz. Verordnung (EU) 2017/745 über Medizinprodukte. Kommentar, 3. Auflage, München 2018.

Reiter, Johanna: Die Bedeutung internationalen Rechts für den strafrechtlichen Sorgfaltsmaßstab in transnationalen Lieferketten, in: Katrin Höffler, Criminal Law Discourse of the Interconnected Society (ClaDIS), Baden-Baden 2020, S. 199–218.

Rengier, Rudolf: Strafrecht Allgemeiner Teil, 14. Auflage, München 2022.

Reusch, Philipp: Pflichtenkreis von Unternehmen im Umgang mit unsicheren Produkten – Thesen zum Produktrückruf, BB 2017, S. 2248–2253.

ders.: Mobile Updates – Updatability, Update-Pflicht und produkthaftungsrechtlicher Rahmen, BB 2019, S. 904–909.

Rönnau, Thomas: Grundwissen – Strafrecht: Sozialadäquanz, JuS 2011, S. 311–313.

Rotsch, Thomas: „Lederspray“ redivivus – Zur konkreten Kausalität bei Gremienentscheidungen. Zugleich ein Beitrag zu der vermeintlichen Notwendigkeit der Abgrenzung von Tun und unterlassen und den Voraussetzungen der Mittäterschaft in: Thomas Rotsch, Zehn Jahre ZIS – Zeitschrift für Internationale Strafrechtsdogmatik, Baden-Baden 2018.

Roxin, Claus: Zur Abgrenzung von bedingtem Vorsatz und bewußter Fahrlässigkeit – BGHSt 7, 363, JuS 1964, S. 53–61.

ders.: Gedanken zur Problematik der Zurechnung im Strafrecht in: Eberhard Bardth (Hrsg.), Festschrift für Richard M. Honig: zum 80. Geburtstag, Göttingen, 3. Januar 1970, S. 133–150.

ders.: Pflichtwidrigkeit und Erfolg bei fahrlässigen Delikten, ZStW 74 (1962) S. 411–444.

ders.: Strafrecht Allgemeiner Teil Band II: Besondere Erscheinungsformen der Straftat, München 2003 (zitiert als: Roxin, AT II).

Roxin, Claus/Greco, Luís: Strafrecht Allgemeiner Teil Band I: Grundlagen. Der Aufbau der Verbrechenslehre, 5. Auflage München 2020 (zitiert als: Roxin/Greco, AT II).

Röckrath, Ludger: Kollegialentscheidung und Kausalitätsdogmatik. Zurechnung überbestimmter Erfolge in Straf- und Haftungsrecht, NStZ 2003, S. 641–646.

Rulands, Eva: Objektive Sorgfaltspflichtverletzung und algorithmusgestützte Diabetestherapie – Zu den Herausforderungen einer interdisziplinären Medizin für die Strafrechtsdogmatik, MedR 2021, S. 813–818.

Säcker, Franz Jürgen/Rixecker, Roland/Oetker, Hartmut/Limperg, Bettina: Münchener Kommentar zum Bürgerlichen Gesetzbuch, Band 7, 8. Auflage, München 2020. (zitiert als: MüKo BGB/*Bearbeiter*)

Sahm, Stephan: Digitale Anthropologie: Ethische Probleme der Anwendung künstlicher Intelligenz und Robotik in der Pflege und Medizin, MedR 2019, S. 927–933.

Samson, Erich: Probleme strafrechtlicher Produkthaftung, StV 1991, S. 182–186.

Sander, Günther/Hollering, Jörg: Strafrechtliche Verantwortlichkeit im Zusammenhang mit automatisiertem Fahren, NStZ 2017, 193–206.

Satzger, Helmut: Der Vorsatz- einmal näher betrachtet, JURA 2008, S. 112–121.

ders.: Kausalität und Gremienentscheidungen, JURA 2014, S. 186–195.

Satzger, Helmut/Schluckebier, Wilhelm: Strafgesetzbuch. Kommentar, 5. Auflage, Hürth 2021 (zitiert als: SSW-StGB/*Bearbeiter*).

Schäffter, Tobias/Schwabe, Daniel/Haufe, Stefan: Gute Daten für eine vertrauenswürdige KI in der Medizin, in: Olaf Dössel/Tobias Schäffter/Britta Rutert, Künstliche Intelligenz in der Medizin, Berlin 2023, abrufbar unter: https://edoc.bbaw.de/frontdoor/index/index/year/2023/docId/3803 (zuletzt abgerufen am: 07.10.2024), S. 49–61.

Schmid, Alexander: Pflicht zur „integrierten Produktbeobachtung" für automatisierte und vernetzte Systeme, CR 2019, S. 141–147.

Schmidhäuser, Eberhard: Die Grenze zwischen vorsätzlicher und fahrlässiger Straftat („dolus eventualis" und „bewußte Fahrlässigkeit"), JuS 1980, S. 241–252.

Schmidt-Salzer, Joachim: Strafrechtliche Produktverantwortung, NJW 1988, S. 1937–1942.

ders.: Konkretisierungen der strafrechtlichen Produkt- und Umweltverantwortung, NJW 1996, S. 1–8.

Schneider, Ingrid: Diskriminierungsverfahren und Regulationsansätze bei der medizinischen Nutzung von KI, Zeitschrift für medizinische Ethik 2021, S. 327–350.

Schöck, Fabian: Produktentwicklung und Zulassung von KI-Lösungen in der medizinischen Bildgebung, in: Olaf Dössel/Tobias Schäffter/Britta Rutert, Künstliche Intelligenz in der Medizin, Berlin 2023, abrufbar unter: https://edoc.bbaw.de/frontdoor/index/index/year/2023/docId/3803 (zuletzt abgerufen am: 07.10.2024), S. 28–39.

Scholl, Carsten: Strafrechtliche Verantwortlichkeit und zivilrechtliche Haftung eines Reifenhändlers, NJW 1981, S. 2737–2738.

Schönke, Adolf/Schröder, Horst: Strafgesetzbuch, 30. Auflage, München 2019 (zitiert als Schönke/Schröder/*Bearbeiter*).

Schrader, Paul: Herstellerhaftung nach dem StVG-ÄndG 2017, DAR 2018, S. 314–320.

Schreitmüller, Zeynep: Regulierung intelligenter Medizinprodukte. Eine Analyse unter Berücksichtigung der MPVO und DSGVO, Baden-Baden 2023 (zugl. Diss. Augsburg 2022).

Schröder, Christian: Zur Europäisierung der Fahrlässigkeits- und Unterlassensdelikte, NStZ 2006, S. 669–673.

Schröder, Horst: Aufbau und Grenzen des Vorsatzbegriffs, in: Festschrift für Wilhelm Sauer, Berlin 1949, S. 207–248.

Schröder, Thomas: Akteure und Probleme der Gesetzesimplementation im Strafrecht. Das Beispiel der Korruptionsstraftatbestände für das Gesundheitswesen (§§ 299a, 299b StGB), ZIS 1/2019, S. 71–93.

Schulze, Reiner; Dörner, Heinrich; Ebert, Ina; et al.: Bürgerliches Gesetzbuch. Handkommentar, 11. Auflage, Baden-Baden 2022. (zitiert als: HK-BGB/*Bearbeiter*)

Schumann, Heribert: Zur Wiederbelebung des „voluntativen" Vorsatzelements durch den BGH – Zugleich Anmerkung zu dem Urteil des BGH vom 15.11.1987, 3 StR 449/87, JZ 1989, S. 427–435.

Schünemann, Bernd: Unternehmenskriminalität, in: Claus-Wilhelm Canaris/Andreas Heldrich/Klaus J. Hopt/Claus Roxin/Karsten Schmid/Gunter Widmaier, 50 Jahre Bundesgerichtshof. Festgabe aus der Wissenschaft, Band IV: Strafrecht, Strafprozessrecht, München 2000, S. 619–646.

Schuster, Frank Peter: Strafrechtliche Verantwortlichkeit der Hersteller beim automatisierten Fahren, DAR 2019, S. 6–11.

ders: Künstliche Intelligenz, Automatisierung und strafrechtliche Verantwortung in: Susanne Beck/Carsten Kusche/Brian Valerius Digitalisierung, Automatisierung, KI und Recht. Festgabe zum 10-jährigen Bestehen der Forschungsstelle RobotRecht, Baden-Baden 2020, S. 387–400.

Schwenzer, Ingeborg: Rückruf- und Warnpflichten des Warenherstellers, JZ 1987, S. 1059–1065.

Singh, Jerome Amir/Bandewar, Sunita/Singer, Peter A.: Sex, gender, and health biotechnology: points to consider, BMC International Health and Human Rights 2009, abrufbar unter: https://bmcinthealthhumrights.biomedcentral.com/articles/10.1186/1472-698X-9-15 (zuletzt abgerufen am: 07.10.2024).

Society of Automotive Engineers (SAE): Standard J3016_202104, Taxonomy and Definitions for Terms Related to Driving Automation Systems for On-Road Motor Vehicles, abrufbar unter: https://www.sae.org/standards/content/j3016_202104/ (zuletzt abgerufen am: 07.10.2024)

Soergel, Theodor: Bürgerliches Gesetzbuch mit Einführungsgesetz und Nebengesetzen: BGB, Band 10, 13. Auflage, Stuttgart 2005. (zitiert als: Soergel/*Bearbeiter*)

Sommerfeld, Peter: Aktuelle Entwicklung der Rechtsprechung der Obergerichte und des BGH im Arzthaftungsrecht, VersR 2015, S. 661–677.

Sommerer, Lucia: From Black Box to Algorithmic Veil: Why the image of the black box is harmful to the regulation of AI, abrufbar unter: https://blog.betterimagesofai.org/from-black-box-to-algorithmic-veil-why-the-image-of-the-black-box-is-harmful-to-the-regulation-of-ai/ (zuletzt abgerufen am: 07.10.2024).

Spickhoff, Andreas: Medizinrecht, 4. Auflage, München 2022. (zitiert als: Spickhoff/*Bearbeiter*)

ders.: Das System der Arzthaftung im reformierten Schuldrecht, NJW 2002, S. 2530–2537.

Spindler, Gerald: IT-Sicherheit und Produkthaftung – Sicherheitslücken, Pflichten der Hersteller und der Softwarenutzer, NJW 2004, S. 3145–3150.

ders.: Roboter, Automation, künstliche Intelligenz, selbst-steuernde Kfz – Braucht das Recht neue Haftungskategorien? Eine kritische Analyse möglicher Haftungsgrundlagen für autonome Steuerungen, CR 2015, S. 766–776.

Staudinger, Julius von: Bürgerliches Gesetzbuch, Stand 2019.

Steege, Hans: Algorithmenbasierte Diskriminierung durch Einsatz von Künstlicher Intelligenz. Rechtsvergleichende Überlegungen und relevante Einsatzgebiete, MMR 2019, S. 715–721.

ders.: Chancen und Risiken beim Einsatz Künstlicher Intelligenz in der Medizin. Haftungs-, datenschutzrechtliche sowie ethische Aspekte, GuP 2021, S. 125–135.

Steinwendner, Joachim: Explainable AI im Gesundheitswesen, in: Mario A. Pfannenstiel, Künstliche Intelligenz im Gesundheitswesen, S. 755–767.

Sternberg-Lieben, Detlev: Vorsatz im Strafrecht, JuS 2012, S. 884–888.

Stief, Marco/Pisani, Christian: Regulatorische und haftungsrechtliche Herausforderungen für KI-Medizinprodukte, in: Roman Grinblat/Sibylle Scholtz/ Sophy Stock, Medizinprodukterecht im Wandel. Festschrift für Ulrich M. Gassner zum 65. Geburtstag, Baden-Baden 2022, S. 469–486.

Taeger, Jürgen/Pohle, Jan: Computerrechts-Handbuch. Informationstechnologie in der Rechts- und Wirtschaftspraxis, 37. Ergänzungslieferung, Stand: Mai 2022.

Thiermann, Arne/Böck, Nicole: Künstliche Intelligenz in Medizinprodukten. Regulatorisches Regelwerk und Haftungsvorgaben, Recht Digital 2022, S. 333–339.

Thöne, Meik: Autonome Systeme und deliktische Haftung, Tübingen 2020.

Thürmann, Dagmar: Rückruf und Haftpflichtversicherung nach AHB oder ProdHB, NVersZ 1999, S. 145–153.

Timpe, Gerhard: Die strafrechtliche Produzentenhaftung, HRRS 2017, S. 272–281.

Traeger, M./Eberhart, A./Geldner, G./Morin, A.M./Putzke, C./Wulf, H./Eberhart, L.H.J.: Künstliche neuronale Netze. Theorie und Anwendungen in der Anästhesie, Intensiv- und Notfallmedizin, Der Anaesthesist 2003, S. 1055–1061.

Tutt, Andrew: An FDA for Algorithms, Administrative Law Review 69 (2017), S. 83–123.

Ulsenheimer, Klaus/Gaede, Karsten: Arztstrafrecht in der Praxis, 6. Auflage, München 2020.

Unger, Oliver: Grundfragen eines neuen europäischen Rechtsrahmens für KI, ZRP 2020, S. 234–237.

Volk, Klaus: Münchener Anwaltshandbuch. Verteidigung in Wirtschafts- und Steuerstrafsachen, 2. Auflage, München 2014 (zitiert als: MAH WirtschaftssrafR/*Bearbeiter*).

ders. Kausalität im Strafrecht. Zur Holzschutzmittel-Entscheidung des BGH vom 2.8.1995-NStZ 1995, 590, NStZ 1996, S. 105–110.

Wagner, Gerhard: Produkthaftung für autonome Systeme, AcP 2017, S. 707–766.

ders.: Verantwortlichkeit im Zeichen digitaler Techniken, VersR 2020, S. 717–741.

Walter, Tonio: Der vermeintliche Tötungsvorsatz von „Rasern“, NJW 2017, S. 1350–1353.

Waltl, Bernhard: Erklärbarkeit und Transparenz im Machine Learning, in: Klaus Mainzer, Philosophisches Handbuch Künstliche Intelligenz, Wiesbaden 2020.

Wen, David/Khan, Saad M/Xu, Antonio Ji/Ibrahim, Hussein, et al.: Characteristics of publicly available skin cancer image datasets: a systematic review, The Lancet Digital Health 2022, S. e64–e74.

Wessels, Johannes/Beulke, Werner/Satzger, Helmut: Strafrecht Allgemeiner Teil. Die Straftat und ihr Aufbau, 50. Auflage, Heidelberg 2020.

Wiebe, Gerhard: Produktsicherheitsrechtliche Pflicht zur Bereitstellung sicherheitsrelevanter Software-Updates, NJW 2019, 625–630.

Wigger, Dominika: Automatisiertes Fahren und strafrechtliche Verantwortlichkeit wegen Fahrlässigkeit, Köln 2020.

Wilrich, Thomas: Rechtliche Bedeutung von DIN-Normen und technischen Regelwerken, NJW 2023, S. 1400–1405.

Witzigmann, Tobias: Mögliche Funktionen und Bedeutungen des Absichtsbegriffs im Strafrecht, JA 2009, S. 488–493.

Wolter, Jürgen: Systematischer Kommentar zum Strafgesetzbuch, 10. Auflage, Köln 2023.

Woltmann, Nicolas: Der soziale Roboter. Strafrechtliche Aspekte der Personifizierung technischer Systeme am Beispiel von Social Bots, Baden-Baden 2022 (zugl. Diss. Würzburg 2022).

Wostry, Harald: Die Straf- und Bußgeldvorschriften des Medizinproduktedurchführungsgesetz (MPDG) in: Roman Grinblat/Sibylle Scholtz/Sophy Stock, Medizinprodukterecht im Wandel. Festschrift für Ulrich M. Gassner zum 65. Geburtstag, Baden-Baden 2022.

Yuan, Tianyu: Lernende Roboter und Fahrlässigkeitsdelikt, RW 2018, 477–504.

Zech, Herbert: Künstliche Intelligenz und Haftungsfragen, ZfPW 2019, S. 198–219.

ders.: Zivilrechtliche Haftung für den Einsatz von Robotern – Zuweisung von Automatisierungs- und Autonomierisiken in: Sabine Gless/Kurt Seelmann, Intelligente Agenten und das Recht, Baden-Baden 2016, S. 163–204.

ders.: Haftung für Trainingsdaten Künstlicher Intelligenz, NJW 2022, S. 502–507.

www.ingramcontent.com/pod-product-compliance
Ingram Content Group UK Ltd.
Pitfield, Milton Keynes, MK11 3LW, UK
UKHW021935290926
8980IPUK00016B/1639

9 783631 929865